反攻開戰

Counterattack begins

邱吉爾記錄
逆轉的決策戰線

從西西里戰役到義大利停戰，
盟軍打破僵局，戰局開始翻轉

(Winston Churchill)
溫斯頓・邱吉爾　著
伊莉莎　編譯

墨索里尼倒臺，義大利停戰，軸心國裂痕全面浮現
西西里戰役打響，盟軍從地中海正式展開反攻歐陸的第一步！

**邱吉爾筆下，
記錄戰局逆轉與三國會議誕生的歷史現場**

目錄

致謝 …………………………………………… 005

序言 …………………………………………… 007

海權爭奪與南太平洋 ………………………… 009

攻占西西里島 ………………………………… 021

墨索里尼政權垮臺 …………………………… 037

西線計畫與人造港 …………………………… 059

魁北克會議與四象限儀 ……………………… 069

義大利宣布停戰 ……………………………… 085

義大利攻勢與白宮行 ………………………… 103

薩萊諾戰役與歸航 …………………………… 123

處理國內政務 ………………………………… 139

與戴高樂的齟齬 ……………………………… 155

軸心聯盟現裂痕 ……………………………… 169

錯失島嶼勝利機會 …………………………… 185

希特勒的祕密武器 …………………………… 207

東線戰局陷僵持 ……………………………… 219

003

目錄

北極船團再啟航 …………………………………… 233

莫斯科外長會議 …………………………………… 251

籌備三國領袖會談 ………………………………… 271

再度前往開羅 ……………………………………… 291

德黑蘭會議開幕 …………………………………… 305

致謝

我再次向協助我完成著作的朋友們致以謝意，他們包括：陸軍中將亨利‧波納爾爵士、艾倫海軍准將、迪金上校、丹尼斯‧凱利先生和伍德先生。我也感謝那些審閱原稿並提供意見的其他人士。

我對空軍元帥蓋伊‧加羅德爵士提供空軍相關詳細資料方面的幫助深表感謝。

伊斯梅勛爵和其他朋友們也一直為我提供必要的支持。

承蒙英王陛下政府允許複製部分官方文件，特此致謝。此類文件的王室版權依法歸屬英王陛下政府文書局局長。根據英王陛下政府的指示，為確保保密性，本書部分電文已由我根據原意進行改寫。這些修改並未改變其原有意義或實質內容。

特別致謝羅斯福財物保管理事會授權在本書中引用總統若干電文，並感謝其他友人允許發表其私人信件。

溫斯頓‧邱吉爾

致謝

序言

　　1942年冬季和1943年春季，我們的命運發生了決定性的轉變。從1943年6月至1944年6月這一整年的戰鬥過程中，由於我們掌握了制海權，制伏了德國潛艇，並不斷增強了空中優勢，西方盟國終於攻克了西西里島，並向義大利展開進攻，最終導致墨索里尼被推翻，義大利倒向我們這一邊。在歐陸，希特勒及其占領的周邊國家被孤立，加上蘇聯從東方大舉進攻，這使得他們完全陷入了被包圍的狀況。同時，日本也被迫採取守勢，無法再維持先前占領的大量領土。

　　目前，聯合國家所面臨的威脅不再是失敗，而是陷入僵局。它們面臨的艱鉅挑戰在於深入這兩個侵略國的領土，從其控制下解放被征服的人民。英國和美國在1943年夏季時於魁北克和華盛頓舉行會議，11月，三大盟國在德黑蘭召開會議，果敢地面對這個全球性挑戰。我們的目標和為共同事業全力以赴的決心是一致的，但在方法和優先事項上，難免存在顯著的分歧。因為這三個盟友在各自做出決策時，自然會從不同的角度出發。接下來我要描述的是，我們如何在所有重大問題上達成共識。這將一直講到羅馬的解放以及英、美兩國跨越英吉利海峽攻入諾曼第半島的前夕。

　　我仍然沿用一貫的寫作手法。從英國首相兼國防大臣的角度出發，我的意圖在於為歷史提供資料。我在當時撰寫的指令、電報和備忘錄，是實現這個目標的基礎。有建議指出，應將對這些文件的回覆也一併收錄，但我認為本書內容的呈現需要更為緊湊和精選。現在已經顯而易見，要完成整部歷史，還需要另外撰寫。因此，對於那些認為自己的觀點未能充分展現的人士，我只能表示歉意。

序言

　　本書所述事件距今已有七年多。國際關係經歷了諸多變化。昔日的夥伴之間出現了深刻的裂痕。新的、或許更為濃厚的烏雲正在聚集。曾經的敵人成為了朋友，甚至是盟友。在此背景下，本書引用的電文、備忘錄和會議紀錄中的某些情緒和措辭，可能會令其他國家的讀者感到不悅。對此，我只能提醒他們：這些文件具備歷史價值，並且我們當時正經歷一場殘酷且可怕的戰爭。在生死攸關的戰鬥中，人們對想置自己於死地的敵人，總不會用委婉的語言。另一方面，如果將當時對敵國使用的刺耳語言修改得更加柔和，那就無法呈現真實的畫面。時間和事實將治癒一切創傷。

溫斯頓・邱吉爾
於肯特郡，韋斯特漢，查恰特韋爾莊園
1951 年 9 月 1 日

納粹德國是怎樣被孤立並圍攻的

海權爭奪與南太平洋

1943 年起，歐洲和亞洲的侵略者皆被迫轉入守勢。1943 年 2 月，史達林格勒戰役成為俄國局勢的轉捩點。到同年 5 月，德、義兩國所有駐非洲的官兵不是被殲滅就是被俘虜了。一年前，美國在珊瑚海和中途島的勝利遏制了日本在太平洋的擴張，澳洲和紐西蘭已經不再面臨侵略的威脅。隨後，在歐洲，軸心國只能靜待英、美醞釀已久的進攻。美國龐大的陸軍在數量和品質上穩步提升，但除非出現另一個重大的有利轉折，西方盟國無法直接攻入希特勒盤據的歐洲，進而獲得戰爭的決定性勝利。在 1943 年間，英、美在海洋表面和水下的「制海權」占據絕對優勢。「制海權」這個術語指的是海軍與空軍的有效結合。直到 1943 年 4 月和 5 月，德國潛艇被完全擊敗，我們終於掌控了跨大西洋的生命線。沒有這種「制海權」，就無法進行解放歐洲所需的大規模兩棲作戰力量。當大部分歐洲仍在希特勒掌控之下時，蘇俄獨自面對希特勒殘餘的全部兵力。

在地中海，德國的潛艇已經被擊敗。我們為參與攻占西西里島和義大利戰役而準備的軍隊正在集結，他們現在可以跨海攻擊希特勒在歐洲的南部。此外，地中海也是大英帝國運輸的主要航道。軸心國在北非的力量已經被徹底消滅，這使得我們的護航艦隊能夠直達埃及、印度和澳洲；從直布羅陀海峽到蘇伊士運河，由新占領基地所出動的海軍和空軍，守護著這條通道。過去繞過好望角的漫長航行，曾在時間、資源和運力上給予我們造成巨大的損失，這種情況很快就要結束了。每一批前往中東的運輸船隊，平均節省了 45 天，這大大提升了我們的海上運輸能力。

在戰爭初期的兩年半，英國獨自面對德國的潛艇、磁性水雷和海上襲

擊艦的挑戰，這些已經被詳細描述。日本對珍珠港的突襲，使得美國加入我們的行列，這個備受期待的重大事件最初卻似乎加劇了我們的海上損失。1940 年，我們損失了四百萬噸的商船，而到了 1941 年，這個數字超過了四百萬噸。1942 年，儘管美國成為盟國後，盟國船舶數量有所增加，但被擊沉的船隻幾乎達到八百萬噸。至 1942 年底，德國潛艇擊沉的船隻數量超過了我們新建造的船隻數量。我們所有的希望和計畫都寄託在美國龐大的造船計畫上。1943 年，新船噸位的成長曲線迅速上升，而損失的曲線則大幅下降。到 1943 年底，我們新增加的船舶噸位終於超過了因各種原因造成的海上損失，而在這一年的第二季度，德國潛艇的損失首次超過了其補充的速度。不久之後，大西洋上被擊沉的德國潛艇數量將超過被其擊沉的商船數量。然而，在此之前，我們仍需經歷一段漫長而艱苦的戰鬥。

在整場戰爭中，大西洋戰役始終是非常重要的戰場。我們隨時銘記，無論在其他地方的陸地、海洋或天空中發生了什麼，最終都取決於大西洋戰役的結果；而在我們忙於其他事務時，總是懷著希望或不安的心情，日復一日地觀察大西洋戰役的進展。在時常極度煩躁、屢遭挫折、經常發生意外的環境中，人們長期從事艱苦的工作，這種生活常因意外或戲劇性的事件而令人精神振奮。然而，對於反潛艇戰爭中的每一個海軍和空軍人員來說，他們的日子始終是如此令人焦慮而又顯得平淡無奇，鮮有激動人心的戰鬥過程打破那種單調乏味的生活。他們片刻也不能放鬆警惕。眼前隨時可能出現可怕的危機，有時帶來輝煌的勝利，有時則是生死攸關的悲劇。許多英勇的行為和令人難以置信的堅韌壯舉已經被記錄，但更多殉難者的事蹟卻永遠被淹沒而無所聽聞。我們的商船海員們展現了他們最高尚的品格，而海上的兄弟情誼在他們戰勝德國潛艇的決心中尤其突出。

我們對作戰指揮部進行了重大的重組。海軍上將安德魯·坎寧安爵

士,曾作為英國海軍代表團團長駐紮在華盛頓,於1942年10月被召回,負責指揮參與「火炬」行動的盟軍海軍。自1941年初以來,海軍上將珀西·諾布林爵士一直在德比大廈,即位於利物浦的西部海口總部,負責指揮大西洋戰役,此時他帶著對德國潛艇問題的深刻了解前往華盛頓,他在利物浦的職務由海軍上將馬克斯·霍頓爵士接替。霍頓海軍上將曾在指揮英國潛艇作戰中展現出卓越的才幹。1943年2月,空軍中將斯萊塞出任空軍海防總隊總司令。事實證明,這些安排都是明智的。

卡薩布蘭卡會議曾宣稱,擊敗德國潛艇是我們的首要任務。1943年3月,美國海軍上將金在華盛頓主持了大西洋護航會議,目的是為了將盟軍的力量集中於大西洋。這種安排並不意味著指揮上的完全統一。我們與美國在各個層級之間保持緊密合作,最高領導層也完全和諧一致,但兩個盟國在處理該問題時採取了不同方法。美國沒有類似我們空軍海防總隊的機構;而在英國這邊,或在大西洋接受援助的一方,空軍行動是透過此類機構,由單一司令部指揮,並可以發揮高度靈活性。空軍編隊能迅速從平靜地區轉移至危險區域,司令部也經常從美國獲得大量增援。另一方面,在華盛頓,透過一些自主的各區司令部進行指揮,這些司令部稱為「沿海前哨站」,每個司令部都分配有一定數量的飛機。

冬季風暴對我們的護航艦隊造成了重大損失,但也成功遏制了德國潛艇的進攻。隨著1943年2月冬季風暴的消退,北大西洋的敵方潛艇數量驟然增加。儘管德國海軍上將鄧尼茨的潛艇部隊遭受嚴重損失,但到1943年初,其數量已經增至212艘。在3月期間,海上常有超過100艘的潛艇活動,因此,僅憑巧妙的改變航線已經無法擺脫潛艇群的追擊。這個問題只能依靠護航隊本身的海、空協同力量來解決。那個月,全球被擊沉的船隻總噸位接近七十萬噸。

在這些壓力下,我們於華盛頓簽署了一項新協定,根據協定,英國與

加拿大承擔了保護沿北大西洋主要航線前往英國運輸船隊的全部責任。我們與德國潛艇展開了決戰，並取得了勝利。這項行動由兩個聯合的海、空司令部指揮，一個司令部設在利物浦，由英國海軍上將指揮，另一個司令部設在哈利福克斯，由加拿大海軍上將指揮。從此，英國和加拿大的艦隊在大西洋上提供海上保護，而美國則繼續負責護送駛往地中海的商船隊及本國的運兵船隻。在空中行動方面，英國、加拿大和美國的空軍完全遵從利物浦和哈利福克斯聯合司令部的日常指令。

格陵蘭東南的北大西洋一帶，原本的空白地帶如今已由駐紮在紐芬蘭和冰島基地的遠端「解放者」式飛機中隊填補。4月分，飛機在整個航線上頻繁飛行，提供白天的空中掩護。成批的德國潛艇被迫隱匿海底，並不斷受到干擾，而運輸船隊的空中護航機和水面護航艦則負責應付敵人的攻擊艦。我們的力量現在強大到可以形成獨立的小艦隊，行動如同騎兵師般靈活，無需任何護航。這是我期待已久的局面。

此時，「硫化氫」盲目轟炸器開始顯現其重要性。這種盲目轟炸器，有些是由轟炸機司令部極不情願地移交給空軍海防總隊使用的。我們之前使用的雷達波較長，德國已經掌握了偵察的方法，因此在我們的飛行員能夠攻擊德國潛艇之前，它們就已經沉入海底。我們採用的新技術，電波的波長較短，德國人經過數個月之後才找到偵察的方法。希特勒曾經抱怨這項發明導致潛艇戰的失敗，但這實屬誇大其詞。

在比斯開灣，英、美的空中攻勢迅速令過往的德國潛艇感到無所適從。飛機發射的火箭具備巨大的破壞力，因此敵方開始讓潛艇成群結隊地在水面通過，並在白天使用大炮試圖擊退飛機。然而，這種孤注一擲的嘗試未見成效。1943年3月至4月，僅在大西洋區域，就摧毀了27艘德國潛艇，其中超過一半是被飛機擊毀的。

1943年4月，我們觀察到雙方力量對比的顯著變化。德國總共投入

了235艘潛艇參戰，這是他們達到的頂峰數字。然而，德國水兵的士氣開始動搖，安全感不再。即便在有利條件下，他們的攻擊也難以奏效，而當月我們在大西洋的船舶損失幾乎減少了三十萬噸。僅在5月，40艘德國潛艇在大西洋被摧毀。德國海軍部緊張地關注著他們的報表，到5月底，海軍上將鄧尼茨將殘餘的潛艇艦隊撤出北大西洋進行整修，或部署至相對安全的水域作戰。至1943年6月，船舶損失降至美國參戰以來的最低水準。運輸船隊安全地通過，大西洋的補給線得到了保障。

戰勝德國潛艇的事件，對之後的戰局發展產生了深遠影響，因此我們有必要對此進行進一步討論。空中武器如今終於開始充分展現其效用。英、美雙方不再僅僅從單一的海軍或海上空軍作戰角度出發思考問題。他們全神貫注於建構一個龐大的海上系統，在這個體系中，海、空兩軍種以及英、美兩國的緊密合作，逐漸更加熟悉對方的能力和限制。要取得勝利，需要具備深諳策略的堅定領導，以及在各級層面上保持最高標準的訓練和技術效能。

1943年6月，遭受重創的德國潛艇艦隊不再襲擾我們在北大西洋的商船隊，使我們獲得了一段難得的喘息時機。在一段期間內，敵人的行動轉移至南大西洋和印度洋的廣闊海域，而我們在這些區域的防禦力量相對薄弱，但暴露的目標也較少。我們對比斯開灣內德國潛艇基地的出入口持續加強空中打擊。7月，共擊沉37艘潛艇，其中31艘因空襲而被擊沉，且半數以上是在比斯開灣內遭到毀滅。1943年的最後3個月內，摧毀了53艘潛艇，而我們僅損失47艘商船。

在整個多風暴的秋季期間，德國潛艇竭力嘗試在北大西洋重新奪回優勢，然而未能如願。我們聯合的海、空防禦力量此時已經相當強大，以至於德國潛艇在每次對我方船隊的攻擊行動中，德軍的損失慘重而收穫甚微。在反潛戰中，空中武器現已與水面艦艇齊頭並進。我們的運輸船隊受

到比以往更強大、更有效的海上護航艦隊的保護，並且能夠提供近程和遠端空中掩護的護航航空母艦也為這些護航艦隊增添了力量。此外，我們已經掌握了探測潛艇的方法，一旦發現潛艇，我們就有能力將其摧毀。由航空母艦和護航艦組成的護衛隊，在包括美國空軍中隊在內，空軍海防總隊的遠端飛機支援下，展現了決定性影響。一個這樣的護衛隊，在英國皇家海軍最傑出的潛艇殲滅專家沃克上校指揮下，曾在一次巡邏航行中，就摧毀了 6 艘潛艇。

在此期間，出現了一種被稱作商船航空母艦的創新。這是由英國人構思出來的策略，將普通的貨船或油輪改裝為能夠起降海軍飛機的平臺。這些船隻在繼續作為商船運載貨物的同時，也為其所護送的商船隊提供了保護。這類船舶總計有 19 艘，其中兩艘懸掛荷蘭國旗，活躍於北大西洋。在商船航空母艦問世之前，曾經有一種裝載可以彈射飛機起飛的商船，但其技術配置有所不同。這兩種商船的出現，代表著海戰進入了一個新階段。運輸船隻不再僅僅是防禦，轉而可以開始對敵艦採取進攻姿態。戰鬥艦與非戰鬥艦之間的界限，已經幾乎完全消失。

此時，美國龐大的戰時生產已達頂峰。來自美國造船廠和飛機廠的遠程飛機和多種型號的艦艇（包括急需的護航航母）源源不斷地湧現。許多產品和特殊裝置，特別是雷達，很快地就交付給我們使用，用來支援我們的工業；與此同時，美國海軍和空軍亦在各地參與戰鬥。

面對嚴峻的現實，德國海軍上將鄧尼茨儘管被迫逐步撤退，但他在海上仍然維持著與以往相同數量的潛艇。然而，潛艇的攻勢削弱了，突破我方防線的嘗試也明顯地減少。即便如此，他並未顯露失望。1944 年 1 月 20 日，他宣稱：「敵人在防禦方面已經占據上風。未來某日，我將讓邱吉爾領略一場頂級的潛艇戰。潛艇這個武器並未因 1943 年的挫折而完全被摧毀。相反的，它變得更為強大。1944 年將是艱難但成功的一年，我們即

將在這一年透過新型潛艇武器切斷英國的補給線。」

這種信念並非毫無根據。1944年初，德國全力研製新型潛艇，這些潛艇在水下能夠更快速移動，而且續航能力更強。同時，許多舊式潛艇被召回德國，安裝「通氣管」之後在英國沿海活動。這種裝置讓潛艇可以在水下僅留一個小管進行吸氣時，重新裝填炮彈，準備發射。這樣，潛艇更容易躲避空中的偵察，而我們很快意識到，盟軍一旦發動攻勢，這些裝有「通氣管」的潛艇便會擾亂英吉利海峽的航道。

此處還需回溯一番，提醒讀者憶起1942年那些令人震撼、改變遠東戰局的重大軍事行動。

在英國海軍主要集中於大西洋和地中海之時，美國幾乎單獨承擔了對日作戰的重任。在廣袤的海域間，從印度至美國西海岸，除了調動澳洲和紐西蘭有限的海軍力量外，我們無法提供更多支持。當時駐紮在東非的東方艦隊已經被抽調得所剩無幾，僅能執行保護商船隊的任務。然而，太平洋的局勢已然逆轉。美國再次確立海上優勢，而日本則忙於鞏固在印度東部的領地，無暇進犯印度洋。自1942年夏季珊瑚海與中途島戰役以來，太平洋已然歷經諸多變故。海軍上將尼米茲在珍珠港設立指揮部，掌控太平洋的北、中、南部地區。麥克阿瑟將軍於1942年3月自菲律賓抵達澳洲，負責指揮太平洋西南部的部隊，涵蓋從中國沿海至澳洲的區域，包括菲律賓群島、俾斯麥群島、新幾內亞、澳洲東部沿海及索羅門群島等地。

日本皇家海軍深刻地意識到他們在太平洋中部的失利，於是再次將注意力轉向太平洋西南部。基於與美國海軍主力部隊的距離，他們希冀在此重新取得進展。珊瑚海戰役阻止了敵人對新幾內亞莫爾茲比港的攻擊，迫使他們決定翻越歐文·史坦利山脈，從陸地展開進攻，由此拉開了新幾內亞爭奪戰的序幕。與此同時，他們策劃奪取索羅門群島，這個英國的保護地。他們之前已經占領了圖拉吉島，並迅速在鄰近的瓜達爾卡納爾島上建

設空軍基地。他們計劃在攻下莫爾茲比港和瓜達爾卡納爾島後，將珊瑚海變成日本的內湖，並以澳洲東北部作為湖岸。日本飛行員將從瓜達爾卡納爾島起飛，襲擾美國與紐西蘭之間的主要航線。在反擊這兩次進攻的過程中，美國和澳洲憑藉海軍力量，展開了英勇的海、空聯合行動，貢獻值得讚賞。

索羅門群島成為雙方爭奪的焦點。早在華盛頓會議時，美國海軍上將金就計劃占領這些島嶼。1942年7月4日，空中偵察顯示敵人在瓜達爾卡納爾島上修建了空軍基地。擔任南太平洋地區指揮的戈姆利海軍上將，在計畫尚未完成的情況下，於8月7日派遣已抵達紐西蘭的海軍陸戰隊第一師發起進攻。日本尚未完工的空軍基地迅速被占領，瓜達爾卡納爾島戰役由此展開，戰鬥持續了6個月。

日本自其在加羅林群島和拉包爾的主要艦隊基地調動力量，得以在這些海域維持海、空優勢。駐拉包爾的日本指揮官迅速派遣一支由巡洋艦和驅逐艦組成的強大艦隊，駛向瓜達爾卡納爾島。8月9日清晨，藉助狂風暴雨的掩護，日本人突然襲擊了在碼頭附近海域的盟軍海軍，幾乎全殲守軍。在約40分鐘內，他們擊沉了3艘美國重型巡洋艦和澳洲的「坎培拉」號巡洋艦，而本身損失輕微。若日本海軍上將在取得如此輝煌勝利後繼續進攻，他本可以推進到海峽東側，摧毀仍在解除安裝軍隊和物資的美國運輸艦。然而，與這次戰役中他的前任和繼任者一樣，他錯失良機，撤回了艦隊。

然而，美國的指揮官未能繼續支持這次登陸。他在卸下所有可能的物資後撤離，留下了一萬七千名海軍陸戰隊員孤立無援地駐守在敵占島嶼的海岸上。他們既沒有空軍的掩護，也面臨著地面上可能的猛烈攻擊。這無疑是一個嚴峻的時刻。然而，美國海軍陸戰隊毫不畏懼。儘管不斷遭受空襲，他們仍然堅守並鞏固了陣地，同時開闢了一條臨時的海上補給線，並

脫善利用已經占領的機場。從那時起，由海軍陸戰隊員駕駛的戰鬥機和俯衝轟炸機便從瓜達爾卡納爾島起飛，能夠迅速提供支援。

此時，日本方面試圖在海上進行決戰。8月24日，在索羅門群島以北，爆發了一場未分勝負的戰鬥。敵方駛向瓜達爾卡納爾島的運輸艦遭受我空軍攻擊，被迫撤退。8月31日，美國航空母艦「薩拉托加」號被潛艇擊傷，兩個星期後，英國著名的航空母艦「黃蜂」號在地中海被擊沉。敵我雙方均在集結力量。10月初的另一場夜戰中，日本的一支強大巡洋艦隊被我方擊退，其中一艘被擊沉；然而，敵方兩艘戰鬥艦炮擊了機場，並迅速登陸了四千五百名增援部隊。另一場危機正在迫近。

尼米茲海軍上將與麥克阿瑟將軍提議減少歐洲的軍事行動，優先關注太平洋戰區，這個立場顯得合乎情理。其觀點在華盛頓得到了海軍上將金的全力支持。然而，此時對西北非的進攻（即「火炬」作戰計畫）被視為首要任務，該策略凌駕於其他一切行動之上。與此同時，陸地戰鬥正達到高潮。從1942年10月19日起的10天內，海軍陸戰隊在叢林中堅守陣地，令日軍無法前進。在索羅門群島北部進行空由軍主導的海戰中，替代「黃蜂」號的「大黃蜂」號航空母艦被擊沉，美國的「企業」號航空母艦、「南達科他」號戰鬥艦及兩艘巡洋艦受損。日軍則有兩艘航空母艦失去戰鬥能力。

接替海軍上將戈姆利的海軍上將哈爾西發現自己手中沒有任何航空母艦，因此透過海軍上將尼米茲請求調撥一艘或更多的英國航空母艦。雖然我們對美國在太平洋的計畫所知不多，但了解索羅門群島的戰況極為緊迫。航空母艦顯然需要數週才能抵達戰區。我迫切希望在這場英勇的戰鬥中提供支援，但由於英、美陸軍將在西北非登陸，且主要的海軍任務由我們承擔，因此無法立即提出建議。直到12月，「火炬」行動的壓力和高潮才有所緩解。此時，我致電羅斯福總統，詳細陳述我們航空母艦的狀況，並在能力範圍內提出最妥善的建議。

海權爭奪與南太平洋

前海軍人員致羅斯福總統

1942 年 12 月 2 日

在收到你們關於派遣航空母艦支援太平洋艦隊的請求後，我們始終認真探索滿足你們需求的可能方案。我們的航空母艦已經駛入參與「火炬」行動計畫的指定危險水域，鑒於我們尚未完全掌握當地的具體情況，難以對這幾艘重要且數量有限的艦隻做出決策。「火炬」行動計畫的危險依然存在，即使我們已經建立以海岸為基地的飛行大隊，也無法立即調回目前參與該計畫的兩艘航空母艦。然而，鑒於你們在太平洋地區對航空母艦支援的迫切需求，我們現已準備承擔風險，並對我們能夠提供的艦隻做出決定。

我們的航母實力包括四艘具備強大續航力的裝甲艦隊航空母艦。我們計劃從東方艦隊調撥「光輝」號，並將「獨角獸」號及一艘輔助航母交由薩默維爾海軍上將指揮。同時，我們還考慮從本土艦隊調出「勝利」號；如果你能讓「突擊者」號加入本土艦隊，我們準備將「勝利」號和「光輝」號提供給你們使用。鑒於大西洋航運線的極端重要性和支持俄國北部商船隊的需求，「齊柏林伯爵」號可能在年底前出現，以及「無畏」號和「可畏」號目前的狀況，我們無法在不將「突擊者」號增援本土艦隊的情況下，調出「勝利」號和「光輝」號。

如果安排得當，我非常樂意調撥兩艘航空母艦而非一艘供你們使用，因為這不僅能夠增強你們的實力，還可以使這兩艘航空母艦作為一個戰術小組進行行動。此舉似乎是必要的，因單艘航空母艦配備的飛機數量不足以支持其獨立行動。我建議派遣利斯特海軍上將前往指揮，你部屬之中的許多軍官都與他相熟。上述兩艘航空母艦計劃駛往珍珠港，預計於 12 月底之前抵達，以便補充其所需飛機。如果你同意此項調動，龐德將與金研究具體細節。

然而，海軍上將金拒絕調動「突擊者」號，最終我們只能派遣「勝利」號。「勝利」號於 12 月離開本土艦隊，駛向珍珠港。

與此同時，11月間，索羅門群島附近爆發了一系列海戰和空中交鋒，雙方均蒙受巨大損失。事後證明這些戰鬥具有決定性的意義。11月13日晚，美國兩艘巡洋艦和4艘驅逐艦在一場激烈交戰中被擊毀，兩名美國海軍上將殉職。日本方面則損失了1艘戰鬥艦和兩艘驅逐艦。與此同時，11艘載有強大增援部隊的日本運輸艦正駛向瓜達爾卡納爾島。在隨後持續36小時的激戰中，日本損失了另1艘戰鬥艦、1艘巡洋艦和3艘驅逐艦，更為重要的是，7艘滿載軍隊的運輸艦也被擊沉；而美國僅失去了1艘驅逐艦。此時，日本對這次冒險行動失去了信心。不斷增加的美國增援部隊開始抵達，光榮的海軍陸戰隊因此得以解圍。戰鬥仍在繼續，但敵人對勝利已經不再抱有希望。1943年1月4日，東京帝國大本營下令撤出瓜達爾卡納爾島。敵方在未遭受重大損失的情況下完成了撤退。2月9日，哈爾西海軍上將終於得以向總司令部回報，該島已經被我們占領。

　　這個插曲代表了日本攻勢巔峰的結束。在6次大規模海戰和多次小型衝突中，美國損失了兩艘航空母艦、7艘巡洋艦和14艘驅逐艦，澳洲的「坎培拉」號巡洋艦也被擊沉。日本則損失了一艘航空母艦、兩艘戰鬥艦、4艘巡洋艦和11艘驅逐艦。陸、海、空三軍的傷亡都非常慘重。「對我們這些親歷者而言，」一位美國目擊者在我讀到的那篇引人入勝的報導中寫道，「瓜達爾卡納爾島不是一個地名，而是一種情感，這種情感讓人回憶起那些空中殊死戰、夜間激烈的海戰、為補給和建設所進行的狂熱努力、在潮溼叢林中的殘酷搏鬥，以及撕裂夜空的淒厲炸彈聲和軍艦炮火的震耳爆炸聲。」願這個英勇的故事在美國這偉大的共和國中永遠流傳。

　　在新幾內亞，戰局出現了變化。1942年7月22日，日本軍隊開始從北部海岸陸路向莫爾茲比港推進，負責防衛該港的是從中東調回的第7澳洲師的兩個旅。歐文·史坦利山脈，海拔高達13,000英尺，是新幾內亞島的地理脊梁。這片山脈中有一條蜿蜒曲折的小徑，穿過多個隘口和原始

叢林。一個澳洲的獨立民兵營頑強地進行阻擊戰，直到9月的第二週，日本派出的5個營才接近莫爾茲比港。然而，在依米塔山脊，敵人的攻勢被成功遏制。

在戰鬥如火如荼進行之際，2,000名日本海軍陸戰隊員於8月26日自海上登陸，企圖攻占大島南端米爾恩灣附近正在建設的三個小型機場。在沿海地區，經過兩週的激戰，超過半數的侵略者被擊斃，其餘部隊潰不成軍。日本在新幾內亞被迫轉為守勢。他們試圖同時占領新幾內亞和瓜達爾卡納爾島，結果未能占據其中任何一個。此時，在澳洲地面部隊和空軍的緊逼下，他們沿山道撤退，疾病和飢餓導致許多人死亡。美、澳空軍力量不斷增強。美國第32師已經透過空運抵達，日本增援部隊的運輸艦遭受巨大損失。一萬名拚死抵抗的士兵在布納背海作戰，堅守最後防線。直到1943年1月的第三週，最後的抵抗才被消滅。日本軍隊倖存者僅剩數百人，因戰鬥、飢餓和疾病死亡者超過一萬五千人。到2月，新幾內亞東南端和瓜達爾卡納爾島牢牢掌握在盟軍手中。日本一支由12艘運輸艦組成的護航隊，在10艘軍艦護衛下準備增援萊城的重要前哨陣地，但在航行途中被我方發現。3月2日和3日，這支護航隊遭到空襲，載運約有一萬五千人的運輸艦和護衛艦全部被摧毀。

1943年6月，太平洋的局勢發展顯得振奮人心。日本的最後攻勢已經被擊退，目前敵軍在各地被迫轉入防禦。他們不得不為了增援仍然控制的新幾內亞陣地而付出巨大代價，特別是薩拉馬瓦和萊城的駐軍，並在沿海岸線建立一系列用於增援的機場。美國向菲律賓群島推進的意圖已經越發明顯。麥克阿瑟將軍正沿著新幾內亞北岸向西推進，而哈爾西海軍上將則在索羅門群島逐步逼近拉包爾。在這一切背後，美國的實力持續迅速壯大。珍珠港事件發生迄今已經過去18個月，這段時間讓日本統治者意識到他們之前忽視的某些事實和力量對比。

攻占西西里島

1943 年 7 月及 8 月

在 1943 年 1 月的卡薩布蘭卡會議上，決議在占領突尼西亞後轉向進攻西西里島。這項被稱為「哈斯基」的宏偉計畫，引發了一系列新的重大問題。在北非戰役的登陸過程中，我們未曾預料到會遭到如此猛烈的抵抗，而現今，為保衛祖國，數量仍然龐大的義大利陸軍可能會進行殊死戰鬥。無論如何，強大的德國地面部隊和空軍必定會增強他們的實力。義大利海軍當時仍然擁有 6 艘現代化的精銳戰鬥艦，也很可能參戰。

艾森豪將軍認為，為了掃清地中海航路，我們必須發起對西西里島的攻勢。如果真正的目的是進攻並擊敗義大利，那麼最合適的初步目標應是撒丁島和科西嘉島。因為這些島嶼位於義大利靴形半島的側面，與只地處半島趾形山區對面的西西里島相比，它們能迫使敵人在義大利境內的兵力更為分散。這無疑是一個極具權威的軍事觀點，儘管我個人不認同。然而，各種政治力量發揮了作用；占領西西里島並直接進攻義大利，將帶來更迅速且更深遠的影響。

西西里島的占領行動具有極為重要的戰略意義。雖然與諾曼第登陸計畫相比之下不及其規模龐大，但其重要性和複雜性亦不容忽視。此次登陸行動是基於北非戰役中所累積的經驗，而「霸王」作戰計畫的制定者也從「哈斯基」作戰計畫中汲取了大量教訓。在最初的攻擊階段，近 3,000 艘艦艇和登陸艇參與行動，運載了 160,000 萬名士兵、14,000 輛車輛、600 輛坦克及 1,800 門火炮。這些部隊需要在地中海、英國和美國分布廣泛的基地進行集結、訓練和裝備，最終連同大量兩棲作戰物資一同運至前線。詳

細的作戰計畫由相距數千英里的各級指揮官制定，而這些計畫須由位於阿爾及爾的最高統帥進行整合。在此地，專門的盟軍參謀部負責稽核和協調所有準備工作。隨著計畫的推進，許多問題陸續出現，這些問題只能由聯合三軍參謀長委員會來解決。最後，艦隊必須集中，由軍艦護航穿越海洋，通過狹窄水域，然後在適當時機在作戰區域集結。

自2月起，艾森豪將軍的總部便著手規劃。如今，必須指派他的主要下屬執行相關行動計畫。

在所有盟軍聯合作戰的戰爭中，戰略指揮權通常由兵力較為雄厚的一方掌握。這個原則可能因政治因素或其他戰場需求而有所調整，但由較強大軍隊掌握指揮權仍然是正確的原則。由於政策原因，我們此前將西北非的作戰指揮權交給了美國，因為他們在最初階段的軍隊數量和實力方面占優勢。在「火炬」行動啟動後的數個月內，隨著第8集團軍從沙漠地區凱旋，英國第1集團軍在突尼西亞立足，我們的力量比例變為英軍有11個師，而美軍共有4個師。然而，我仍然堅持認為「火炬」行動是由美國主導的遠征行動，因此在各個方面支持艾森豪將軍作為該計畫最高統帥的地位。然而，實際上有一種默契，即艾森豪的副手亞歷山大將軍擁有充分的作戰指揮權。正是在這樣的背景下，我們贏得了突尼西亞的勝利，而在美國民眾和全球觀眾眼中，這場軍事計畫仍被視為以美國為主導的行動。

然而，此刻我們進入了一個新的階段——進攻西西里島，並將隨之展開進一步的軍事行動。我們已經達成共識，針對義大利的行動將依據西西里島的戰況做出決定。鑒於美國對這個更大規模的冒險行動表現出極大的興趣，而不僅僅滿足於在今年之內留守在撒丁島之上；同時，因為另一場聯合作戰的前景已經顯現，我認為有必要讓英國與我們的盟國之間，至少在地位上平等。7月期間，現有軍力比例為：英國8個師，美國6個師。空軍方面：美國占比為55%；英國則為45%。海軍方面，英國占比

為80%。此外，英國在中東和地中海東部，包括利比亞，還有大量軍隊，這些部隊直接隸屬於開羅的英軍總部，由梅特蘭・威爾遜將軍全權指揮。在這種情況下，我們在最高指揮權方面至少應享有同等地位，這個要求不算過分。我們的忠實盟友也欣然答應了這個要求，並允許我們直接指揮作戰。亞歷山大統領第15集團軍群，包含美國第7集團軍和英國第8集團軍；特德空軍上將統領盟軍空軍；坎寧安海軍上將統領盟軍海軍。所有陸、海、空三軍均在艾森豪將軍的全面指揮之下。

英軍的突擊任務由蒙哥馬利將軍及其第8集團軍負責，而巴頓將軍則被委任指揮美國的第7集團軍。海軍方面，合作的指揮官是拉姆齊海軍上將和美國的休伊特海軍上將，拉姆齊曾在「火炬」戰役中策劃英軍登陸，而休伊特則曾與巴頓將軍共同執行卡薩布蘭卡的登陸任務。在特德空軍上將的指揮下，主要的空軍司令官包括：美國陸軍航空隊司令斯帕茨將軍和科寧厄姆空軍中將，布羅德赫斯特空軍少將則負責指揮與第8集團軍協同的空中作戰行動。布羅德赫斯特空軍少將近期為西部沙漠的空軍部隊贏得了榮譽。

由於突尼西亞的戰鬥仍然持續吸引司令官和參謀們的注意力，因此關於計畫和部隊的部署，最初僅在假設的基礎上進行考慮。直到4月間，我們才確認哪些部隊適合參與實際作戰。主要的需求是：盡快占領港口和機場，以支援登陸後的軍隊。巴勒莫、卡塔尼亞和錫拉庫薩是合適的地點，而理想的港口則是墨西拿，但我們的力量尚未準備就緒。在西西里島的東南部、西部和卡塔尼亞平原，共有三座主要的飛機場。

特德空軍上將提議縮小攻勢範圍，先攻占東南部的一座機場，再向卡塔尼亞和巴勒莫發動攻擊。這意味著暫時只能使用錫拉庫薩、奧古斯塔和利卡塔這幾個小港口，而灘頭上的陸軍在毫無遮掩的情況下必須能夠順利獲得補給。計畫最終成功，主要得益於新型兩棲載具的引入，即美國的水

陸兩用車，以及更多的登陸艇。這類船隻最初由英國在1940年設計並改進，美國隨後根據英國的經驗設計出新型號並大量生產，並首次在西西里島的行動中使用。這種載具成為未來兩棲作戰的基礎，並且形成是兩棲作戰的限制因素。

在亞歷山大將軍的最終作戰計畫中，首先要進行為期一週的轟炸，以削弱敵方海軍和空軍的作用。由蒙哥馬利將軍指揮的英國第8集團軍，將在木羅·迪·波爾科角與波扎洛之間發起攻擊，並奪取錫拉庫薩和帕基諾的機場。在建立堅固的橋頭堡並與左翼美軍會合後，第8集團軍將向北推進，以奧古斯塔、卡塔尼亞和傑爾比尼的機場為目標。在巴頓將軍的指揮下，美國第7集團軍將在斯卡拉米亞角與利卡塔之間登陸，目標是占領利卡塔港及傑拉東、北面的機場群，以保護第8集團軍在拉古薩的側翼推進。強大的英、美空運部隊將越過灘頭堡，透過空降或滑翔機著陸，用以奪取據點並支援登陸行動。

第8集團軍由7個步兵師、馬爾他要塞的1個步兵旅、兩個裝甲旅及若干突擊隊所組成。由美國指揮的第7集團軍共包含6個師。西西里島的敵軍最初由一位義大利將軍負責指揮，編制包括兩個德國師（其中1個為裝甲師）、4個義大利步兵師，以及6個戰鬥力較差的義大利海防師。德國的師被進一步細分為多個戰鬥小組，以增強各地區的防禦力量並進行反攻。由於誤判我們的戰略，敵人在島嶼的西海岸部署了重兵。我們在空軍方面具有明顯的優勢，擁有超過4,000架作戰飛機（英國121個空軍中隊，以及美國146個空軍中隊），而敵軍在西西里島、撒丁島、義大利和法國南部的飛機總數僅為1,850架。

因此，只要我們能夠順利地集結軍隊並登陸，前景看來是很樂觀的。然而，海軍與陸軍的力量太過分散。加拿大第1師直接從英國啟程，美國的1個師從美國啟程，只是在經過奧蘭時稍作休整。已經抵達地中海地區

的軍隊都散布在北非境內。登普西將軍的第 13 軍，一部分在埃及進行訓練，另一部分在敘利亞訓練，他們的船隻和登陸艇，不僅要在運河區和亞歷山大港裝運，還需要在貝魯特和的黎波里之間的各個小港口裝運。利斯將軍指揮的第 30 軍包括在英國的加拿大第 1 師、在突尼西亞的第 51 師和馬爾他島的第 231 獨立旅，所有這些部隊將在戰場上首次集中在一起。美國的軍隊也是同樣地分布在突尼西亞和阿爾及利亞的全境，還有一部分遠在大西洋的彼岸。

下屬指揮官和參謀們必須搭乘飛機前往各偏遠地區，親臨視察計畫的準備狀況並監督所屬部隊的訓練。他們常常無法親自執行此類任務，這無形中加重了計畫制定者的負擔。海上訓練在聯合王國以及地中海和紅海各地進行。已經到達中東的重要飛機、船舶和裝備，數量僅具象徵意義，甚至可以說幾乎沒有。在準備階段，這些物資的效能被假定為合格，未經試驗就納入計畫。幸運的是，後勤部門幾乎兌現了所有承諾。儘管計畫令人擔憂，但執行過程卻相對順利，這確實是聯合參謀工作的一次傑出範例。

1943 年 5 月 20 日，希特勒召集了一場會議，參與者包括凱特爾、隆美爾以及外交部長紐賴特等。這場會議及其他德國會議的祕密紀錄原稿，現藏於賓夕法尼亞大學圖書館，由美國翻譯成英文，並附有費利克斯・吉爾伯特先生的注釋。這些譯文為第二次世界大戰的歷史提供了重要貢獻。

希特勒：你曾經訪問過西西里島嗎？

紐賴特：是的，元首。我曾經造訪過那裡，並與駐西西里島的義大利第 6 集團軍司令羅阿塔將軍進行會談。除了其他許多事項外，他還表示對西西里島的防禦能力缺乏信心。他聲稱其兵力極為薄弱，軍隊也缺乏適當的裝備。最關鍵的是，他僅有 1 個摩托化步兵師，其餘部隊皆為非機動性。英國人每日全力以赴地炮擊西西里島各條鐵路的軌道，因為他們深知，運送修理材料幾乎是不可能的，或者根本不可能。我從喬瓦尼渡海到

墨西拿，沿途的觀察是：在這短短的旅程中，幾乎所有的交通實際上都已經停滯。那裡的渡船——我想原有6艘——現在僅存1艘。這艘船被視作博物館的展品，據說保留這艘是為了更高的目標。

希特勒：何謂「更高的目標」？

紐賴特：啊，元首，有些義大利人說：「等到戰爭結束的時候……」；還有人提到：「你永遠無法預測接下來會發生什麼。」駐紮在西西里島的德軍，顯然已經變得不受歡迎。這種狀況不難理解，因為西西里島的居民認為，是我們把戰爭帶到了他們的土地。他們先是被我們掠奪一空，現在我們又引來了英國人，儘管——我必須強調這一點——西西里島的農民對英國人的到來並不在意。他們認為這將終結他們的苦難。義大利南部的普遍看法是，英國人一旦抵達，戰爭就會結束；而德國軍隊的存在，恰恰延長了戰爭。

希特勒：義大利政府對這種態度採取了哪些措施？

紐賴特：元首，據我所知，當地的官員對目前的局勢幾乎沒有採取什麼措施。每當我提醒他們這個問題，並抱怨德國士兵在街上遭到辱罵時，他們總是告訴我，由於這反映了民意，他們也不知道應該如何應對。他們還說：「人民的情緒就是如此。你們不得人心，是因為你們自己造成的：你們徵用了各種物資，還吃光了小雞。」然而，我的確認為，這些地方官員可以更努力地處理嚴重案件，以儆效尤。

希特勒：他們難道不打算採取行動？

紐賴特：相當棘手。他們始終不願意採取行動。西西里島人的性格與義大利北部居民迥異。然而，整體上看，他們對事情持有一種隨遇而安的態度，令人相當不快。敵國空軍對西西里島構成了極為嚴峻的威脅。

討論逐漸轉向羅阿塔將軍及其他義大利領導者的忠誠度問題，以及墨索里尼日益艱難的處境。這一切在德國元首面前展現出一幅極其不安的畫面。

在突尼西亞與西西里島之間的海峽中，有一座名為潘泰萊里亞的小島，敵人將其設置為飛機和快速魚雷艇的基地。1941年1月，我們曾計劃襲擊並占領該島，但當時錯失良機。隨後，在馬爾他島遭受圍攻的最艱難時期，該島一直是個難以根除的威脅。如今，我們不僅必須征服它，還要將其轉變作為我們戰鬥機的基地。在攻克突尼西亞後，海、空兩路的進攻立即展開。轟炸與炮擊持續至6月8日，我們提出無條件投降的要求，但遭到了拒絕。於是，在海、空兩軍的猛烈轟擊下，6月11日我們從海上發起登陸。對此次行動的巨大規模及潛在危險，我們事先給予了足夠的重視。這次登陸行動取得了完全成功，沒有任何死傷。據水兵傳說，唯一受傷的是被騾子咬傷的一名士兵。超過一萬一千名俘虜被我們俘獲。在接下來的兩天中，鄰近的蘭佩杜薩和利諾薩兩島也相繼投降。至此，西西里島南面已無敵人的前哨。

7月3日，我方開始對西西里島進行猛烈轟炸，目標是當地和撒丁島的機場，導致許多機場無法運作。敵方戰鬥機被迫採取防禦措施，而他們的遠端轟炸機則撤回義大利本土。墨西拿海峽的5艘火車渡輪中有4艘被擊沉。隨著我們的船隊接近該島，空中優勢已被確立，軸心國的軍艦和飛機未對海上襲擊進行重大阻攔。由於我們使用了聲東擊西的策略，敵人直到最後一刻仍不知我方的進攻地點。我們在埃及的海軍調動和軍事準備，似乎預示著對希臘的遠征。自突尼西亞被攻克後，他們增派了飛機到地中海，但增援的空軍中隊並未調往西西里島，而是前往地中海東部、義大利西北部和撒丁島。在船隊接近目標的關鍵時刻，艾森豪將軍在交通便利的馬爾他島設立司令部，並與亞歷山大將軍和坎寧安海軍上將會合。特德空軍中將繼續留在迦太基附近，指揮聯合空軍作戰。7月10日是進攻的日期。7月9日早晨，來自東、西兩方的龐大艦隊在馬爾他島南部集結，艦隊全速駛向西西里島海灘。坎寧安海軍上將的電報中提到：「這次罕見的

艦隊大集結展現了高度的準確性，唯一的不足之處是：船隊有3艘船被潛艇擊沉。船隊航線獲得了極有效的掩護，絕大部分船隻未被敵機發現。」

在前往契克斯郊外官邸的途中——我將在此等待結果，我在海軍部作戰室停留了一個小時。地圖覆蓋了整面牆壁，上面標示著龐大的艦隊、護航船隻以及支援分遣隊，正駛向進攻的海灘。這是史上規模最大的兩棲作戰。然而，一切都取決於天氣條件。

7月9日上午，天氣晴朗。然而，中午時分，一股異常強烈的西北風開始肆虐；下午時刻，風力越發猛烈。傍晚時分，海上的波濤洶湧澎湃，增加了登陸的風險，尤其是在美軍計劃登陸的西海岸，危險尤甚。登陸艇船隊從馬爾他島以及比塞爾塔和班加西之間的多個非洲港口北上，面臨一段顛簸的航行。

事先已經安排好在必要時推遲登陸，但若確定需要推遲，必須在中午前決定。第一海務大臣在海軍部焦急等待，用電訊查詢天氣狀況。晚上八時，坎寧安海軍上將回覆：「天時不利，但作戰行動照常進行。」他說：「現在要延期登陸，顯然是太晚了。然而我們感到極大的憂慮，尤其是迎著狂濤巨浪前進的小型船隊，更令人擔憂。」這些船隊確實受到嚴重阻礙，隊形已經散亂。許多船隻遲到了，幸而未造成巨大損失。坎寧安表示：「大風在晚上令人寬慰地緩和下來，到10日早晨停止了，僅在西海灘上還有討厭的海浪。」

惡劣的天氣幫助我們出奇制勝。坎寧安海軍上將繼續說道：「精心設計的掩護計畫以及船隊所採取迷惑敵人的航線都發揮了作用。此外，敵人因為月光不佳自然放鬆了警惕。最終颳起的強風幾乎使得部分登陸任務——甚至可能是全部登陸任務——無法完成。這些看似不利的因素，對已經連續警戒了多個夜晚、疲憊不堪的義大利人而言，實際上產生了影響。他們在床上翻身時感激地想著：『今晚，他們無論如何來不了了。』然

而，他們的確來了。」

然而，空降部隊的命運卻充滿了不幸。載運第一空降旅的滑翔機中，有超過三分之一被美國的拖航機提前釋放，導致機上大量士兵墜海溺亡。其他士兵則分散在西西里島的東南部，只有 12 架滑翔機成功抵達它們的目標地區 —— 一座重要的橋梁。8 名軍官和 65 名士兵攻占了這座橋梁，並堅守了 12 小時，援軍到達時，他們僅剩下 19 名倖存者。這是空降部隊不惜犧牲所建立的功勳。美軍前線方面，空降地點過於分散，但許多小分隊在內地製造了破壞和混亂，使義大利的海岸防禦師團狼狽不堪。

此次登陸行動自始至終均獲得戰鬥機的護航，所到之處皆大獲全勝。英軍已經成功占領前線的錫拉庫薩和帕基諾，而美軍則掌握了利卡塔和傑拉。第 8 集團軍於 12 日攻克奧古斯塔。美軍的美國第 1 師在前線遭到了部分德軍裝甲師的猛烈反擊，形勢一度岌岌可危，但經過一場激烈戰鬥，敵軍終被擊退。我們的盟軍繼續推進，目標是奪取傑拉東部的重要機場。

第 8 集團軍的主力正朝向卡塔尼亞和傑爾比尼的機場出發。與此同時，更多傘兵已經成功著陸，突擊隊也從海上登陸，占領了關鍵橋梁。在他們的協助下，陸軍成功渡過西梅托河。然而，德國部隊正從較遠的西方趕來支援義大利部隊，因此陸軍渡河後停止了推進。16 日，第 8 集團軍的左翼抵達卡爾塔吉羅內，與正沿海岸向西推進並已占領恩佩多克萊港的美軍保持密切聯繫。

我們目前已經控制了 12 個機場，截至 7 月 18 日，島上可用的德國飛機僅剩 25 架。在機場上被摧毀或損壞而遺留下來的敵機總數達到 1,100 架，其中超過一半是德國飛機。我們的空軍竭力阻止敵軍從義大利本土向墨西拿推進，儘管在面對猛烈的高射炮火時，成功率有限。

7 月 16 日，亞歷山大將軍下令第 8 集團軍向埃特納火山的西側發起進攻，第 7 集團軍則負責攻擊恩納周圍的公路，並切斷佩特拉利亞的東西通

道。英國第 50 師的推進速度緩慢，德軍從義大利大陸調來援軍，其中包括極為凶猛的第 1 傘兵師 6 個營。我們雖然在左側取得了一些進展，但顯然需要重新制定計畫並增加兵力。在第 78 師從突尼西亞抵達之前，英軍前線暫時按兵不動。

我們的下一步戰略行動仍未決定。我們是否應該穿越墨西拿海峽，攻占義大利的趾形地帶，或占領位於踵形地帶的塔蘭托？還是沿著義大利西海岸北上，在薩萊諾灣登陸並攻占那不勒斯？或者只是占領撒丁島？6 月時，我們曾徵求艾森豪將軍的意見。這是一個棘手的問題。在 5 月的華盛頓會議（「三叉戟」會議）中，我們曾經決定將在 8 月前後，把大部分派往西西里島作戰的襲擊艦艇和部分空軍調往印度，同時也預先通知艾森豪將軍，為了實現 1944 年橫渡英吉利海峽的進攻，11 月 1 日後，必須將美軍 4 個師和英軍 3 個師撤回英國。6 月 30 日，他建議在完成對西西里島的占領任務後，如果不攻打義大利的趾形地帶，就攻打撒丁島。如果選擇撒丁島，他大約在 10 月前可以準備就緒，但他預估在 11 月前無法進攻義大利本土，並且屆時氣候可能非常不利於兩棲登陸。如果要證明在如此晚的時候攻入義大利是合適的，則必須確保軍隊發動攻擊之後能夠迅速推進的有利形勢。

西西里島的進展，已經澄清了這種局面。從我在 7 月 16 日致史末資的電文中可以看出，當時所談的整體形勢與當前的情況有多麼不同：

1943 年 7 月 16 日

1. 在 5 月的華盛頓會談中，我們察覺到美國方面憂慮重重，擔心我們過於深入地中海的軍事行動；他們希望透過占領撒丁島來結束這場戰役。對此，我們持相反意見：鑒於我們在地中海的軍事力量遠遠超過美國，我們可以在占領西西里島之後再考慮此事。然而，我對此並不滿足，我曾經要求羅斯福總統派遣馬歇爾將軍與我一同前往北非，在現場說服艾森豪等

人,至少要占領羅馬,才能滿足當下的作戰需求。我們達成共識,在西西里島的戰況明朗後再做決定。如果那裡的戰事艱難且拖延,那麼可能僅限於攻占撒丁島。但若我們的行動順利且義大利的抵抗不夠強烈,我們將立即進攻義大利本土。

2. 做出這個決定的時刻已然迫在眉睫。我將其視為一個重要議題來對待,這點無需贅述。我相信羅斯福總統會認同我的觀點,艾森豪內心自然也會支持。無論如何,我絕不能讓駐紮在地中海的強大英國軍隊和由英國指揮的部隊無所事事。我正在將極為優秀的波蘭軍隊從波斯調往敘利亞,他們同樣可以從那裡參與戰鬥。

3. 巴爾幹半島的局勢同樣充滿希望。我將中東統帥部的一份報告寄給你,報告中指出義大利軍隊已經瀕臨崩潰。我們不僅要占領羅馬,並盡可能向義大利北部推進,還必須伸出援手,支援巴爾幹半島的愛國者。如果我們在適當時機採取行動,這些區域都大有希望。我堅信我們將取得良好成果,我也將全力爭取盟國的同意。如果即使無法達成一致,我們也有足夠的力量可以獨立行動。

4. 你打算何時抵達此地?你知道,你會受到多麼熱情的迎接,而我們對戰爭的看法是如此接近。以上內容皆屬軍事機密,請勿向外人洩漏。

與此同時,盟軍的空軍正對敵人在義大利南部的交通線、機場以及那不勒斯港口進行騷擾。7月19日,一支強大的美國轟炸機編隊襲擊了羅馬火車站的停車場和羅馬機場。這次轟炸造成了極大的破壞,同時引發了嚴重的恐慌。在西西里島,當地的美軍在勇敢的巴頓將軍指揮下穩步推進。他們的第3步兵師和第2裝甲師負責清掃該島西端的任務,而那裡現在只剩下義大利的軍隊;由第1師和第45師組成的第2軍,奉命攻占北部海岸,隨後沿通往墨西拿的兩條主要公路向東推進。巴勒莫在7月22日被占領,到月底,美軍已經抵達尼柯西亞至聖斯特凡諾一線。他們的第3師完成了西西里島西部的任務後,被調來支援沿海岸的追擊,同時第9師也

從非洲調來。這支部隊和我們的第 78 師一樣，是留在北非的後備部隊。

最終的決戰場地，此刻已經完成部署。這場戰鬥注定會異常激烈，因為除了原有的義大利防禦部隊，還有 3 個以上的德軍師，在作戰經驗豐富的胡貝將軍指揮下，也將參與作戰。然而，義大利的迅速崩潰已經顯得極為可能。我們駐白廳的人員情緒明顯改變。我們決定採取更具冒險的計畫，即直接進攻義大利的西海岸，以便奪取那不勒斯。華盛頓對此表示同意，但堅決不在「三叉戟」會議商定的兵力之外再增派部隊。美國人堅持認為，不能因在地中海採取更激烈的軍事行動而影響其他地區的作戰，尤其是「霸王」計畫。這個限制在薩萊諾登陸時，將引發我們極大的憂慮。

艾森豪將軍和他的主要指揮官們現在已經達成共識，將義大利視為即將展開攻擊的下一個目標。由於缺乏足夠的登陸艇和飛機，他們仍然傾向於首先在義大利南部的趾形地區登陸；然而，他們也首次開始贊同直接進攻那不勒斯。儘管那不勒斯距離西西里島最近占領的空軍基地較遠，可能削弱戰鬥機對登陸的掩護作用，但大家的注意力很快集中在拿下那不勒斯上。迅速擊潰義大利的時機，似乎成為推遲對緬甸作戰的理由；海軍部已經停止將進攻艦艇從地中海調往印度。

7 月 22 日，英國參謀長委員會敦促美國同行，在假設有額外艦船和航空母艦的情況下，制定直接攻打那不勒斯的計畫。美國方面則持不同意見。他們同意進攻，但堅持原有決策，即無論此次進攻還是其他任何目的，美國不能為艾森豪將軍派遣更多增援部隊。他必須憑現有兵力盡力而為。此外，他們主張將 3 個重型轟炸機大隊撤回英國。這導致了衝突。美國三軍參謀長對征服義大利是否能威脅德國持懷疑態度，同時擔心德國可能撤退，使得攻勢無功而返。他們認為，從義大利南部機場轟炸德國南部收效甚微。他們要求將所有對德進攻力量集中在跨越英吉利海峽的最短線路上，儘管在未來 10 個月內，英吉利海峽不會有任何戰事。

英國參謀長委員會指出，華盛頓會議已經明確決定，消滅義大利是盟軍的首要目標之一。進攻那不勒斯——代號「雪崩」——被認為是實現這個目標的最佳途徑。義大利的瓦解將極大地提高橫渡英吉利海峽的進攻機會，確保其不僅成功，而且具有決定性的效果。空軍參謀長波特爾強調，針對德國工業，尤其是戰鬥機生產工廠的大規模襲擊，僅在義大利機場的支持下才可能有效。因此，奪取這些機場將對順利進攻法國作出重大貢獻。然而，美國人依然冷漠。儘管如此，「雪崩」計畫中大多數部隊為英國所有，因此我們決定盡全力保障計畫成功。為彌補遠程戰鬥機的不足，海軍部派遣4艘護航航空母艦和1艘輕型艦隊航空母艦協助登陸，空軍部也將原定提前撤走的3個轟炸機中隊交給艾森豪將軍指揮。

就在這些略顯尖銳的討論進行之時，墨索里尼於7月25日下臺，形勢發生了徹底的變化。對義大利的進攻論點，似乎占據了壓倒性的優勢。正如下文所述，德國人迅速作出了回應。我們進入義大利，尤其是進攻那不勒斯等軍事行動，並未變得輕鬆。「雪崩」作戰計畫的成功來之不易，多虧了我們額外提供的英國海軍和空軍力量。我們認為，在登陸後，為加快整體部署，額外的船舶是必要的，如果這些船舶能夠調撥使用，風險將得以降低。在這一點上，我們未能說服美國採納我們的建議，在戰役開始前，許多美國船隻已經撤回，而英國的一些用於進攻的艦隻也被調往印度。

此刻，我們應當重返西西里戰地。亞歷山大於8月3日在電報中提到：

攻勢順利展開……我剛從巴頓將軍處回來，他果敢而豪放。美國第7集團軍表現卓越，戰鬥非常精采。加拿大人的首次亮相令人滿意，戰鬥表現也相當不錯。雖然進展可能緩慢，但若非親眼所見，很難想像當地的情況。島上僅有幾條穿過峽谷和繞過懸崖的山道，這些道路易於防守且更容易被摧毀。

攻占西西里島

我們新調來的第 78 師，以卓越的表現攻下了琴圖里佩，這場戰鬥代表著最後階段的到來。卡塔尼亞於 8 月 5 日被攻占，隨後，整個英軍戰線推進至埃特納火山的南側和西側山坡。美國第 1 師在經過激烈戰鬥後，於 8 月 6 日占領了特羅伊納，而他們的第 9 師則在 1 日穿越第 1 師，於 8 日進入切薩羅。美國第 45 師及緊隨其後的第 3 師，沿北部海岸推進，在兩路小規模、靈活的兩棲作戰包圍行動的支援下，於 8 月 10 日抵達奧蘭多角。隨著蘭達佐於 13 日被攻克，敵人在所有戰線上停止接觸，並在墨西拿海峽防空炮火的掩護下，於接下來的幾個夜晚撤回本土。我們的軍隊迅速向墨西拿推進。敵人破壞了從卡塔尼亞延伸的海岸公路，導致第 8 集團軍進展遲緩，戰利品僅以微弱差距落入美國人手中。他們於 8 月 16 日進入墨西拿。

亞歷山大將軍致首相

1943 年 8 月 17 日

以下事實頗具趣味：

7 月 10 日對西西里發起攻勢。8 月 16 日進入墨西拿。前後共用 38 天便征服了整座島嶼。西西里擁有 600 英里的海岸線和一萬平方英里的領土。全島遍布混凝土碉堡和鐵絲網。軸心國的駐軍總計：義大利軍 9 個師，德國軍 4 個師，總共 13 個師；兵力總數為：義大利軍三十一萬五千名士兵，德國軍九萬名士兵，合計四十萬零五千名。我方的部隊：第 7 集團軍共有 6 個師，包括空降師；第 8 集團軍擁有 7 個師，包括空降旅和裝甲旅，盟軍一共 13 個師……

我們可以推測，7 月 10 日駐島的義大利部隊幾乎全軍覆沒，儘管極少數被擊潰的散兵可能已經逃回本土。當前尚無法評估繳獲的戰利品與軍用物資數量。大炮、坦克、步槍和機槍遍布島嶼各處，隨處可見。

在整個作戰過程中，空軍一直掌控制空權，因此其戰術空軍部隊得以動員空前的力量，支援地面上的陸軍。在機場繳獲了上千架敵機。皇家海軍確保海路暢通無阻，並提供我們所需的一切物資支援。

　　隨後，他再次來電報告道：

亞歷山大將軍致首相

1943 年 8 月 17 日

　　1943 年 8 月 17 日上午 10 時，最後一位德軍士兵被驅逐出西西里島。此刻，整個島嶼盡在我方掌控之中。

　　這場歷時 38 天的精妙戰役圓滿落幕。敵軍在最初受到震驚後，曾短暫而頑強地進行抵抗。地形的複雜性帶來了我軍的極大挑戰。道路狹窄，行軍時只能徒步穿越田野。在第 8 集團軍的前方，埃特納火山的高聳山嶺擋住了去路，卻也給予敵軍監控我方動向的優勢。第 8 集團軍的士兵駐紮在卡塔尼亞平原的低窪地帶，因而瘧疾在他們中傳播。然而，一旦我們成功登陸，空軍從占領的機場展開行動後，勝負的懸念便不復存在。根據馬歇爾將軍的報告，敵軍損失了十六萬七千人，其中三萬七千人為德國人；盟軍的陣亡、受傷和失蹤人數總計為 31,158 人。

攻占西西里島

墨索里尼政權垮臺

　　墨索里尼多年主宰義大利，最終給國家帶來了戰爭的苦難，他對此應負首要責任。他幾乎擁有絕對的權力，因此不能將責任推給王室、議會、法西斯黨或總參謀部，一切都歸咎於他。如今，在義大利的知情人士之中，普遍認為戰爭已經失敗，於是曾經專橫地將國家引向錯誤和失敗的人物，自然應該受到譴責。到1943年初，這種看法逐漸形成並廣泛傳播。孤獨的獨裁者位於權力的頂峰，而軍事上的失利以及義大利人在俄國、突尼西亞和西西里島遭到殺戮的事實，已經清楚地預示著對義大利本土的直接進攻即將來臨。

　　他在政界和軍界之中試圖進行一些人事調整，結果徒勞無功。1943年2月間，安布羅西奧將軍接替卡瓦勒羅成為義大利總參謀長。安布羅西奧與宮廷大臣阿奎羅納公爵同為國王的私人顧問，並深得王室信賴。幾個月以來，他們一直謀求推翻法西斯黨的領導，終結法西斯政權。然而，墨索里尼仍然活躍於歐洲的政治舞臺，彷彿仍然是其中的一個核心人物。當他手下的新任軍事領袖建議立即從巴爾幹半島撤回義大利部隊時，他感覺受到了冒犯。認為這些軍隊是對德國在歐洲優勢的有效支援。他未曾意識到，因為海外的失敗和國內的民意流失，他已經不再是希特勒的盟友。當現實已然不復存在時，他仍舊沉迷於權勢和個人影響力的幻想當中。因此，他拒絕了安布羅西奧的重要請求。然而，由於人們對他權威的印象以及對他個人極端行為的恐懼根深蒂固，義大利社會各界在如何將他驅逐下臺的問題上長期猶豫不決。誰願意冒險去「給貓掛鈴鐺」呢？春天已逝，具備海、陸、空三軍優勢的強大敵人對義大利的進攻日益臨近。

墨索里尼政權垮臺

7月之際，求變局勢達到高潮。自2月起，沉默寡言且謹慎的立憲國王一直與因1940年在希臘戰敗而被解職的巴多格里奧元帥保持聯繫。他最終認定巴多格里奧是可以信賴並委以國政重任的人物。於是，他制定了明確計畫，決定在7月26日逮捕墨索里尼。安布羅西奧將軍同意負責尋找執行計畫的人，並為行動的成功創造條件。無意中得知，安布羅西奧將軍的計畫得到了部分法西斯老戰士的支持，這些人希望復興法西斯黨，並相信在復興過程中，他們中的許多人不會失敗。他們準備召開自1939年以來未曾召開的法西斯黨最高組織——法西斯大委員會，以此作為向其領袖發出最後通牒的手段。7月13日，他們會見了墨索里尼，勸說他在7月24日召開大委員會的正式會議。這兩個行動看似互不相關且各自獨立，但它們在時間上幾乎完全重合，從結果上來說具有重要的意義。

當時，我們對義大利政局內部的緊張關係並無確切了解，但盟軍總部偶爾收到報告，聲稱義大利士氣低落和局勢不穩的情況越發嚴重。在空襲義大利北部城市後，當地出現了罷工和騷亂。我們了解到，由於鐵路運輸中斷，義大利的糧食供應狀況不斷惡化。當我們在西西里島登陸時，向義大利人民發出了呼籲，時機似乎已經成熟。羅斯福總統曾提出一份宣言草案，但我們認為，該宣言賦予美國的地位對參與義大利戰爭的英國不公。因此，我於7月5日致電羅斯福總統，內容如下：

1. 戰時內閣正在考慮以我們兩國的名義向義大利人民發布一項聯合宣言。鑒於雙方協議規定，「火炬」作戰計畫是作為包含英國分遣隊的美國遠征行動，而我自始至終擔任你的副手，因此我們認為，「哈斯基」作戰計畫（進攻西西里島）及其後的行動應視為雙方的聯合行動，在其中我們是平等的夥伴。這樣的表述，依據參與的陸軍、海軍、船舶和飛機等比例來看，似乎確實合理。我完全贊同你的名言，「不應該有大夥伴」。

2. 然而，由於我們與義大利之間的紛爭或交戰歷史比你們悠久，同時，這類文件由一人撰寫，從完整性角度看，比聯合創作更佳，因此，我們希望您在這關鍵時刻，代表我們兩國，並為了共同事業的利益，向義大利人民發表演講。

3. 基於我們之間坦誠的友誼，我斗膽向你指出幾處需要修正之處。這些修改極為重要，否則可能在英國民眾和軍隊中引發不悅。他們或許會覺得，他們的貢獻沒有得到相應或足夠的重視。實際上，他們僅被提及一次，而其他地方提到的都是美國或盟國。

4. 建議的修改如下：

（1）在「你們的政府在1941年12月11日對它們宣戰」之後，請新增「我也代表英王陛下政府並以他們的名義演講」。

（2）在「在艾森豪將軍的指揮下」中，新增「和他的副總司令亞歷山大將軍」。

（3）關於「義大利的天空是在盟國龐大空中機隊的控制下」一句的後半部分，建議改為「在美國和英國龐大空中機隊的控制下，義大利的海岸受到了英國和盟國集中在地中海前所未有的最大海軍力量的威脅。」

（我相信你會理解這種修改是合適的，因為歸根結柢，美國和英國實際上承擔了全部的戰爭活動。）

5. 最後，我們得出的結論是，最佳的策略似乎是在西西里島取得初步勝利後，再向義大利民眾發布宣告。因為若我們失敗，此舉可能顯得不合時宜。此外，在炮火聲中，這樣的宣告未必能引起世人的關注，也難以迅速傳達到軸心國的作戰部隊，進而促使他們的瓦解。

羅斯福認可了我們的看法。於是，我再次向他遞交了一份我們認為妥當的修訂版本。

墨索里尼政權垮臺

此乃美國總統及英國首相致義大利人民的宣告。

在此時此刻，美國與英國的聯合部隊，在艾森豪將軍及其副手亞歷山大將軍的統率之下，正將戰爭一步步推進你們的國土。這是墨索里尼及其法西斯政權強加於你們的恥辱領導所導致的直接後果。墨索里尼將你們引入作為屠殺他國人民並摧毀自由的野蠻國家附庸國，參與這場戰爭。墨索里尼將你們投入他以為希特勒已經勝券在握的戰爭。儘管義大利容易遭受空中和海上的攻擊，法西斯領袖仍然派遣你們的青年、艦隊、以及空軍遠赴各處戰場，裹助德國實現征服英國、俄國以及全球的野心。這種與納粹德國的勾結，與義大利在自由與文化方面的悠久傳統極不相稱，而這些傳統與英、美兩國人民有著深厚的淵源。你們的士兵並非為義大利的利益而戰，而是為納粹德國作戰。他們奮勇作戰，但在俄國前線及從阿拉曼到邦角的非洲戰場上，卻被德國人出賣和遺棄。

如今，德國征服全球的野心在各大戰場上已經被徹底擊潰。義大利的天空由美國和英國的龐大空軍所掌控。義大利的海岸線則受到集中於地中海的英國及盟軍史無前例的海軍力量威脅。當前，你們所面對的敵對力量誓言要徹底摧毀納粹德國的權勢，這種權勢曾殘酷地用來奴役、摧毀和消滅拒絕承認德國人為統治種族的人們。

義大利追求生存的唯一出路，便是對盟軍無可匹敵的武力進行體面的投降。倘若你們繼續忍受法西斯政權為納粹邪惡勢力效勞，勢必承受由此選擇所帶來的痛苦後果。我們並不願意侵入義大利，使其人民承受戰爭帶來的悲劇性毀滅；然而，我們堅決摧毀並趕走那些虛偽的領袖以及使義大利陷入如今境地的主義。你們對抗盟軍的每一分鐘，每一滴流下的血，僅僅是為了給法西斯和納粹領袖爭取更多的時間，讓他們逃避其罪行的必然懲罰。你們的所有利益和傳統已經被德國及你們腐敗的領袖背棄；唯有推翻他們，一個新生的義大利才能在歐洲國家中獲得應有的尊重地位。

眼下，義大利人民必須審視本身的自尊、利益以及對恢復國家尊嚴、安全與和平的渴望。關鍵時刻已然到來，在此要求你們做出抉擇：是為墨索里尼和希特勒效命，還是為義大利和文明的存續而奮鬥。

羅斯福

邱吉爾

7月17日，盟軍的飛機在羅馬及義大利其他城市的上空投下了這個文告的傳單。

兩天後，墨索里尼在安布羅西奧將軍的陪伴下，乘坐飛機前往里米尼附近的費爾特雷。在那裡的一座別墅中，他與希特勒會面。墨索里尼在其《回憶錄》中描述道，「那裡的公園極其美麗，樹蔭遮天蔽日，綠意盎然且氣候清涼；建築物彷彿迷宮一般，給人一種神祕的感覺。它猶如一個由縱橫字謎構成的房子。」為了接待德國元首，所有的準備工作已經妥當，預期他會在此停留至少兩天，然而實際上他在當天傍晚便已離開。墨索里尼表示，「我們的會面依舊誠摯，但隨行人員、高級空軍軍官及部隊的態度卻顯得冷淡。」

德國領袖滔滔不絕地表達了他的看法，強調必須竭盡全力。他提到，計劃用於襲擊英國的新型祕密武器預計將在冬季投入使用。義大利必須得到保護，「如此一來，西西里島對敵人而言將如同史達林格勒之於我們。」義大利人需自行提供人力和進行組織。由於在俄國前線承受的壓力，德國無法滿足義大利對增援和裝備的要求。

安布羅西奧敦促他的上司坦誠地向希特勒表明，義大利已經無力繼續參與這場戰爭。這樣的宣告究竟能帶來什麼好處並不清楚。然而，墨索里尼那種目瞪口呆的表現，最終使安布羅西奧和其他在場的義大利將領決心不再指望他作為領袖。

墨索里尼政權垮臺

當希特勒正在評論局勢時，一位神情激昂的義大利軍官闖入房間，報告說：「羅馬正遭受敵人猛烈轟炸。」除了德國承諾會進一步加強對西西里島的支援，墨索里尼返回羅馬時並未帶回任何值得炫耀的成果。當他即將抵達羅馬時，他的飛機進入了一片濃煙，那是利特里奧火車站附近數百輛客車燃燒所產生的煙霧。他覲見國王，發現國王「愁眉不展，神情緊繃」。國王表示，「局勢極為危急，我們無法再堅持太久。西西里島已經落入西方國家之手，德國人會背棄我們。軍隊的紀律已經崩潰……」根據紀錄，墨索里尼回應稱，他希望在 9 月 15 日使義大利與軸心國的聯盟解除。他所指出的這個日期顯示了他對現實已經嚴重脫節。

此時，壓軸戲的核心人物登場。法西斯黨的重要人物、義大利前外交部長兼駐英大使迪諾・格蘭迪，以其堅韌的意志著稱。儘管過去他對義大利向英國宣戰心懷不滿，但當時不得不順應國內的政治趨勢。如今，他抵達羅馬，準備在法西斯大委員會中擔任領導角色。7 月 22 日，他拜訪了他的老領導，毫不留情地表示，他計劃提議籌建聯合政府，並恢復國王對武裝部隊的最高指揮權。

法西斯大委員會於 7 月 24 日下午 5 時召開。警察總監顯然已經採取措施，以防止會議遭受暴力干擾。墨索里尼的私人衛隊 —— 槍兵團，已應被解除在威尼斯宮的防衛任務，當地布滿了軍事警察。領袖闡述了當前局勢，而穿著黑色法西斯制服的與會者開始討論。墨索里尼最後說道：「戰爭往往是一黨的戰爭，是希望戰爭的黨所發動的戰爭；同時，戰爭也往往是一人的戰爭，是宣戰者所進行的戰爭。如果今天的戰爭被稱為墨索里尼的戰爭，那麼 1859 年的戰爭可以被稱為加富爾的戰爭。現在是鞏固統治並承擔必要責任的時刻。當我們國家的領土完整性正遭受威脅時，我以國家的名義，可以毫無困難地調整人事、強化控制並調動一切尚未使用的力量。」

接著，格蘭迪提出一項議案，請求讓國王獲得更大的權力，並要求國王擺脫不問國事的狀態，承擔起他的職責。格蘭迪發表了一篇被墨索里尼稱為「猛烈抨擊的演說」，「一個久懷怨恨的人終於發洩積憤的一篇演說」。大委員會成員與宮廷之間的連繫已經極其明顯地顯現出來。墨索里尼的女婿齊亞諾給予格蘭迪支持。每位與會者現在都意識到，一場政治變革已經迫在眉睫。辯論持續到午夜，法西斯黨祕書斯科爾扎提議休會，次日繼續。但格蘭迪跳起來，大聲喊道，「不行，我反對這個提議。我們已經開始了這場辯論，今晚必須結束！」開始投票時，已是凌晨兩點。墨索里尼寫道，「大委員會每位成員的態度，甚至在投票前，就已經顯而易見：有一群叛徒與國王勾結，還有一群是合謀者，另有一群不明真相的人，他們可能不理解投票的嚴重性，但仍然投了票。」贊成格蘭迪動議的有 19 票，反對 7 票，兩票棄權。墨索里尼站起來說，「你們已經引發政權危機。簡直糟糕透了。會議到此結束。」法西斯黨的祕書正要向領袖致敬時，墨索里尼用手勢制止說，「不必了，你是可以被原諒的。」大家沉默地散去。當晚，無人能在家中安然入睡。

　　與此同時，逮捕墨索里尼的計畫正在暗中籌備。宮廷大臣阿奎羅納公爵向安布羅西奧下達了命令，他安排在警察和憲兵部隊中的代理人及親信隨即展開行動。主要的電話交換中心、警察局及內政部的辦公地點都已經被祕密且順利地控制。一支小型憲兵隊在王室別墅周圍的隱蔽處設立了崗哨。

　　7 月 25 日（星期日），墨索里尼上午留在辦公室，並巡視了羅馬幾個被轟炸的區域。他請求觀見國王，並在下午 5 時得到了接見。「我認為國王會撤銷他在 1940 年 6 月 10 日授予我的指揮武裝部隊的權力，而我也曾考慮過放棄這個指揮權。因此，當我走進別墅時，內心沒有任何不祥的預感。現在回想起來，當時的心情真是毫無防備。」抵達國王寓所時，他注

意到各處的軍事警察有所增加。國王身穿大元帥制服，站在門口迎接。他們進入客廳後，國王表示：「親愛的領袖，局勢不妙。義大利正走向分崩離析。軍隊士氣低落，士兵不願再戰……法西斯大委員會的表決太可怕了──支持格蘭迪動議的竟有19票，其中4人還是天使報喜勳章得主！……此刻，你是義大利最被痛恨的人。你能依靠的朋友最多只有一個，那就是我。這就是我要告訴你，對於你的安全無需擔憂的原因，我保證給予你提供必要的保護。我在考慮讓巴多格里奧元帥接任你的職位……」

墨索里尼回應道：「你正在做出一個極為重大的決定。當前的危機將讓人民認為，一旦宣戰者被罷免，和平就會到來。這對軍隊士氣的影響將是巨大的。這個危機會被視為邱吉爾和史達林一夥的勝利，尤其是史達林的勝利。我感受到了人民的憤怒。昨晚在法西斯大委員會上，我很容易就看出這一點。一個人統治了這麼長時間，並讓人們承受了如此多的犧牲，必然會引發怨恨。不論如何，我祝願控制當前局勢的人好運。」國王陪同墨索里尼到門口。墨索里尼寫道，「他的臉色蒼白，比平時顯得更矮小，幾乎像個侏儒。和我握手告別後，他就進去了。我走下幾級臺階，朝我的汽車走去。突然，一位國家警察上尉攔住了我，他說，『國王陛下派我負責保護您的安全。』我繼續朝我的汽車走去，這時那位上尉指著附近的一輛救護車對我說，『不，我們必須乘坐那輛車。』我和我的祕書一起上了救護車。除了那位上尉，還有一名中尉、三名國家警察和兩名便衣警察，他們也上了車，坐在車門口，手持機關槍。車門關上後，救護車便迅速駛離。我仍然認為，所有這些措施，都是如國王所說，為了保護我的安全。」

那天下午，稍晚些時候，國王指示巴多格里奧籌建一個由軍事領袖與文書官員組成的新內閣，當晚，巴多格里奧元帥向全球發布了這個消息。兩天後，巴多格里奧下令將這位法西斯領袖囚禁在蓬察島。

墨索里尼在義大利前後長達 21 年的獨裁統治，終於劃上了句號。在此期間，他從布爾什維克主義的威脅中解救了 1919 年的義大利民眾，使他們在歐洲的地位達到了前所未有的高度。民族的生命呈現出新的活力，義大利帝國在北非的版圖得以建立，國內諸多重大公共工程也相繼完成。1935 年，這位法西斯領袖以其決心壓制了國際聯盟——「一個國家領導著 50 個國家」——並征服了衣索比亞。他的政權支出龐大，遠超出義大利人民的承受能力，但其成功時期無疑迎合了絕大多數義大利人的意願。我曾在法國崩潰時稱他為「義大利的立法者」。若非他的統治，義大利可能會走向共產主義，這對義大利人民和歐洲而言，將是另一種性質的威脅與不幸。他犯下的最大錯誤是，在希特勒於 1940 年 6 月取得勝利後，對英、法兩國宣戰。若非如此，他原本可以讓義大利在國際舞臺上保持重要地位，贏得各方的拉攏與回報，並從其他國家的紛爭中獲取巨大利益與繁榮。即便在戰爭結果已然明瞭之時，墨索里尼仍會被盟國所接納，他可以為縮短戰爭程序做出重大貢獻，機智而謹慎地選擇向希特勒宣戰的時機。然而，他選擇了錯誤的方向，未能理解英國的力量、島國的持久抵抗能力以及海軍的威力，以致最終走向毀滅。儘管如此，他的偉大歷程仍為其個人權力和長期統治樹立了紀念碑。

　　此時，希特勒在戰略指揮和作戰決策上同樣犯下了重大失誤。面對義大利的背叛、蘇聯的推進以及英、美即將橫渡英吉利海峽的跡象，他本應集中德國陸軍，打造一個強大的中央後備部隊。透過這種方式，他才能充分發揮德國指揮部和作戰部隊的卓越能力，同時利用其中心位置和內線作戰的優勢，以及便利的交通網路。正如馮・托馬將軍被俘時所言，「我們唯一的機會在於創造一個可以發揮陸軍優勢的局勢。」我之前曾提到，希特勒編織了一張蜘蛛網，卻忘記了蜘蛛的存在。他試圖占有他贏得的一切。大量兵力被浪費在巴爾幹和義大利，這些地區對主要戰局無關緊要。

墨索里尼政權垮臺

如果他用 30 或 40 個戰力精銳且機動性高的師組成中央後備部隊，他可以有效打擊任何進攻的敵人，並在有較大勝算的情況下進行重要戰鬥。例如，一年後，在諾曼第登陸後的 40、50 天，他原本可以利用強大的後備力量應戰。他沒有必要在義大利和巴爾幹消耗力量，但在他人勸說下，他仍然這樣做了，就這樣他浪費了最後的機會。

我知道他有這些選項可供選擇，所以我也渴望擁有類似的選擇：可以從右翼進攻義大利，或者從左翼橫渡英吉利海峽，亦或是兩者兼施。他錯誤的部署使我們得以在更有利和勝算更高的條件下，進行主要的直接進攻。

希特勒自費爾特雷會議返回後，確信若要讓義大利繼續參戰，必須在法西斯黨內部進行肅清，並由德國對法西斯領袖施加更大壓力。7月29日是墨索里尼的 60 大壽，戈林原本計劃藉此機會對他進行正式拜訪。然而，7月25日當天，震驚的消息自羅馬傳至希特勒總部。至晚間，事實已經明朗：墨索里尼已經辭職或被罷黜，義大利國王任命巴多格里奧果對義大利新政府採取大規模軍事行動，勢必需在俄國可能發起攻勢時，從東線抽調更多兵力。同時，計劃制定了營救墨索里尼、占領羅馬及盡力支持義大利法西斯的措施。如果巴多格里奧與盟國簽署停戰協定，則需進一步計劃，奪取義大利艦隊，占領全國關鍵地點，並威懾駐紮在巴爾幹半島和愛琴海的義大利軍隊。

希特勒在7月26日告訴他的顧問：「我們必須採取行動，否則盎格魯撒克遜人可能會搶先占領機場。義大利法西斯黨現在幾乎已經失去了方向，但當他們到達我們的戰線後方時，會恢復清醒。法西斯黨是唯一有決心在我們這邊作戰的力量，因此，我們必須讓他們重新振作。任何主張延遲的理由都是錯誤的。如果那樣，我們就面臨義大利被盎格魯撒克遜人占領的風險。這些事情不是軍人能理解的，只有具備政治眼光的人才能看清全貌。」

我們對義大利崩潰的後果進行了長時間的思考。8個月前，我曾寫道：

義大利的形勢
首相提交戰時內閣的備忘錄

1942年11月25日

1. 我的觀點是，現在斷言義大利內部的任何動盪都不會催生一個願意單獨簽署和平條約的政府，確實為時尚早。假如我們對義大利施加更大的壓力……那麼全體義大利人，包括法西斯黨員，將會深刻地意識到他們希望並且實際上迫切需要擺脫這場戰爭。如果義大利感到無法承受我們即將從空中，並且我相信不久還會透過兩棲攻擊進行的持續打擊，那麼義大利人民將不得不在兩條道路中做出選擇：一是成立一個由格蘭迪等人物領導的政府，以求單獨媾和；另一種選擇是聽任德國人的占領，這只會增加戰爭危害的嚴重性。

2. 我不同意以下這種觀點，即德國人占領和控制義大利符合我們的利益。儘管我們或許無法阻止這個局面的發生，但我仍然希望義大利人能夠自發地制止這種情況的出現，而我們確實應該竭盡全力避免發生這種情況。如果義大利爆發革命，並由一個簽署停戰協定的政府上臺，那麼至少可以說，德國人守住勃倫納山口的利益，與在違背義大利人民（以及可能是一個臨時政府）的意願下，承擔義大利全部防務的利益是相等的。

3. 在一個國家即將發生戰爭的徹底失敗時，它可能採取超出人們預期的一切舉動。我依然清晰記得1918年保加利亞崩潰時的景象——政府、軍隊和民眾經歷了一場突如其來的、悲劇性的全面瓦解。當時，軍隊完全不顧未來的安排或安全，只求從前線撤離，各自返回家鄉，而費迪南德國王則選擇了逃亡。遺留下來的是一個由農民領袖主導的政府，等待著勝利者的裁決。

墨索里尼政權垮臺

4. 因此，我絕不排除義大利突然尋求和解的可能性，並且我同意美國試圖將義大利人民與其政府區分開的政策。墨索里尼的垮臺──即使預先採取了措施──對於義大利的輿論，可能產生決定性的影響。法西斯統治的歷史時期將因此結束。一段歷史完結，另一段歷史將就此展開。我認為，最好在所有被轟炸的城市上空散發傳單，傳單的主題是：「你們的苦難應歸咎於禍首──墨索里尼」。

5. 需要強調的是，我們沒有責任向被征服者提供任何條件，即便他們有所請求。只有在他們請求投降時，我們才應考慮此類決定。當前，我們不應做出任何承諾，正如某些美國傳單似乎已經做出的那樣。

來自羅馬的消息再次引發了這些問題，這促使我致電羅斯福總統：

前海軍人員致羅斯福總統

1943 年 7 月 26 日

義大利宣布的變動可能預示著它將提出和平倡議。我們應當展開磋商，以便採取聯合行動。目前可能只是一個過渡階段。然而，無論如何，當墨索里尼徹底垮臺時，希特勒將感到孤立無援。沒有人能夠斷定，這種情況不會進一步變化。

羅斯福總統發給我的電報與此電報同時送達：

羅斯福總統致首相

1943 年 7 月 26 日

由於一個巧合，今日下午我再次抵達香格里拉時，羅馬傳來了消息，而這次的消息似乎是可信的。若我們收到任何和談的提議，務必確保充分利用義大利的所有領土、運輸條件及各類機場，以應付北方的德國人和整個巴爾幹地區。我認為，應盡力爭取無條件投降，並妥善對待義大利的平民。然而，我也意識到，必須移交那個惡魔及其主要同夥。在任何情況下，未經你我的同意，我們的軍事人員不得在戰場上確定任何普遍性的條

件。請告知你的看法。

我們協同行動的結果,將決定戰爭未來的走向。當天,我花了一些時間,將我對義大利戲劇性事件的見解撰寫成書面文件。下午,戰時內閣召開會議,討論新的局勢,並審閱我起草的文件。晚上,我將文件的一份寄給羅斯福總統,徵求他的意見。

前海軍人員致羅斯福總統

1943 年 7 月 26 日

我已將我提交戰時內閣並獲得全體同意的意見書寄給你。我個人認為,在處理任何法西斯政府時,即便我們對其毫無好感,也不該過於苛求。如今墨索里尼已被罷黜,我準備與任何能夠履行條約的義大利非法西斯政府進行交涉。所提出的條款詳見附上的備忘錄,我的同事們對此也表示贊同。

首相關於墨索里尼垮臺的一些考慮

1. 墨索里尼的垮臺,似乎很可能引發法西斯政權的瓦解,而義大利國王和巴多格里奧的新政府將尋求與盟國進行談判,並單獨簽署停戰協定。如果情況果真如此,我們必須首先明確我們的要求,其次是確定實現這些要求所需的步驟與條件。

2. 當前最關鍵的是,我們必須優先聚焦於這個至高無上的目標:摧毀希特勒、希特勒主義以及納粹德國。如果義大利投降,那麼由此產生的所有軍事利益,必須努力與此目標相一致。

3. 羅斯福總統指出的首要任務是「利用義大利的所有領土、運輸條件及各種機場,以對抗北面的德國和整個巴爾幹半島。」這要求將撒丁島、多德卡尼斯群島和科孚島交給我軍,並在條件允許時,立即移交義大利本土的所有海、空軍基地。

4. 同樣重要的第二點是,立即將義大利的艦隊移交給盟國,或至少使

其有效復員並徹底停止運作；與此同時，將義大利的空軍和地面部隊削減到我們認為必要且有用的水準。義大利艦隊的投降將解放強大的英國海軍力量，以便用於印度洋對抗日本。這將讓美國非常滿意。

5. 同樣重要的是，義大利在科西嘉島、里維埃拉（包括土倫）以及巴爾幹半島（南斯拉夫、阿爾巴尼亞和希臘等地）的部隊，也應當立即撤退或投降。

6. 另一個極為重要的目標——在英國，這將激起了人們極為強烈的情感——就是立即釋放所有被義大利人控制的英國戰俘，並防止他們被北運至德國，這項行動只有義大利人能夠實現。我認為，盡快將我們的親人接回來，使他們免受戰爭最後階段在德國監獄中遭受極其可怕的折磨，這不僅關乎榮譽，也符合人道原則。

7. 在義大利，尤其是羅馬以南的德軍命運，或將引發德、義兩國軍民的衝突。我們應該要求他們投降，並且對任何能與我們達成協定的義大利政府，要求其盡力完成這一項任務。然而，德軍各師將無視義大利武裝部隊的行動，向北突圍。我們應該盡可能激化他們之間的衝突，並毫不猶豫地派遣地面部隊和空軍，支持義大利人迫使羅馬南部地區的德軍投降。

8. 在關注該方面進展的同時，我們可進一步思考在羅馬以北的行動。然而，我們應努力獲取義大利東西海岸鐵路線上的據點，並盡可能地大膽北進。現在正是展現勇氣的時刻。

9. 在我們與希特勒及德國陸軍的對抗中，我們不應拒絕任何能夠打擊德軍的支援行動。義大利人民的憤怒，如今將轉向德國侵略者，因為他們感受到這些侵略者帶給義大利無盡的苦難，而給予的援助卻如此稀少和吝嗇。我們應當加速這個過程，以便這個新的、解放了的、反法西斯的義大利，能儘早為我們提供一個安全且友好的地區，作為對德國南部和中部展開全面空中攻勢的基地。

10. 這個空中攻勢成為首要的戰略優勢，因為它使地中海地區的空軍

能夠從一個全新的角度發起襲擊，這個角度的改變重塑了整個西線的防空布局，同時使那些為躲避英國空襲而不斷向外擴展的德國戰時生產中心，更容易遭受攻擊。從海上派遣特務、突擊隊及輸送物資穿越亞得里亞海進入希臘、阿爾巴尼亞和南斯拉夫，成為最緊迫的任務。我們必須牢記，德國在巴爾幹半島駐有15個師，其中10個為機動部隊。然而，一旦我們控制了義大利半島及亞得里亞海，並且義大利駐巴爾幹的軍隊撤退或投降，德國人很可能會被迫向北撤至薩瓦河和多瑙河防線，進而解放希臘和其他受難國家。

11. 我們尚無法評估墨索里尼政權的倒臺及義大利投降對保加利亞、羅馬尼亞和匈牙利的潛在影響。這些影響可能會非常深遠。鑒於當前局勢，我們應當利用義大利的崩潰，抓住時機對土耳其施加最大壓力，以促使其根據同盟條約的精神採取行動；在這一方面，英國和美國無論是採取聯合行動還是單獨行動，都應在可能的情況下與俄國合作，或至少獲得其支持。

12. 關於要求獲取羅斯福總統所謂「那個魔王及其主要同犯」的問題，我們必須將其視為首要目標，並動用我們所能利用的一切手段力求實現此目標，然而，不能因此破壞前述的遠大前景。同時，這些罪犯很可能逃至德國或瑞士。另一方面，他們也可能主動投降，或被義大利政府引渡。如果他們落入我們手中，我們應先與美國磋商，達成共識後再與蘇聯協商，以決定如何處置。有些人可能認為，除非為了辨識其他罪犯，否則應不經審判直接處決他們。另一些人可能建議將他們監禁至歐洲戰爭結束，再共同決定他們與其他戰犯的命運。依我個人之見，只要具體軍事利益不因立即復仇而受損，我對此問題不甚關心。

7月30日，羅斯福總統回覆我：「關於我們當前所面對義大利局勢的展望和策略，你的電報基本上反映了我今日的想法。」他提出了一些無關緊要的更改。這些更改並未改變文件的核心內容，因此我欣然同意進行修

改。我在31日的回電中表示：「我尚未與同僚商議，但我毫不懷疑，經過修正的聯合草案，已經充分表達了我們兩國政府在準備遵循的廣泛政策上達成一致觀點。這似乎是雙方同心協力的一個例證。」

我對文件稍作修改後，於8月2日提交給戰時內閣，獲得批准，並作為兩國政府對聯合三軍參謀長委員會的共同指示草案。我在前往魁北克時攜帶該草案，以便與羅斯福總統進行最終討論。然而，其主要意義在於表達我們對墨索里尼垮臺消息的共同反應。

當前我們面臨著一系列複雜的問題。我們必須審慎考慮如何處理義大利的迅速崩潰，詳細制定投降條件，並不僅要關注義大利本身的反應，還需要考慮德國內部的反應。我們必須評估這些事態發展的戰略意義，並規劃在義大利本土之外、目前仍由義軍控制的愛琴海和巴爾幹半島等地的後續行動。

7月27日，羅斯福總統將他為艾森豪將軍草擬的一篇對義大利人民的廣播稿寄給我。這篇廣播稿已經獲得美國參謀長聯席會議的批准，其中包括以下內容：「你們的士兵將恢復正常生活，重新從事他們原本的職業。目前在我們手中的數十萬義大利戰俘，將全數返回家鄉，回歸家庭，他們的親人正翹首以盼。你們國家悠久的自由與傳統也將得到恢復。」

我不僅關注這份聯合宣告的草稿，還關心那些被義大利人俘虜的戰俘的命運。

前海軍人員致羅斯福總統

1943年7月28日

1. 在義大利被拘留的英國戰俘人數達到七萬四千人，此外還有約三萬名的南斯拉夫人和希臘人。我們無法同意釋放「現由我們拘押的數十萬義大利戰俘」的任何承諾，除非我們的人員和盟國人員已經擺脫德國囚禁的迫害，並由義大利移交給我們。

2. 此外，除了在突尼西亞和西西里島被俘的義大利戰俘之外，我們還掌握著兩年前由韋維爾將軍俘獲並安置在全球各地的義大利戰俘，數量至少達二十五萬。我們認為，提出釋放如此大規模的戰爭初期俘虜，實屬過分且沒有必要。然而，我們同意將所有在突尼西亞被俘的，以及在西西里島已經或即將被俘的戰俘，作為交換英軍和盟軍戰俘的條件。

3. 因此，我們建議艾森豪的文告，在這一點上，應該這樣修改：「貴方的士兵將恢復其正常生活以及原有的生產職業。如果目前在貴方手中的英國和盟國戰俘能夠安全地移交給我們而不被送往德國，那麼，被我方在突尼西亞和西西里島俘獲的數十萬義大利戰俘將安全重返家庭，他們的親人正翹首以盼。」

次日，我向艾森豪將軍發送了電報。

首相致函艾森豪將軍（位於阿爾及爾）

1943 年 7 月 29 日

對於敵國，以吸引民心的方式陳述停戰條件顯然存在多種風險。最有效的策略是，所有提法應遵循慣例，並使他們的政府了解我們的全部要求及最大期望。我們正向你們的政府提交另一份草案；毫無疑問，在充分利用時間進行的任何談判中，我們將與他們達成協定，無論是由你主持，還是由我們負責。

亞歷山大在你的指揮下，準備在西西里島東部展開一場重大戰役。當前，我們的全部注意力都集中於此。此時對峙第 15 集團軍群的 3 個德國師，如果能在此刻被徹底擊潰，將可能在各方面產生決定性的影響。

我亦撥通了羅斯福總統的電話：

前海軍人員致羅斯福總統

1943 年 7 月 29 日

1. 我能透過電話再次聽到了你的聲音，並且是非常愉快的語調，這讓

我感到十分高興。

2. 我已經告知艾森豪，我們完全同意他發布的公告，但經過我們修改，插入了關於英國和盟國戰俘的段落。

3. 我已經打破常規，透過瑞士直接致函義大利國王，強調我們對這個問題的極度重視和深度關切。你承諾透過教皇或其他任何便利途徑施加壓力，令我不勝感激。如果義大利國王和巴多格里奧任由我們的戰俘及一些重要人物被德國人擄走，而不竭盡所能地阻止——我的意思是說，不以武力阻止——那麼此地將引發強烈的民眾反應，以致與該政府的一切談判以及在輿論中都無法接受。

4. 停戰條件。戰時內閣深知，我們不應向敵人公布停戰條件；而應由敵方的官方政府在我們無條件投降的基礎上正式請求停戰。到那時候，我認為才能指派代表並決定會晤地點。我們的意見書已經在你手中。正如你將看到的，意見書遵循艾森豪草案的主要方針，但表達得更為明確，並採用適合全權代表討論的形式，而非爭取民心的呼籲。若試圖將這帖藥加上果醬一起給病人服用，是極其危險的。

5. 我們也認為，條件應該涵蓋民事與軍事領域的要求，並且最好由兩國政府指派的代表來進行規範，而非戰地指揮官。當然，戰地的將領有權處理他直接指揮的前線敵軍所提出的任何區域性投降請求。

6. 最後，我們的所有關注重心都聚焦於一場決定性的戰鬥。英國第8集團軍和美國第7集團軍將聯合發起進攻，目標是被困在西西里島東部尖端的六萬五千名德軍。摧毀這些部隊，其對局勢的影響，不僅限於義大利，更將波及全球，今天無疑是再好不過的時機。我們的士兵如同兄弟般攜手並進，勝利的前景在望，想到這裡，實在令人振奮不已。

羅斯福總統採納了我們的看法，即不應讓艾森豪向敵人廣播停戰條件，但他強烈建議，為避免對義大利採取不必要且代價高昂的軍事行動，當義大利政府要求艾森豪提出停戰條件時，應授權艾森豪提出條件。我不

理解為何義大利政府會直接向艾森豪提出請求，因為他的部隊除了在西西里島之外，並未與敵人直接接觸，即使在西西里島，也僅與德國人交戰。在我看來，義大利政府更可能透過梵蒂岡、土耳其或瑞士進行接洽。不過，我同意以下方案，即如果有特使突然要求艾森豪進行和談，艾森豪應提出包含無條件投降原則的明確方針，以便立即作為停戰許可的基礎。經過多次磋商，雙方對以下條款達成一致：

1. 義大利的武裝力量須立刻中止所有敵對行動。

2. 義大利必須竭盡全力，拒絕向德國人提供任何可能被用以對抗盟國的便利條件。

3. 盟國的所有戰俘或被拘禁人員必須立刻移交盟軍總司令；自談判啟動之時起，不得將任何人遷往德國。

4. 義大利艦隊及空軍需依盟軍總司令指示的地點，立刻進行交接，並依照其規定的具體程序解除武裝。

5. 義大利需同意：盟軍總司令可徵用義大利商船，以支持其海、陸軍事計畫的需求。

6. 科西嘉島以及整個義大利領土——無論島嶼還是本土——須立即由盟國接管，以便盟國在適當時機將其當成作戰基地及其他用途。

7. 無論德軍在義大利領土上撤退的速度如何，必須立即確保盟國能夠自由使用義大利境內的所有機場和軍港。這些機場和軍港應由義大利武裝部隊負責保護，直至盟軍接管。

8. 義大利的武裝力量，應立刻從參與本次戰爭的所有區域，無論當前駐紮在何地，撤回義大利。

9. 義大利政府應確保，在必要時動用其所有的武裝力量，以迅速且嚴格地執行停戰協定的所有條款。

10. 盟軍總司令保有權力執行他認為必要的任何措施，以維護盟軍利

益或進行戰爭；義大利政府須按總司令要求採取行政或其他行動；尤其是在義大利的某些區域，總司令可能會為滿足盟國軍事利益而設立盟軍軍政府。

11. 盟軍總司令擁有全面實施解除武裝、解散軍隊及廢除軍事裝備的絕對權力。

7月31日，我向羅斯福總統發送了一封電報：

……如上所述，當前的首要任務已經明確。然而，我們也希望你能盡快審閱我們關於「投降問題的文件」，以便在此事之上達成全面協定。文件中多處採用了精確、正式且具有法律效力的術語，而非緊急條款的用語，這些措辭經過我們的深思熟慮。我們不太明白為何你從未提及該文件，因為在我們看來，它實際上是緊急停戰條款的一個更謹慎且更全面的版本。若能了解你對此文件的看法，我們將不勝感激。我們務必要盡快準備好此文件或類似文件。

羅斯福總統表示贊同，但強調需要美國三軍參謀長和國務院進一步提供意見。我們認為，任何對義大利人民的宣告必須由美國與我們正式協商後公告，而不應僅由阿爾及爾的盟軍總部單方面宣布。無論如何，將領應繼續推進軍事行動，而停戰條件則無需主動詢問，除非他們有特別要求，這樣處理會更為妥當。

義大利人或許會請求我們提供和平條件，而這要在何時發生，則取決於我們對巴多格里奧所領導的新義大利政府的立場。

我們已經多次深入討論此問題，並且大西洋兩岸的報章也對此事給予了關注。

羅斯福總統致首相

1943 年 7 月 30 日

如果我們顯露出對薩沃依王室或巴多格里奧政府的承認跡象，此處某

些好議論之士便欲掀起軒然大波。關於北非問題興風作浪的，亦是此類人物。

今日我已經告知新聞記者，我們需要與義大利的某個人或某些人展開談判，只要他們能嚴肅地承諾兩點：首先是解除武裝，其次是維護社會秩序。我也認為，在停戰協定達成後，你我應在適當時機就義大利的民族自決問題發表一些看法。

前海軍人員致羅斯福總統

1943 年 7 月 31 日

墨索里尼和法西斯黨徒下臺後，我的立場是願與任何能履行契約的義大利政權進行談判。為實現這個目標，我無懼被視作承認了薩沃依王室或巴多格里奧政府。我相信，只要有人能讓義大利人按照我們的戰爭目的行事即可。這些目標肯定會被混亂、布爾什維克化或內戰所阻礙。我們無權將過多負擔施加於軍隊。局勢可能會發展為：在接受停戰條件後，義大利國王和巴多格里奧因投降引發的厭惡情緒而失去威信，而王儲和新首相可能會被選出來治理國家。

我不太支持當前發表任何涉及自決問題的宣告，這將超出大西洋憲章所涵蓋的範圍。我同意你的看法，我們必須非常小心，避免將所有事物混為一談。

首相致外交大臣

1943 年 7 月 31 日

生活中許多事情需要分兩個階段來解決。比如，一個人未能在口袋中準備好由家庭律師擬定的婚約時，不得不問：「親愛的，你願意嫁給我嗎？」就我個人看來，艾森豪現在可能提出的條件，比我們起草關於投降問題的冗長法律文件，更容易被對方的使節理解，並且也更容易被立即

接受。如果這些條件被公布，它們看起來也會更加體面。如果緊急條款被接受，這意味著義大利人將全面投降，交出他們的所有武器——包括槍機、槍托和槍筒。之後，再要求他們上交擦槍布和其他清潔用具也無不可。

羅斯福總統致首相

1943 年 8 月 3 日

　　我已閱覽「關於投降問題的文件」。該文件措辭似乎總體上尚可，但我對其實際適用性深表懷疑。總之，已經獲得雙方同意並發送給艾森豪的投降條款，應當是適宜的。為何要用一份可能過多或不足的文件束縛他的手腳？為何不讓他依據局勢靈活應對呢？

　　所有這些努力，皆為我們即將召開的魁北克會議而準備。

西線計畫與人造港

由於預期在西西里島即將獲勝的前景，以及義大利局勢和戰爭的進展，我在1943年7月感到有必要與羅斯福總統再次會晤，舉行另一場英、美會議。羅斯福提議魁北克作為會議地點。麥肯齊·金先生對這個建議表示歡迎，而對我們而言，這再合適不過。在這個關鍵時刻，若要為指導西方世界戰爭政策的領導人選擇會議地點，沒有比坐落於加拿大門口並俯瞰壯麗聖勞倫斯河的古老魁北克城堡更理想的地方。儘管羅斯福總統欣然接受了加拿大的善意，但他認為不可能正式讓加拿大成為會議成員，因為擔心盟國中的巴西和其他美洲國家會提出類似要求。我們也需要考慮澳洲及其他自治領的可能訴求。這個微妙的問題因加拿大總理和政府的寬宏大度而得以解決。鑒於所有重大事務均與英、美相關，因此，我個人堅信我們應該將會議限於兩國之間。三巨頭會議，即三大國領袖的會晤，是未來的主要目標；此次會議僅限英國和美國。我們將這次會議稱為「四分儀」。

8月4日晚，我從倫敦搭乘火車前往克萊德灣，車上載滿了我們要前往參加會議的大批人員。「瑪麗皇后」號正停泊在克萊德灣，等待我們的到來。除去大約50名皇家海軍陸戰隊的勤務兵，我估計我們的人數超過兩百。這次會議的議題不僅涵蓋了已經進入高潮的地中海戰役，還涉及到1944年橫渡英吉利海峽計畫的各項準備，印度戰場的作戰指揮，以及我們在對日戰爭中承擔的任務。關於橫渡海峽作戰的事宜，我們的隨行人員中包含了由摩根中將所派遣的三位軍官，他是盟軍最高統帥的參謀長，但最高統帥尚未最終確定。他和他的英、美聯合參謀團隊已經完成了我們的聯合計畫大綱。鑒於我們在審查印度和遠東戰場的全部工作，我特別指定從

印度專程飛來的軍事作戰處長。

此外，我還帶著一位名叫溫蓋特的年輕准將同行。他作為一個非正規軍的領袖，卻早已經在衣索比亞地區贏得相關聲名，並在緬甸的叢林戰中立下了赫赫戰功。這些輝煌成就讓他贏得了「緬甸的克萊夫」這個稱號，在他所服役的一些陸軍部隊中廣受讚譽。關於這些事蹟，我早已聽聞許多傳說，並且了解到猶太復國主義者曾考慮讓他擔任未來可能籌建的以色列軍隊總司令。我召他回國，以便在前往魁北克之前與他會面。8月4日晚，我在唐寧街準備獨自用餐時，接到消息稱他所搭乘的飛機抵達，實際上人已經來到唐寧街官邸。我立即邀請他共進晚餐。短短半小時的交談之後，我便意識到眼前這位是個非凡的人物。他在見面後立即侃侃而談，重點講述了在叢林戰中，如何透過空降遠端突破部隊在敵後戰勝日本人。這一點讓我極為感興趣。我希望能聽到更多內容，並希望他能向三軍參謀長們講述他的故事。

我當下立即決定讓他隨行加入這趟航程。我告訴他，火車將在10點啟程。此時已經接近9點。溫蓋特剛從前線返回，經過3天的飛行才抵達這裡，除了身上所穿之外別無他物。儘管他很樂意同行，卻因為無法回家見妻子一面而感到遺憾。他的妻子住在蘇格蘭，還未得知他已經到達倫敦。然而，我的私人辦公廳對此有解決之道。溫蓋特夫人在家中被警察喚醒，隨後被送往愛丁堡，以便在火車經過時登車，與我們一同前往魁北克。直到清晨，她在韋弗利車站見到丈夫，才明白發生了什麼事。他們共度了一次極其愉快的航程。

鑒於我了解到羅斯福總統特別欣賞與年輕的英雄會面，我便邀請了蓋伊・吉布森空軍中校同行。吉布森近期指揮了一次針對默訥和埃德爾湖水壩的空襲，成功摧毀了這些為魯爾區工業供水的重要設施，同時也是廣袤田地、河流和運河的水源。為了實現這個目標，我們研發了一種特殊的水

雷,需要在夜間從不超過 60 英尺的高度投擲。經過數個月的密集訓練,皇家空軍第 617 中隊的 16 架「蘭卡斯特」轟炸機於 5 月 16 日晚發起了攻擊。儘管損失了半數飛機,吉布森堅持不懈。他在猛烈炮火中於目標上空盤旋,指揮他的機隊。他如今佩戴著一系列令人矚目的勛章——維多利亞十字勛章、殊勛勛章與功勳線、特殊功勳飛行十字勛章與功勳線——但沒有其他綬帶。這實屬無與倫比的榮耀。

我的妻子陪同在側,我的女兒瑪麗——現任高射炮連尉官——擔任我的侍從。我們於 8 月 5 日啟航,這次的目的地是諾瓦斯科夏的哈利福克斯港,而非紐約。

「瑪麗皇后」號劈波斬浪,船上生活極為舒適,享用著戰前標準的膳食。與以往多次航行無異,我們整日忙於事務。眾多的密碼通訊人員和隨行巡洋艦的電報發送讓我們隨時掌握外界重大事件的發展。我每日與三軍參謀長從各個角度研究即將與美國友人討論的議題,其中最為重要的無疑是「霸王」作戰計畫。

我原先計劃利用這 5 天航行的空閒時間,思考我們長久以來持續策劃有關橫渡海峽的宏偉作戰計畫。自 1940 年起,我們在挪威和法國沿海地區展開戰鬥,研究工作逐步擴大。我們在兩棲作戰方面累積了豐富經驗。我建立了聯合作戰機構,由好友海軍元帥羅傑·凱斯爵士領導,該機構發揮了重大作用,開發了新技術。小規模的突擊隊襲擊為大規模進攻奠定了基礎,不僅增強了我們的信心和經驗,也向世人證明,儘管被四面圍攻,我們並不滿足於被動防禦。當時仍然中立的美國人注意到了這個新趨勢,後來以自己的方式大規模發展。

1941 年 10 月,海軍上校路易斯·蒙巴頓勛爵接替了凱斯海軍元帥。我們仍然承受著敵人的巨大壓力,而我們的唯一盟友——俄國,似乎面臨失敗。然而,我已經下定決心,一旦形勢逆轉,就準備在歐洲大陸發動

西線計畫與人造港

進攻。首先,我們需要提升襲擊的強度和規模,然後將所有經驗轉化為更大規模的作戰計畫。要從聯合王國成功發動進攻,必須創新和發展新的戰爭武器,並嚴格訓練三軍部隊,使其在作戰方案和實際戰鬥中協同一致。同時,全國工業應該給予全面的支持,將整個英倫三島化為一個武裝兵營,以展開史上最大規模的海上進攻。

在蒙巴頓履新前來契克斯拜訪我時,據他的記錄,我曾告誡,「你應該策劃進攻。在你的指揮部內,絕不考慮防守。」這句話成為了他行動的指導方針。為確保他在任務中擁有必要的權力,我任命他為三軍參謀長委員會的成員,並授予他海軍中將的臨時軍銜以及其他軍種的同等名譽軍銜。作為國防大臣,我對他的總部保持個人責任,因此他可以在必要時直接向我彙報。在挪威的瓦格索、布倫埃瓦、聖納澤爾等地,突擊隊在我們的軍事行動中發揮了愈加重要的作用。我們的襲擊在 1942 年 8 月於迪埃普的一場代價高昂的進攻中達到頂峰。隨後,當我們轉向大規模的英、美聯合攻勢時,我們將之前所獲得的經驗應用於北非的登陸及地中海的兩棲作戰。在所有這些軍事行動中,蒙巴頓的組織發揮了顯著且必要的作用。

1942 年 5 月,我決定成立一個名為「聯合司令部」的組織以探討此項問題。該組織包括本土總司令和蒙巴頓,隨後艾森豪將軍也加入其中,他負責指揮駐英美軍部隊。在 1943 年 1 月的卡薩布蘭卡會議上,我們決定成立一個由英國軍官領導的盟軍連繫參謀部,以準備「霸王」行動的詳細計畫。該組織在倫敦開始運作,簡稱「科薩克」,由摩根中將以最高盟軍司令部參謀長的身分負責。

首要問題是選擇最適合大規模登陸的地點。可以選擇的地點包括:荷蘭或比利時的海岸、加萊海峽、松姆河口與塞納河口之間的區域、諾曼第、布列塔尼半島。這些地點各具優劣,必需根據不同的計畫和變化不定的因素進行全面評估。關鍵因素包括:海灘、天氣和潮汐、機場建設地

點、航程距離、可奪取的鄰近港口、登陸後作戰的內陸地形、本土基地飛機的掩護能力、敵方部署及其雷區和防禦工事。

地點的選擇最終縮減至加萊海峽或諾曼第。前者能夠提供最有力的空中支援，但敵方防禦工事極其堅固；儘管海上航程較短，這個優勢也只是表面上的。從多佛和福克斯通到加萊與布洛涅的距離遠小於從威特島到諾曼第，但加萊和布洛涅的港口過於狹小，無法滿足大規模進攻的需求。大部分艦艇需要從整個英國南部海岸的港口啟航，因此無論如何都要經歷更長的航程。摩根將軍及其顧問提議選擇諾曼第海岸，蒙巴頓自始至終支持這個主張。現在看來，這個決定無疑極為正確。諾曼第為我們提供了最大的勝算。當地的防禦工事不及加萊海峽的堅固。波濤和沙灘總體適宜，並且在某種程度上受到科湯坦半島的保護，抵禦西風。內陸地形適合大規模部隊迅速展開，並且距離敵方主力較遠。瑟堡港口可以在作戰初期被孤立後奪取，之後則能用於圍攻和占領布雷斯特。

勒阿弗爾與瑟堡之間的海岸，完全由混凝土築成的要塞和碉堡防守。然而，由於這條 50 英里半月形海灘內缺乏可供龐大軍隊駐紮的港口，我們判斷德軍不會在此集結大批部隊用以直接支援海岸防線。他們的最高司令部無疑曾考慮過：「這是一個最多能容納一、兩萬人進行襲擊的區域，要是若瑟堡未被占領且無法順利使用，沒有任何進攻部隊能在此登陸或獲得補給。這裡適合小規模襲擊，不適合大規模戰役。」一旦我們獲得可供龐大軍隊使用的港口，這裡便可以成為展開攻勢的前線。

當然，正如讀者即將了解的，我始終密切關注於登陸艇和坦克登陸艇的所有構想。此外，我也一直主張設計一種碼頭，其面海端能夠浮於水面。早在 1942 年 5 月 30 日，我就在相關討論中發出一份備忘錄，從那時起，這方面便展開了大量工作。

西線計畫與人造港

首相致聯合作戰部司令官

　　它們必須隨潮汐漲落而浮動。錨定問題需要解決。船上需配備舷側吊門及能跨越碼頭繫船設施的吊橋。請提供詳細擬定的最佳解決方案。對此無需爭論，困難本身已經足夠說明一切。

　　後來，人們的思緒轉向了建構一個大面積的水域保護區，其被一道建在若干沉船上的防波堤所保護。這些船自導航行至指定地點並被鑿沉。此設計最初由休斯——哈利特海軍准將在1943年6月提出，當時他擔任摩根將軍機構的海軍參謀長。隨著不斷的構思、設計和試驗，到1943年8月，已經形成了關於建造兩個完整臨時港口的詳細計畫。這些人工港口能夠在最初登陸的幾天內被拖航至指定地點使用。我們稱這些人工港口為「桑葚」計畫，這個代號當然不透露其性質或目的。

　　在我們的航程中，有一天早晨，麥克萊恩准將和摩根將軍手下的另外兩位軍官受邀前來拜訪我，當時我正躺在寬敞船艙的床上。他們展開一幅大地圖，簡明扼要地闡述了橫渡海峽攻入法國的計畫。關於這個緊迫問題，讀者可能已經對1941和1942年間的各種爭論有所了解，但我還是首次聽到如此完整且有條理的計畫，涉及人數和噸位的細節都非常精確。這是英、美軍官經過長期研究的成果。

　　接下來的幾天，我們將深入探討一些頗具技術性的細節。英吉利海峽的潮汐可產生超過20英尺的波濤，沿岸的侵蝕力也隨之增強。天氣常常變幻無常，微風與狂風在短短數小時內可激起驚濤駭浪，這對脆弱的人造裝置構成了無法抵禦的威脅。在過去兩年中，那些在我們牆上用粉筆寫下「立即開闢第二戰場」的愚昧者或無賴，顯然未曾面臨過這些問題。我一直以來都在認真思索這些問題。

　　我們在「桑葚」港計畫中面臨的問題極為複雜多樣。整個計畫要求在英國製造大量特殊裝置，所需的鋼鐵和混凝土總量超過一百萬噸。若給予

該工程最高優先順序，將會對已經負擔沉重的機械工業和船舶修理工業施加更大壓力。所有裝置必須透過海路運往作戰地點，並在敵方襲擊和不可預測的氣候條件下，以最快速度進行組裝。

　　整個設計堪稱壯麗。龐大的碼頭穩穩地坐落在海灘上，碼頭的海端懸浮在水面，且受到保護。無論潮汐如何變化，沿海航行的船隻和登陸艇都能在這類碼頭上解除安裝。為了保護碼頭免受風浪的襲擊，防波堤必須向海洋延伸，形成一個巨大的弧形，進而圍出一片庇護水域。有了這樣的掩護，吃水深的船隻可以停泊解除安裝，各種登陸艇也能自由往來於海岸。這種防波堤由沉入水中的混凝土結構（代號為「不死鳥」）和沉船（代號為「醋栗」）構成。關於這種結構，在第一次世界大戰中，我原先以為可以用於赫爾戈蘭灣內，建造人工港。而今，它們將成為這個宏偉計畫的核心部分。

　　這便是「桑葚」港的方案。然而，即便如此，方案仍顯不足，因為無法容納我們需要的所有船隻。許多船隻必須在港外卸貨。為了保護這些船隻及參與戰鬥的大量海軍艦艇，另一個建造「浮動」防波堤的方案被提出。為此，我們正在評估多種設計，其中一種是在海底安裝若干管道，透過管內釋放氣泡，這些氣泡形成一道連續的屏障，以抵擋波浪的衝擊。我們希望這道屏障能夠擾亂和削弱波浪的起伏。另一種設計稱為「利洛」，其方法是使用多個部分膨脹的氣囊，下面懸掛混凝土製成的簾幕，簾幕浸入水中。這些氣囊固定在「不死鳥」防波堤的海側，形成一條平行線，圍起更大面積的水域。以上兩種設想實際上均未實現，最終採用了一種稱為「喇叭」的設計，它包含了「利洛」的一些特徵。這是一種十字形的鋼結構，長約二百英尺，高約 25 英尺，除十字形的最上部分外，其餘部分均沉入水中。最終，這個設計的價值是可疑的，我們以後會看到。

　　上述計畫的全部討論過程將在我的大力支持下提交給羅斯福總統，對

此前景我感到相當滿意。這至少能讓美國當局相信，關於「霸王」作戰計畫，我們並非缺乏誠意，而在準備工作上，我們也不惜花費時間，反覆考慮。我計劃邀請倫敦和華盛頓對此類問題最有研究的專家們齊聚魁北克。他們能夠集思廣益，為許多技術問題找出最佳解決方案。

如今我深信，若在勒阿弗爾──瑟堡區域發動攻勢，具備諸多有利因素。只要這些出其不意的港口自始便被成功占領，便能讓攜帶大量現代裝備和輜重的百餘萬大軍順利登陸並持續推進。這表示每日至少可卸載安裝超過一萬二千噸。

我心中亦在思索另一個相關議題，即在戰區保持空中優勢。假如我們能夠建構一個浮動的機場，我們便能在足夠接近登陸點的距離為戰鬥機加油，進而在關鍵時刻增強戰場上的空軍力量。在這次繁忙的航程中，我們探討了多種設計，其中之一被稱為「哈巴卡克」。這個構想是蒙巴頓的部屬帕克先生提出的。他設想用冰製造一個巨大的結構物，足以作為飛機跑道。這個結構物如同一艘船，排水量達一百萬噸，能夠緩慢自我推進，配備防空裝置、工廠和修理設施，並有一個極小的散熱工廠以維持結構物本身。研究發現，將一定量的各類木漿摻入普通海冰中，形成的混合物結構不再脆弱，反而極為堅固。這種物質以其發明者命名為「帕克里特」，似乎提供了極大的潛力，可以滿足我們在歐洲西北部及其他地區的需求。此外，還發現一種現象：在冰融化時，纖維質的內容迅速形成一種毛茸茸的外層，具有隔熱效果，大大延緩融化過程。對於這種設想，後來在加拿大集中了大量研究開發工作，但由於種種原因，始終未能取得成功。

計畫的制定者和英國的三軍參謀長提出了三種極為重要的設想，我對此完全認同。之後，我們還會發現，這些設想也獲得了美國人的贊同，並被俄國人所採納。

1. 在發動攻勢之前，德國在歐洲西北部的戰鬥機力量必須被顯著削弱。

2. 作戰初期，必須確保德國在法國北部的機動師數量不超過12個；而在接下來的兩個月內，德國的軍隊編制不得超過15個師。

3. 在長時間內於波濤洶湧的英吉利海峽灘頭維持大規模軍隊的供給問題急待解決。為確保這一點，關鍵在於我們必須能夠建造至少兩個高效的人造港。

關於印度戰場和遠東戰場的事宜，我與三軍參謀長們進行了多次磋商。在這個領域，我們並無太多令人振奮的進展可言。1942年底，一個師沿緬甸的阿拉幹海岸推進，計劃奪回阿恰布港。在歐文將軍的指揮下，雖然兵力增至整整一個軍，但這次行動仍以失敗告終，我方部隊被迫撤回印度邊界。

儘管可以提供許多合理的解釋，我依然認為有必要對英軍最高司令部的對日作戰策略進行全面審視。我們需要革新方法和引入新的人才。我早已意識到，將印度戰場總司令兼任緬甸作戰指揮是不合適的安排。在東南亞，要對日本展開大規模戰鬥，需要設立一個獨立的最高盟軍司令部。參謀長委員會完全贊同我的觀點，並據此準備了一份備忘錄，以便在魁北克與美國同事探討。新戰場的司令官人選尚未確定，但我們認為應由英國人擔任。在眾多候選者中，我深知蒙巴頓海軍中將具備出色的資格擔此重任，因此我決定一旦有機會就向羅斯福總統提出。任命一個實際上僅為皇家海軍上校的軍官擔任主要戰場的最高司令官是一個非同尋常的舉措，但我已經事先充分準備了證據，因此如果總統表示支持，我不會感到意外。

我為參謀長聯席會議撰寫了一份涉及計畫與政策的備忘錄，以下是其中的一個摘錄。

西線計畫與人造港

1943 年 8 月 7 日

在與美國人會晤之前，我們需明確：

（1）東南亞司令部及其最高指揮官的總體規劃；

（2）對敵方的進攻策略及表明我們在此戰場上有所作為的具體建議。

過往在此戰場上的作戰失利和指揮不當，已受到適當的批評。

我主張我們應邀請溫蓋特准將分享他的經歷，並將他的報告複印若干份，供美國三軍參謀長們參考，以便讓他們相信我們在東南亞戰區的態度是嚴肅謹慎的。顯然，駐紮在阿拉幹海岸的部隊應保持警惕並與敵軍交戰。然而，針對阿恰布的兩棲進攻行動，現在應停止。這不僅是因為地中海戰役更為優先，還因為這本身是一種存在缺陷且不合適的軍事行動。此舉意圖在敵軍已經做好充分準備的地點發動攻擊，容易遭到敵軍的強烈反擊，無法實現主要的戰略目標。

若一個人在航行中清醒時，每分每秒都忙於事務，他會驚奇地發現：航程竟如此迅速地結束了。我原本期待能享有一段休息時間，脫離戰爭的持續紛擾，以調整自己的生活。然而，當我們接近目的地時，假期似乎還未開始便已結束。

魁北克會議與四象限儀

8月9日，我們抵達哈利福克斯港。巨大的海輪駛近登陸碼頭，登岸後，我們立刻搭乘火車。儘管事前採取了一切保密措施，但現場仍然吸引了大批的人群。我與妻子坐在列車尾部的餐車內，人群圍聚在四周，表達歡迎。在我們啟程前，我請他們演唱「楓葉」和「哦，加拿大！」這兩首歌曲。我擔心他們不熟悉「不列顛統治頌」，雖然我深信，如果我們帶了樂隊，他們肯定會聽到這首曲子的演奏。經過約20分鐘的握手、合影和簽名之後，我們啟程前往魁北克。

兩天之後，我撥通了國王的電話：

首相謹呈國王陛下

1943年8月11日

1. 魁北克城堡各方面都令人愉悅，並且對於此次訪問的目的而言，是個極為理想的地點。為羅斯福總統所做的一切安排都很周到。他將居住在頂層；為方便起見，四處設有坡道。我對此安排深表感謝。我已致電總督，感謝他的辛勤工作和熱情款待。

2. 在加拿大，特別是魁北克，召開這次會議正當其時，因為此地許多人感到焦慮，不過我相信不久後這種情緒將會消散。我計劃今早與加拿大內閣會面，下午與魁北克市政府領導人會晤，隨後啟程前往海德公園。

3. 陛下或許已經看到我留給副首相和外交大臣有關蒙巴頓問題的信。我尚未收到他們的回覆，但越發傾向於將此問題的解決方案提交給羅斯福總統。溫蓋特准將在旅途中給所有人留下了深刻印象。我期待緬甸戰役能出現新的進展。

魁北克會議與四象限儀

4. 陛下或許留意到，我已經收到「大熊」的來信，我們重新成為能夠對話的朋友，或者至少是可以相互訴苦的朋友。

我亦撥通電話給羅斯福總統：

前海軍人員致羅斯福總統

1943 年 8 月 11 日

經歷了一次快捷而愜意的旅程之後，我剛剛抵達此地，旅途中我仍能繼續工作。沃登一家急於拜訪海德公園，我們計劃於 12 日下午到達。我們是否可以只攜帶最輕便的衣物？

我的妻子不得不留在城堡中休息，次日，瑪麗和我則啟程前往海德公園。途中，我們參觀了尼加拉大瀑布。新聞記者向我詢問對走訪大瀑布的感想，並將我們的對話記錄如下：「『在你們出生之前，我就已經見過這個大瀑布。我第一次來這裡是在 1900 年。』，『它現在看起來和以前一樣嗎？』，『哦，』我回答道，『基本原理是不變的。水依然從高處傾瀉而下。』」我們在羅斯福總統的家中作客直到 8 月 14 日。天氣酷熱，有一晚我從床上爬起，因為無法入睡，幾乎無法呼吸。我走到外面，坐在俯瞰哈德遜河的懸崖上，在那裡看著東方的天色漸明。

在 8 月的這幾天裡，我編寫了一份關於我們整體戰爭政策的總結性說明。其主要內容涉及緬甸和印度洋的戰役，以及這些行動在對日戰爭中的迴響。這些細節將稍後進行詳細討論。該文件的初步完成日期為 8 月 17 日。我思考的核心是，鑑於我們在西西里島的勝利和墨索里尼的倒臺，作為這兩者必然的後果和進一步的演變，我們應當推進對義大利的攻勢。

若那不勒斯在近期被我們攻占（即「雪崩」計畫），則我們將在義大利擁有一個重要的港口，其他港口如布林迪西和塔蘭托也會隨之落入我方之手。若至 11 月，我軍能夠將戰線向北推進至里窩那至安科納一帶並穩固

下來，地中海的登陸艇將派上用場。我們需要從登陸艦隊中抽調一支分遣隊，用以進行類似於西西里島戰役的兩棲作戰，並跨越亞得里亞海實施小規模襲擊，同時執行類似「武士爵位授與式」計畫的軍事行動（即攻占愛琴海中的羅得島和其他島嶼）。義大利艦隊的覆滅，使得在地中海削減海軍力量成為可能，正如利用頂級港口可以替代登陸艇的需求。因此，至秋末時，我們便能調回登陸艇和突擊艦，為「霸王」計畫做準備，同時派遣一支強大的分遣隊通過蘇伊士運河前往印度戰場。但我要再次強調，一批登陸艇最大運載人數的上限為三萬人。

儘管我屢次提到波河戰線或阿爾卑斯戰線是我們在義大利今年的目標，但目前仍看不到實現的可能性。如果我們在里窩那－安科納一線止步，仍可獲得相當大的利益。如此一來，我們便可避免威爾遜將軍所提及的風險，即越過里窩那－安科納線後，前線陣地會過於分散。據我掌握的估計資料，擴展後的前線陣地大約需要22個師。那麼，若守住里窩那－安科納一線，又需多少部隊呢？即使無法達成最佳目標，至少可以實現較好的目標。從此陣地出發，我們可以運用空中力量支援在薩瓦和法國阿爾卑斯山區醞釀的起義，而法國青年可能熱烈參與這場起義行動。同時，我們從右翼可以跨越亞得里亞海，激發巴爾幹半島的愛國行動。為了確保「霸王」作戰計畫的完整性，我們或許必須接受這些限制。

8月17日，羅斯福總統與哈里·霍普金斯抵達魁北克，而艾登和布倫丹·布拉肯則從英國飛來。當代表團聚集時，關於義大利進一步和解的消息傳到了我們這裡。我們認為義大利即將投降。因此，我們懷著這樣的預期展開會談。自8月14日以來，英、美兩國的三軍參謀長們一直在城堡中工作，就1943年和1944年的戰爭策略問題，起草了一份詳盡的戰爭進展報告。實際上，「四分儀」會議原本規劃的目的就是一系列技術性的參謀會議，由羅斯福總統、我以及我們的三軍領導們在兩次會議中審查其結果。

8月19日召開的第一次全體會議上，最高戰略優先順序被賦予了對德聯合轟炸攻勢，這是「霸王」作戰計畫的必要條件。經過長時間的討論後，「霸王」作戰計畫根據摩根將軍在倫敦制定的聯合計畫進行了總結。此時，三軍參謀長們提交了以下報告：

「霸王」作戰計畫

（1）此次戰役的核心在於美、英地面部隊與空軍對歐洲軸心國的進攻（攻勢發起日期為1944年5月1日）。在成功占領足夠的海峽港口後，下一步目標是奪取那些有利於地面部隊和空軍向敵人推進的地區。盟軍在法國穩固陣地後，應立即策劃對德國核心區域的進攻，並摧毀其軍事力量。

（2）需為「霸王」行動計畫籌建均衡的陸軍和空軍力量，並且對聯合王國境內現有的部隊，必須持續制定配合戰略與支援行動，以便它們在有利的時機出現之時，能夠渡過海峽，進攻法國。

（3）在「霸王」戰役與地中海戰役之間關於現有資源和人力的分配問題上，鑒於當前資源的稀缺，應以確保「霸王」行動的成功為首要目標。地中海戰場所需的兵力，除非聯合參謀長委員會決定調整以外，均依照「三叉戟」會議的分配方案。

（4）我們已經批准了摩根將軍為「霸王」行動所制定的計畫框架，並授權他著手展開詳細規劃和全面準備。

這些段落在會議中引發了廣泛討論。我提到，「霸王」行動的成功依賴於若干條件的實現。我強調，儘管我在1942年沒有支持「痛擊」行動，或在1943年沒有支持「圍殲」行動，但我在1944年堅定支持「霸王」行動。過去我反對跨越海峽行動的理由，如今已經不復存在。我認為，我們應竭盡全力，將初始進攻的兵力至少增加百分之二十五，這意味著需要更多的登陸艇。距離計畫實施還有九個月，在此期間可以完成許多準備工作。選

擇的海灘非常理想，如果能同時在科湯坦半島的內陸海灘登陸，那就更好了。「最關鍵的是，」我指出，「初期的據點必須堅固。」

　　由於美國在非洲擁有指揮權，羅斯福總統與我早先已經達成共識，決定由英方擔任「霸王」作戰計畫的司令官。為此，在羅斯福總統的同意下，我提出由帝國總參謀長布魯克將軍擔任此職。讀者或許記得，在敦克爾克撤退時的決戰中，布魯克將軍指揮了一支軍隊，當時亞歷山大和蒙哥馬利都是他的副手。早在 1943 年，我就已經將這個意圖告知布魯克將軍。這個戰役將以英、美兩國相等的兵力開始，但因以英國為基地，這樣的安排顯得合理。然而，隨著 1943 年的推進，龐大的進攻計畫逐漸成形，我愈加意識到：在兩國相等兵力成功完成初期登陸後，美國部隊將在戰鬥中占據顯著優勢。因此，在魁北克時，我主動向總統提議任命一位美國司令官來指揮對法作戰。他對此提議感到滿意，而且我確信，他心中早已有此想法。於是，我們一致同意：由美國軍官指揮「霸王」作戰計畫；地中海的指揮權則交由一位英國司令官掌管，具體移交日期視戰爭進展而定。1943 年 8 月，我將這個變化通知了我所信任的布魯克將軍，並向他解釋了原因。他雖感失望，但以軍人的風度接受了這個決定。

　　關於義大利，參謀長委員會建議我們在未來的行動中採取三重策略。首先，我們應將義大利排除在戰爭之外，並在羅馬附近，若有可能則在更北的區域，建立機場。我強調，大家必須清楚，我並未承諾越過安科納──比薩這條線推進。其次，我們應占領撒丁島和科西嘉島，隨後對半島北部的德軍施壓，以阻止其參與抵抗「霸王」計畫的戰鬥。同時，還有在法國南部土倫和馬賽附近登陸的「鐵砧」作戰計畫，以及沿羅納河谷向北推進的計畫。這個計畫後來引發了廣泛爭論。關於從空中支持巴爾幹半島和法國的游擊隊、加強反潛戰、以及更頻繁地使用亞速爾群島作為海軍和空軍基地等問題，提出了多項建議。

關於東南亞司令部的關鍵議題，會議根據英國三軍參謀長的初步建議進行了評估。會議認可了最高司令官的策略，並提出了以下建議：

（1）英美聯合參謀長委員會可全權決定東南亞戰場的戰略規劃，以及協調中國戰場與東南亞司令部之間所有英、美人力與物力的分配事宜。

（2）所有與作戰相關的問題，均由英國三軍參謀長委員會行使權力，此外，致最高司令官的所有指令亦須經由該機構傳達。

關於遠東戰略的問題，在我們的首次全會上引發了激烈的討論。在接下來的幾天中，三軍參謀長的工作將集中於此。要摧毀日本這個島嶼的帝國，主要依賴海軍力量。如果無法先行控制日本的海域，陸軍將無法參戰。空中武器的使用方式引發了廣泛的爭議。羅斯福總統的一些親信建議，通過緬甸向中國境內發起主要攻擊。他們極力主張，要對日本本土實施猛烈而持續的空襲，必須利用中國的港口和空軍基地。儘管這個設想在美國人看來具有政治吸引力，但卻忽視了以下事實：緬甸的叢林中無法部署龐大軍隊，而且這些軍隊中的大部分需由英國徵集；在中國境內有強大的日本軍隊，他們沿著內地交通線展開作戰；尤其重要的是，美國不斷增強的海軍力量在這種進攻中只能造成微小的作用。

另一個策略是從海上直接攻擊日本在太平洋中部和南部的島嶼據點。這項任務主要由海軍和海岸空軍負責。此類突襲首先將以菲律賓為目標，因為這個地方吸引了全體美國人的注意。一旦菲律賓重回美國掌控，日本將與其多個主要供應地隔絕，其駐紮在印尼偏遠島嶼的防守部隊將被切斷，無法獲得援助。最終，他們將逐漸被消滅，而無需我們付出高昂的戰鬥代價。

以菲律賓為立足點，即可對日本本土進行包圍。在中國沿海、臺灣以及日本以南的各個小島上設立新基地，這可能是必要之舉，但只有在這些基地建成後，才能對日本展開大規模進攻。這個大膽計畫的設想是以美國

強大的海軍力量作為堅實基礎，因此更具吸引力。龐大的海軍力量是必不可少的，但在最終階段，陸軍的參與將是必要的。屆時，希特勒將被擊潰，英國和美國的主力部隊便可全力攻打日本。

在最後幾次三軍參謀長會議上，我急切地希望表達我的看法。英國作戰計畫人員建議，在今年冬季，將溫蓋特將軍的部隊行動擴展至緬甸北部。為了配合這個行動，我主張攻占蘇門答臘的尖端地區。我在會上表述了我的堅定信念：「對蘇門答臘的進攻應是 1944 年的一次重大戰略打擊。這個被稱為『長炮』的戰役，將成為印度洋的『火炬』戰役。我認為，這完全在我們的能力範圍之內。我們應襲擊並占領一個尖端地帶，而日本人若要緩解我們從蘇門答臘起飛的空軍對其航運施加的巨大壓力，也必然會攻擊該地區。」羅斯福總統似乎認為，這樣的軍事行動會偏離我們對日作戰的主要方向。我指出，其他替代方案將浪費整整一年時間，除了獲得次要的阿恰布港，以及未來在緬甸的沼澤和叢林中徒勞無功外，將無甚收穫，而且我對阿恰布港的收復也表示懷疑。我著重強調進攻蘇門答臘計畫的重要性，並將其可能的決定性影響比作 1915 年對達達尼爾海峽的進攻。將我們的兩棲力量在 1943 至 1944 年間全部集中在印度洋以收復阿恰布港，我認為這是不正確的。

次日，我撰寫了一篇備忘錄：

首相致函伊斯梅將軍，轉交參謀長聯席會議

1943 年 8 月 20 日

關於阿恰布港及「長炮」作戰計畫的政策方針，我們內部尚未達成共識。在我看來，整個議題尚需深入探討。我個人仍處於研究階段，目前無法與美國方面就此作出任何決策。我希望參謀長委員會採取審慎態度，避免形成一種局面，迫使我不得不拒絕承擔按他們標準作出的決定所產生的責任。如果出現這種情況，回國後我們將不得不將整個問題提交戰時內

閣。我堅持我在上次會議中的意見，以及我們共同的立場，即認為通過仰光沿伊洛瓦底江向曼德勒及其以北地區發起攻勢，對我們極為不利且毫無益處。在未進行此類戰役的情況下占領阿恰布港，是毫無意義且愚蠢的舉動。

我期望明年此時的情形是：我們已經成為「長炮」作戰計畫的成功者，溫蓋特與中國人在雲南取得聯繫，通往緬甸的交通得到最大程度的改善，並且在考慮到屆時已經顯露的敵方反應後，我們可以自由選擇下次進行兩棲作戰的地點。

兩天之後，我向國內發送了以下電報：

首相（在魁北克）致副首相

1943 年 8 月 22 日

1. 羅斯福總統與馬歇爾將軍對蒙巴頓的任命極為關注，美國政府對此任命無疑將熱情地表示贊同。我們的三軍參謀長們也一致表示支持。在印度戰場目前顯現沉悶和停滯的狀態下，毫無疑問需要一個精力充沛且充滿活力的人物。我深信我的責任是：應向國王正式提議並提交蒙巴頓的名字。蒙巴頓與溫蓋特的合作，為未來的計畫增添了巨大光彩。在這次會議結束後的幾天內，發布公告是極為重要的。我希望，我的同事們會認為這是最好的方案。

2. 我們成功解決了東南亞司令部的難題。總體戰略計畫及兵力和物資的主要分配將由英美聯合參謀長委員會決定，隨後提交各自政府批准。然而，作戰的全面指揮權交予國王陛下政府領導下的英國參謀長委員會，所有命令須透過他們。

3. 在緬甸北部作戰的計畫，由於洪水影響，推遲後執行的具體時間尚未確定；而「長炮」作戰計畫的第一階段也尚未經過充分詳盡的研究，因此無法決定其在 1944 年兩棲作戰中的優先順序。我們至少還需要一個月

的時間進行深入研究。然而，討論氛圍非常友好。美國三軍參謀長們對我們提出 1944 年對日作戰計畫表現出熱烈參與的高昂興趣顯然感到滿意。宋子文預計在星期一抵達，但原則上他所能獲知的消息不會超出我即將發送的電報內容。

4. 馬歇爾將軍已經批准我派遣一名擁有將軍軍銜的英國聯絡官，以我的代表身分駐紮在麥克阿瑟將軍的參謀部。這將使我們對該戰場的動態有更為詳盡的掌握。當伊瓦特博士在倫敦時，我曾與他探討此事，他表示完全贊同；目前我正致電柯廷，強調這將使我們更加緊密地接觸太平洋戰爭。

5. 艾登和赫爾正進行著一場曠日持久的討論。赫爾依舊頑固地拒絕使用「承認」一詞來對待法蘭西民族解放委員會。因此，我們達成一致，在通知俄國及其他相關方後，他們公布他們的文件，我們公布我們的，加拿大則公布加拿大的。艾登正在處理此事。我已經非常坦率地告訴羅斯福總統，他們必定會受到輿論的批評。然而他說，他寧願保持一些靈活性，以便在緊急情況下應付戴高樂的陰謀。我們的看法顯然不同，因為根據我們的方案，我們給予法蘭西民族解放委員會的援助，並未超過我們在戴高樂孤立且未受他人控制時給予他的援助。

在參謀會議上，關於我們在對日本的主要進攻中所應承擔的責任，爆發了激烈的爭論，這也引發了一件有趣的事情。在英美聯合參謀長委員會的每一方背後，都有一大群參謀人員（12 至 20 人），他們是一些緊張不安的旁聽者，靜默無聲，眼中閃爍著光芒。不久，主席說道：「我認為，我們在討論這個問題時，最好不要讓我們的參謀人員在場。」於是，這群高級參謀立即有序地退到旁邊的一間會客室裡。爭論像往常一樣，及時得到了化解。蒙巴頓以聯合作戰部領袖的身分加入了英國三軍參謀長委員會，此時，他趁機詢問主席，是否可以當眾試驗一下科學家所發明的特種混合冰，這種混合冰被稱為「帕克里特」。在得到批准後，他的一名參謀將放在一個大型食品車上的兩塊高約 3 英尺的冰推了進來，一塊是普通冰，

另一塊則是「帕克里特」。他邀請在場臂力最強的人，用他帶來的特殊砍刀，將每塊冰砍成兩半。所有在場的人一致推舉阿諾德將軍為「臂力最強的人」。阿諾德便脫掉上衣，挽起襯衣袖子，掄起砍刀，一下就劈開了普通的冰塊。他轉過身來，笑著，雙手十指交叉，然後又拿起砍刀，走向那塊「帕克里特」。他掄起砍刀，當他砍向冰塊時，突然痛得大叫一聲，並丟開了刀，因為「帕克里特」沒有受到損傷，而他的雙肘卻被震得疼痛不已。

蒙巴頓從口袋裡取出手槍，準備用它來展示「帕克里特」對抗槍炮的能力，這使得測試達到高潮。他首先向普通冰塊開槍，冰塊應聲粉碎。隨後，他瞄準「帕克里特」開火，這種堅硬的冰塊讓子彈反彈，險些擊中波特爾空軍元帥。

在外等候的軍官們，聽到斬擊聲與阿諾德將軍的呼痛，早已惶恐不已，及至槍聲響起，更是心驚膽顫。其中一名軍官大聲喊道，「天哪！他們現在開槍了！」

然而，在戰爭時期，人們日復一日地與死亡共舞，誰不願在機會來臨時展露笑顏呢？這正是一個典型的例子。

英、美三軍參謀長之間的爭論實質上在於，英國希望在德國戰敗後，對日戰爭中能獲得充分且公平的地位。他們要求分享部分飛機場，皇家海軍獲得一些基地，並在完成希特勒的消滅任務後，為調往遠東的各師部隊分配適當任務。最終，美國方面做出讓步。我曾敦促參與三軍參謀長委員會的朋友們在此問題上努力堅持，不是訴諸武力，而是盡可能堅持，因為在戰爭的這個階段，我最擔心的是美國評論家會說，「英國已經從我們這裡獲得了一切，我們幫助它擊敗了希特勒，但現在它卻置身於對日戰爭之外，將我們置於危險境地。」然而，在魁北克會議上，這種印象已被消除。

8月23日傍晚，我們召開了第二次全體會議，討論英美聯合參謀長委員會的最終報告草案。此文件重申了首次報告中經過討論和修訂的幾個關鍵點，並詳細列出了遠東戰役的建議安排。對於即將展開的實際軍事行動，報告中未達成具體決議，但決定將主要精力集中於進攻性作戰活動，目標是「建立連接中國的陸路通道，同時改善和保護航空線路」。在對日戰爭的「總體策略構想」中，計劃是在德國崩潰後12個月內擊敗日本。我表示，我很高興看到我們以此為目標，而不是基於長期消耗戰來制定計畫。

　　在會議召開之前，我向羅斯福總統建議成立獨立的東南亞司令部這個基本原則終於獲得了認可。我表示迫切希望能夠盡快公布關於該機構成立的公開宣告。這將有助於表明，「四分儀」會議的大部分討論集中在對日作戰問題上，進而充分解釋為何俄國未被納入討論範圍。與會人員大致同意我們應該採取這個措施。

　　此刻，我已經將成立東南亞司令部及任命蒙巴頓為最高司令官的決定告知印度總督。

首相致印度總督

1943年8月24日

　　我們現已成立了東南亞司令部，與印度司令部互不隸屬。當我任命韋維爾陸軍元帥為總督時，曾預見到這個問題。設立由英國司令官領導的聯合司令部，其性質類似於北非的聯合司令部，這將帶來諸多益處。過去幾週，我們與美國方面就司令官人選進行了討論。經過深思熟慮，我決定提議由現任聯合作戰部司令官路易斯·蒙巴頓勳爵擔任此關鍵職位。蒙巴頓具備獨特條件，他對海、陸、空三軍工作瞭如指掌，並精通兩棲作戰。他在三軍參謀長委員會服務近一年半，因此對我方戰爭全局有深刻了解。這一點極為重要，因為東南亞陸、海前線的性質極其複雜。蒙巴頓是一位出色的組織者，精力充沛且勇敢。他的任命已經獲得羅斯福總統和美國三軍

參謀長的熱烈歡迎，而宋子文代表蔣大元帥也欣然同意。因此，經內閣同意，我將此事呈報國王，並將此電報發送給你，以供參考。因為重要的是，此次會議應在明日（8月25日）宣布這個任命。

次日，我撥通了國內同事們的電話，內容如下：

首相致副首相和戰時內閣專電

1943年8月25日

1. 此地的一切進展順利。先前一些難以應對的問題，如東南亞司令部、「合金管」，以及承認法蘭西民族解放委員會的問題，現已得到解決。在最後一個問題上，我們與赫爾的談判頗為不快，他甚至憤然離席，尤其與外交大臣的關係更加緊張。由英美聯合參謀長委員會起草的一份適當的報告，展現了雙方的共識，羅斯福總統和我對此表示贊同。所有分歧業已消弭，僅剩關於孟加拉灣兩棲作戰活動的方式仍待進一步探討。但我相信，這個問題將如我所願，自行解決。毋庸置疑，麥肯齊‧金和加拿大政府對此感到十分滿意，並認為他們得到了充分的重視。

2. 目前唯一的瑕疵在於蘇俄態度日益粗暴無禮。相信你已經看見史達林關於義大利提案的電報。他毫無理由的指責我們，因為我們除了將蘇聯政府熱情贊同的、要求義大利無條件投降的嚴厲命令交給其代表外，並未採取其他行動，並且我們還立即將所有問題通報給他。

3. 羅斯福總統對這封電報的語氣感到憤慨。他指示相關人員通知新的蘇聯代辦，說他已經前往鄉村，暫時無法返回。史達林顯然故意忽視我們的建議，即便為了促成三國會議，我們願意再一次進行長途且危險的旅程。儘管發生了這一切，我認為他的壞脾氣和無禮態度，並不意味著他準備與德國簽訂單獨的和約，因為兩國間的仇恨本身現已成為一道防疫線。與這些人交往沒能取得太大進展，確實令人沮喪，但我堅信我的同事們不會認為，我個人或整個政府在耐心和誠意上有任何欠缺。

4. 由於會議任務繁重，加上諸多棘手問題壓在我們肩上，我感到疲倦。我希望同僚們能允許我在週日發表廣播演講並在前往華盛頓之前，去山間營地休息幾天。我計劃於9月3日接受哈佛大學的學位時發表廣播演講，然後立即回國。除非義大利或其他地方發生意外變化，使我和羅斯福總統認為有必要共同商議，否則我不打算延長停留。無論如何，我將在議會開會之前返回。外交大臣將於週六搭乘飛機回國，卡多根將陪我前往華盛頓。

我決定派遣兩名聯絡官出國，一位前往麥克阿瑟總部，另一位前往蔣介石身邊。我回國後，召見了拉姆斯登將軍和卡頓·德·維亞爾將軍到契克斯，宣布他們的任命，他們都非常欣喜。拉姆斯登是我們最傑出且具才華的軍官之一。戰爭初期，他首次與敵接觸，重新樹立了我們裝甲車的聲譽。他迅速贏得了麥克阿瑟將軍的信賴，成為備受重視的連絡官。然而，他於1945年1月殉職。在林加延灣的轟炸中，一架日本自殺飛機襲擊了戰鬥艦「新墨西哥」號。當時，英國司令官弗雷澤海軍上將和拉姆斯登將軍都在艦橋上。弗雷澤由於偶然的原因，走到艦橋另一側以便更好地觀察。僅一分鐘後，那架自殺飛機撞上艦橋。站在拉姆斯登那一側的人全數遇難。他的犧牲，對國家和我個人都是巨大損失。

我們現在必須重新聚焦於義大利戰場。儘管先前的希望落空，大多數德軍已經成功後撤通過墨西拿海峽。8月10日，艾森豪將軍與他的指揮官們召開會議，評估多種策略，以推動戰事深入義大利。他必須特別留意敵軍的當前部署。德軍在義大利共有16個師，其中8個師由隆美爾指揮，駐紮在北部，兩個師在羅馬附近，另有6個師在更南方由凱塞林指揮。這股強大的兵力，還有可能由另外20個從俄國前線撤回、準備在法國重新裝備的德國師增援。在相當長的一段時間內，我們能夠集結的兵力，無法與德軍的投入相抗衡，然而英、美兩國已經全面掌握制海權和制空權，並占據主動。大家現在都決心發起對義大利的進攻，這是一項大膽的軍事行

動。我們希望攻占那不勒斯和塔蘭托，這兩處港口的設施與我們所需的兵力規模相稱。儘早奪取機場是我們的主要目標之一。羅馬附近的機場目前尚超出我們的能力範圍，但福賈的幾個關鍵機場適合重型轟炸機使用，同時，我們的戰術空軍正在義大利的踵形地區和薩萊諾附近的蒙特科維諾物色其他機場。

艾森豪將軍決定於 9 月初跨越墨西拿海峽發起攻勢，同時在卡拉布里亞海岸實施若干輔助襲擊。此舉為序幕戰。隨後，計劃派遣一個英國軍和一個美國軍在薩萊諾灣理想的海灘登陸，以攻占那不勒斯（代號「雪崩」）。從我們占領的西西里島機場起飛的戰鬥機，其掩護範圍以薩萊諾灣為界。在成功登陸後，盟軍將迅速向北推進，目標是攻占那不勒斯。

英美聯合參謀長委員會建議羅斯福總統和我同意這個計畫，並批准下一步的軍事行動，即攻占撒丁島和科西嘉島，我們立刻表示同意。事實上，這正是我一直希望實現並努力爭取的目標。隨後，他們又提議派遣一個空運師去攻占羅馬南面的一些機場。這個提議，我們也接受了。後來，這個計畫被取消，其具體情況將在後續章節中詳細說明。

我們做出了一系列我認為極為令人滿意的決策，所有工作都在順利推進。然而，臨近 8 月底時，一名英國軍官從艾森豪將軍的總部抵達魁北克，帶來了一個非常令人不安的消息。他提到，到 12 月 1 日，將有 6 個師渡過墨西拿海峽並越過卡拉布里亞，另有 6 個師將在薩萊諾登陸。對於我們的人力與物力，這種出乎意料的低估令我立刻提出了抗議。

首相致亞歷山大將軍

1943 年 8 月 26 日

1. 懷特利將軍已經抵達此地，他向我們通報了「灣城」和「雪崩」兩項作戰計畫的日期和規模。此消息引發了我的極大擔憂，我希望你能讓我安心。假設我們登陸成功且後續戰鬥不敗，我不理解為何需要兩個半月或

更長時間才能登陸。此外，在「雪崩」戰役中，取得可用港口和橋頭堡之後，為什麼所有參與「灣城」計畫的師都必須經由卡拉布里亞前往前線，至少部分師應該透過海路運輸。

2. 計畫顯示，到12月1日為止義大利本土將集結12個師。依我看，如此的速度將引發嚴重危機。首先，無法有效支援義大利羅馬地區的抗德行動，這將加劇並延長危機，可能導致親德的傀儡政權成立，或極端混亂的無政府狀態接踵而至。其次，若至12月1日集結的部隊數量仍未能超過12個，且僅限於那不勒斯地區，你們將如何應付德軍在同一時期內增派更多部隊的局面？據悉目前德軍在義大利半島已有16個師。

我個人無法確認這些師是否確實是完整的。相反，在某些情況下，它們很可能是指揮部和總部。然而，如果羅馬的解放及其可能帶來的政治和軍事重大利益，從現在起被推遲超過3個月才能實現，那麼沒有人可以預測會導致什麼樣的後果。

3. 在我即將離開美國之際，我急切地期待著你的消息。羅斯福總統亦因上述日期而倍感憂慮。若這確實是一個既定的時間表，那麼在磋商時，我們寧願預作最壞的準備。然而，我仍然期望你能澄清這些疑慮。

我一回國，立刻開始解決後勤方面的不足。在8月2日，我曾請求採取各種措施，以重組我們的裝甲師，這項事務由布魯克將軍負責處理，現在已經見到了成效。懷特利將軍所傳達的悲觀評估，很快也得到了修正。英國第1裝甲師重新裝備，成為一支精銳的作戰力量。兩個波蘭師、一個紐西蘭師和第4英印師已經達到最大戰鬥力，並被派往義大利。美國工程師的技藝確實令人驚嘆，他們將那不勒斯港從一片廢墟恢復為一個頭等港口。到10月初，亞歷山大將軍的部隊增加了十萬人。如果這個步驟沒有完成，一場災難可能已經輕而易舉地發生，因為德國強大的軍隊正在源源不斷地到來。

魁北克會議與四象限儀

義大利宣布停戰

關於義大利可能投降的議題，英、美兩國政府已經制定出詳盡的計畫。至1943年7月底，停戰條件的起草工作已經展開；8月3日，我將文件提供到戰時內閣中傳閱，以便「一旦義大利向我們提出倡議」時，大家有所準備。我們希望透過政治或外交途徑，而非盟軍總部進行談判。就在同一天，羅馬首次提出媾和倡議。我們駐里斯本大使向外交部報告，剛從羅馬抵達的義大利駐里斯本公使館新任參贊希望會見他，並暗示他負有巴多格里奧政府委派的使命。該義大利外交官是齊亞諾的前私人祕書達葉塔侯爵。他有親戚現在是美國人，也是薩姆納·韋爾斯的朋友。此次前往里斯本的使命，是新任義大利外交大臣古阿里格里亞在巴多格里奧的指示下安排的。次日，達葉塔應邀前往英國大使館。他並未提及停戰問題，但解釋說，儘管義大利國王和巴多格里奧要求媾和，為避免德國人在義大利進行軍事政變，他們不得不假裝繼續作戰。從其言談中可以明顯看出，古阿里格利亞特別關心的是向盟國解釋，他即將在義大利北部與里賓特洛甫舉行會議，以緩和德國人的猜疑。

我立刻將義大利此次前來交涉的事項告訴了羅斯福總統。

前海軍人員致羅斯福總統

1943年8月5日

以下所述的情形，是由一位新任義大利公使館參贊告知英國駐里斯本大使坎貝爾的……我將這些消息傳達給你，因為它們具有實質意義。我已經指示坎貝爾大使不發表任何看法。這似乎確實揭示了一些內部情況。我即將啟程前往魁北克，不過，艾登仍然留在此地。你可以與我和他保持聯繫。

義大利宣布停戰

義大利的君主和軍方高層一直在策劃軍事政變，而這次行動可能因為法西斯大委員會的動議而提前。法西斯主義在義大利被徹底根除，其所有痕跡一掃而空。義大利在一夜之間轉向赤色。都靈和米蘭爆發了共產黨的示威，需要動用武裝力量來鎮壓。20年的法西斯主義已經摧毀了中產階級。在國王與猖獗的布爾什維克主義之間，已無任何阻隔。愛國人士聚集在國王周圍，掌控了局勢。德國的一個裝甲師駐紮在羅馬郊外，若義大利出現任何動盪，他們將立即介入。散布在羅馬市內的德軍約有一萬人，大多數配備機關槍。若我們繼續轟炸羅馬，民眾將會起義，屆時德軍必會介入並屠殺所有人。他們實際上已經威脅要使用毒氣。義大利的軍隊盡可能集結在羅馬周圍，但他們並無作戰意願。事實上，他們幾乎沒有武器，甚至無法對抗裝備精良的德國師。

在此情形下，義大利國王和巴多格里奧雖心思媾和，卻無計可施，只能假裝仍在作戰。古阿里格利亞或將於明日拜會里賓特洛甫，預計會談後公布宣告，明確表示義大利依舊是德國的堅定盟友。然而，這不過是虛偽的表象，全民都渴望和平，尤其想擺脫令人厭惡的德國人。

倘若無法立刻自巴爾幹半島對德展開攻勢以迫使其部隊撤離義大利，則宜儘早在義大利登陸。無論如何，德軍定會堅決捍衛該地區。我們在義大利登陸時，料想不會遭到義大利方面的強烈抵抗，甚至可能獲得正面合作。

達葉塔始終未談及和談條件，從他的整體言論中，你會察覺，他無非是在請求我們從德軍和他本身手中拯救義大利，而且越快越好。

他希望，我們對義大利國王和巴多格里奧的批評不要過於嚴厲，否則可能引發血腥的屠殺。然而，適度的批評反而有助於他們維持對德國人的假象。

義大利的各界人士普遍希望與盟國締結和約，而義大利的最高統帥部也傾向於對德宣戰。古阿里格利亞與義大利外交部試圖謹慎地利用這個時

機，既要改變局勢，又要避免激怒和招致德國的報復。因此，儘管無法預估哪些力量會發揮作用，我們已經與兩位義大利代表展開接觸。德國方面也採取了類似的行動。8月6日，古阿里格利亞和安布羅西奧將軍在邊境與里賓特洛甫和凱特爾會晤，軍事討論異常激烈。安布羅西奧要求將駐紮在法國和巴爾幹的義大利師團調回國內，而凱特爾則在會議期間命令待命的德國部隊進入義大利。同時，外交大臣古阿里格利亞與里賓特洛甫進行了一場空洞無物的談判，以拖延德軍的進攻。

8月6日，義大利的另一位外交官伯里奧先生與我們駐丹吉爾的外交代表展開交涉。他的指示直接源自巴多格里奧。他再次提出時間上的要求，但這次明確表示希望認真談判，並且已獲授權啟動談判。

當這個消息及艾登先生的意見傳至我處時，我正乘船前往魁北克參加會議。外交大臣寫道：「我們可以將此視為巴多格里奧政府提出有條件談判的建議……在此情形下，我們是否可以回覆如下：如所周知，我們堅持無條件投降，巴多格里奧政府必須首先告知我們，義大利將無條件向我們投降。接著，在下一階段，當巴多格里奧政府已經完成此舉之後，我們應將條件告知他們，依據這些條件我們準備停止對義大利的敵對行動。」

閱畢電文，我用紅筆在旁邊批註：「勿失良機」；還寫上：「如其立即投降，我們準備提出條件，但此為恩惠，而非議價。」隨後，8月7日，我回覆外交大臣如下：

首相致外交大臣

1943年8月7日

我們贊同你所採取的策略。巴多格里奧承認，他準備出賣某人，但從他的利益和義大利人民的情緒來看，更有可能的是，他要出賣的對象是希特勒。應理解他的困境。同時，關於義大利的戰爭，應該在美國人同意的各個方面繼續推進。

義大利宣布停戰

抵達加拿大當日，我再次發送了一封電報：

首相致外交大臣

1943 年 8 月 9 日

1. 巴多格里奧須公開宣告，他願意全盤接受盟國政府的指示。盟國政府已明確表示，他們希望義大利在新歐洲中獲得一個受尊重的地位。

2. 值得一提的是，艾森豪將軍提出建議，只要盟軍戰俘能夠迅速獲釋，那麼在突尼西亞和西西里島被俘的義大利戰俘也將被遣返。

3. 上述各點目的在於向義大利政府傳達這樣的意圖，即儘管他們必須正式投降，我們仍希望在軍事條件允許的範圍內慎重對待他們。若僅反覆強調「無條件投降」而不提供任何寬大的待遇，即便是作為恩賜，最終可能導致他們頑固不投降。羅斯福總統曾正式使用過的「體面的投降」這個術語，我認為，在我們即將使用的詞彙中，不應忽略這個字眼。

4. 我們剛剛抵達哈利福克斯港。此次航行十分愉快，並且在旅途中展開的討論也頗有收穫。

我已經將艾登先生的回覆轉交給羅斯福總統。

在魁北克的前海軍官員致函羅斯福總統

1943 年 8 月 12 日

艾登提議，我們在丹吉爾的代表應以如下方式回應巴多格里奧的特使伯里奧：

巴多格里奧必須明白，我們不進行談判，而是要求無條件投降。這意味著，義大利政府應接受盟國政府的安排，屆時盟國政府才會提出條件，這些條件將保證一種體面的投降。

該指令接著指出：

同時，需要提醒巴多格里奧的特使：首相與總統已經發表宣告，當和平重建，我們期望義大利能在適當時機，於新歐洲中占有一個受人尊敬的位置；艾森豪將軍亦已經宣布，只要當前在義大利手中的所有英國和盟國戰俘獲釋，被俘於突尼西亞和西西里島的義大利戰俘也將獲釋。

這實際上僅是從我們已經公布的宣言中摘錄的詞句而已。若您原則上同意此答覆，請立即致電外交部的艾登告知此事，因為我的行蹤尚未確定。若此答覆不符您的意見，可待我抵達後再行商議。我認為義大利的使節期待能盡快收到答覆。

羅斯福總統致電艾登先生，表示贊同這個措辭，並據此通知了駐丹吉爾的義大利使節。

義大利政府的這些初步接觸，現已由一位在西班牙的義大利最高統帥部全權代表接手。8月15日，安布羅西奧將軍的參謀長卡斯特拉諾將軍前往英國駐馬德里大使館會見塞繆爾·霍爾爵士。卡斯特拉諾表示，他受巴多格里奧元帥的委託通知我們，一旦盟軍在義大利本土登陸，義大利政府將立即準備加入盟國對抗德國的行列。如果盟國接受這個提議，卡斯特拉諾將立即提供關於德軍部署的詳細情報。我立即將這個新消息告知羅斯福總統。

前海軍人員（位於魁北克）致羅斯福總統

1943年8月16日

隨信附上我從倫敦接收到的四封電報，內容涉及巴多格里奧的新提案。我建議作出如下回應。

我們注意到義大利使節的宣告：「我們並不具備提出任何條件的立場。如果我們能夠以盟國的身分參與對德戰爭，我們願意接受無條件投降。」對我們盟國而言，我們尚未對義大利立場的轉變作出任何決定，也未在此階段制定任何共同計畫。然而，若義大利軍隊與德國入侵者之間爆發激烈

義大利宣布停戰

戰鬥，則將產生新的局勢。義大利人深知，英國政府和美國政府並不打算拒絕義大利在歐洲享有受尊重的地位。因此，在英、美的軍隊到達之前，義大利政府應盡全力抵抗德國人。他們特別需要在義大利北部摧毀橋梁和涵洞，破壞鐵路和公路，以阻止德軍進一步入侵，並切斷南部德軍的交通線。這種有效行動將被勝利的盟國視為有價值的貢獻，並可能促成進一步合作來對抗共同敵人。毫無疑問，義大利政府和人民有能力破壞和切斷德軍的交通線，這將證明他們的誠意；另一種證明是保護英國和盟國的戰俘，使他們不被運往德國。若德國人有此企圖，而義大利政府無力抗拒，則應釋放戰俘，由義大利人民提供援助。義大利政府可對盟國作出貢獻的另一項重大任務是將義大利軍艦駛往盟軍占領的任何港口。

另外，義大利政府若能提供有關德軍部署的情報，或義大利軍隊和人民向正在登陸的盟軍提供任何援助，尤其在盟軍登陸期間，義大利人與德國人之間的戰鬥中，以上行為都將受到高度評價。還有，若駐紮在巴爾幹半島的義大利軍隊與當地各類愛國部隊展開合作，亦會贏得盟國的讚賞，特別是共同抵抗德軍並引發流血衝突的合作形式。

義大利的政府、陸軍與人民，透過此舉對抗共同的敵人，無需談判即可促進與聯合國家的友好關係。我們明確指出，若在盟軍所至之地發現義大利人對抗德國人，我們將竭力支援義大利人。

艾登將於明日抵達此地，我們可就所有相關議題進行全面性的共同探討。我寫此信給你，以便你能明瞭我的想法。

三軍參謀長正在評估實現義大利倒戈的實際步驟與適當時機。

我與羅斯福總統達成共識，艾森豪應派比德爾・史密斯將軍及英國情報參謀長斯特朗將軍前往里斯本，與義大利特使展開談判。他們攜帶了在魁北克「四分儀」會議上經過詳盡討論後敲定的最終軍事投降條件。

總統和首相致艾森豪將軍

1943 年 8 月 18 日

　　1. 總統和首相已經批准英美聯合參謀長委員會的命令，要求你立即派遣兩名參謀官（分別來自美國和英國）前往里斯本。到達後，他們須立刻向英國大使報告。他們應攜帶已經商定的停戰條件，該條件業已傳達給你。英國駐里斯本大使將依照指示安排與卡斯特拉諾將軍的會談，你的參謀官將參與此次會晤。

　　2. 在本次會議中，依照以下方針，向卡斯特拉諾將軍提交一份最後通牒：

　　（1）根據提交給他的文件中所載明的條款，我們將接納義大利的無條件投降。（我們已經達成的停戰條件，已提前送達，應在此時交予他。還須告知他，這些條款不涉及政治、經濟或財政方面的條件，相關條件將透過其他途徑另行通知。）

　　（2）這些條款並未明確界定義大利在與德國作戰中所能提供的所有協助。至於未來這些條約要進行多大程度的修訂，使其對義大利更為有利，則取決於義大利政府和人民在未來戰爭中，對聯合國反抗德國的努力提供了多少實質性的幫助。然而，聯合國家明確表態，無論何處，只要義大利軍隊或人民對抗德國、破壞其財產或阻礙德軍行動，聯合國家的軍隊將給予一切可能的支援。同時，如果能直接且定期地向我們提供有關敵方的情報，盟軍的轟炸將盡量針對那些能影響德軍活動和作戰的目標。

　　（3）聯合國與義大利之間的敵對行動將根據艾森豪將軍所通知的日期和時間生效終止。在艾森豪將軍宣布停戰後，義大利政府必須立刻宣布停戰，並指示其軍隊與人民自此與盟軍合作，共同抵抗德國人。

　　（4）義大利政府在停戰期間，需立即下令釋放所有可能被德軍逮捕的聯合國戰俘。

　　（5）義大利政府在停戰期間須下令義大利艦隊及盡量多的商船啟航，

駛向盟軍港口。同時，盡可能多的軍用飛機須飛往盟軍基地。任何艦艇或飛機如面臨被德軍捕獲的風險，須進行自毀。

3. 應盡快通知卡斯特拉諾將軍，在德國人尚未察覺當前計畫的情況下，巴多格里奧仍有大量工作需要完成。至於他的行動的具體性質和範圍，需由他自行判斷，但應向他提供以下整體指引：

（1）如能在不驚動德國人的情況下通知地方當局，則應全國發起消極抵抗。

（2）禁止德國人掌控義大利的海岸防務。

（3）應妥善安排義大利駐巴爾幹部隊前往沿海地區，並在適當時機執行，以便聯合國家將其遣返回義大利。

8月19日，雙方在葡萄牙首都的英國大使館進行會談。我們通知卡斯特拉諾，艾森豪將軍將依據當前交付給他的條件，接受義大利政府的無條件投降。要將嚴峻的軍事談判與靈活的外交協調一致，這無疑是困難重重。這位肩負使命的義大利將軍在里斯本陷入了絕望的境地。正如他所強調的，他此行的目的是商討義大利如何能夠對德軍展開反攻。而比德爾·史密斯則必須回應稱，他只能討論無條件投降。

這些談判與最終征服西西里島的行動同時展開。恰巧在同一日，我撥通了亞歷山大將軍的電話：

首相（位於魁北克）致函亞歷山大將軍（身在中東）

1943年8月19日

1. 聽聞這個嶄新成就，我感到無比欣喜。對於你完成的一切，我表達最誠摯的祝賀。原本我想立刻發電報給你，請你向第15集團軍群的部隊傳達，但我認為最好還是讓羅斯福總統和國王先向艾森豪致賀。我正準備提出這個建議。

2. 毫無疑問，你已經知曉卡斯特拉諾將軍前來與我們談判，以及我

們在這期間所作出的回應。我們面臨的最大威脅是，德國人可能會進入羅馬並建立一個類似吉斯林的法西斯政權，例如由法里納西領導的政權。同樣令人擔憂的是，整個義大利可能逐步陷入混亂。我懷疑，巴多格里奧政府能否在即將執行「雪崩」作戰計畫的日期前，維持他們的「兩面派」立場。因此，任何能夠縮短這段時間而不影響軍事成功的方法，都是極其有益的。

亞歷山大將軍致首相（在魁北克）

1943 年 8 月 20 日

我對您友善的來電深表感謝，並對此極為重視。我們竭盡全力推動「雪崩」計畫早日實現。我們在此清楚地看到，每延遲一小時都是給予敵人更多時間，用以準備和組織力量來對抗我們。

8 月 19 日，在里斯本與卡斯特拉諾將軍的會談徹夜進行。此位義大利將領意識到比德爾・史密斯在條件上毫不妥協後，便在地圖上標示出義大利境內德、義兩軍的部署。卡斯特拉諾適度拖延以掩飾其赴葡萄牙的行蹤後，攜帶投降條件、一臺無線電發報機及與阿爾及爾盟軍總部聯繫的電碼返回羅馬。

另一位義大利特使，扎努西將軍，於 8 月 26 日現身里斯本。他是義大利總參謀長的首席助手，由曾獲得維多利亞十字勳章的卡頓・德・維亞爾將軍陪同前來。維亞爾是從英國戰俘營中被釋放出來，擔任此次使命的中間人。這位新來訪者的目的並不明確。或許巴多格里奧擔心卡斯特拉諾讓渡了過多利益，想了解他的行動。他們告訴卡頓・德・維亞爾，「已經放出了一隻鴿子，但牠沒有返回，因此又放出另一隻。」扎努西接到巴多格里奧的指示，要求他設法前往倫敦，敦促盟軍在羅馬北部登陸。

由於我們已經與卡斯特拉諾展開了談判，決定將扎努西派往艾森豪將

義大利宣布停戰

軍的總部。然而，在他啟程前卻發生了一件令人動容的事件。這位義大利將軍希望返回羅馬報告任務未能成功。他與英國同伴討論此事時，後者平靜地表示，當然願意陪同他返回。扎努西用他自己的語言描述卡頓‧德‧維亞爾當時所說的話：「我是戰俘。我被釋放是為了陪你去倫敦完成一個任務。由於任務未完成，你要回義大利，我也應該回到戰友身邊。」這位義大利人回答，他絕不同意這個計畫。他知道，為了讓維亞爾返回英國，一切已經安排妥當，他應該按建議前往會見艾森豪將軍。卡頓‧德‧維亞爾應視自己為已獲得自由。英、義兩國之間的這個插曲，值得兩國人民永遠銘記。

這位最近抵達的義大利使節因此被派往阿爾及爾，在那裡，他提供了更多關於德軍在義大利境內活動的情報。

8月31日，依照先前的安排，比德爾‧史密斯將軍在扎努西將軍的陪同下，於西西里島與卡斯特拉諾會面。卡斯特拉諾解釋說，如果義大利政府能夠自主行動，他們將如同盟國所期望的那樣，接受並宣布停戰條件。然而，義大利處於德國人的控制之下。自里斯本會談以來，德國人向義大利增派了更多軍隊，整個國家實際上已被德軍占領。因此，停戰無法在盟國要求的時間，即盟軍在義大利大規模登陸之前宣布。同時，卡斯特拉諾急於了解登陸的細節。義大利人希望確保登陸的兵力足夠強大，以保障羅馬的義大利國王和政府的安全。

顯然，義大利政府尤其希望我們在羅馬以北登陸，以便保護他們免於遭受駐紮在羅馬附近德軍師團的侵犯。卡斯特拉諾在對話中表示，需要盟軍15個師來參與這樣的戰鬥。比德爾‧史密斯明確指出，既然停戰協定要在盟軍主力部隊登陸後才宣布，他不打算在這個基礎上繼續談判，且盟軍拒絕提供即將進行的戰役中所使用兵力的任何消息。卡斯特拉諾於是請求允許他再次向政府請示。我們告知他，這是最後條件且時限已到，但鑒

於當前討論，盟國願意等到9月1日至2日午夜，屆時必須明確接受或拒絕。卡斯特拉諾當晚便返回羅馬。

盟軍最高統帥部察覺到義大利政府正在迅速喪失勇氣，並且除非能使其確信英、美在進攻義大利本土時具備壓倒性力量，否則義大利政府沒有膽量簽署停戰協定。因此，艾森豪將軍向卡斯特拉諾將軍建議，他將派遣一支空降部隊在羅馬附近著陸。這個行動將取決於巴多格里奧政府的承諾：「根據盟國的要求簽署並公布停戰協定；義大利人占領並守住必要的機場，停止所有高射炮火；羅馬地區的義大利各個師對德軍採取戰鬥行動。」

當時，我和羅斯福總統身處白宮，我們向艾森豪將軍發出電報：「我們非常支持你繼續實施『雪崩』行動計畫，並按照所述條件在羅馬附近部署一個空降師的決定。我們深知，在這個關鍵時刻，軍事考量必須凌駕於一切之上。」戰時內閣同日在倫敦召開會議，批准了這項意見。

我們已將義大利局勢的進展彙報給史達林。

首相和羅斯福總統致史達林總理

1943年9月2日

1. 我們已經收到卡斯特拉諾將軍的宣告：義大利方面接受了停戰條件，他即將前來簽字。然而，我們尚不清楚你是否已經了解了與義大利相關的軍事條件，還是你準備簽署更全面、完備的條件。

2. 該地區的軍事局勢雖然緊急，卻也充滿希望。我們對義大利本土的進攻即將展開，這場被稱為「雪崩」行動計畫的猛烈攻勢預計會在下週啟動。由於義大利政府和民眾難以擺脫希特勒的控制，可能需要採取更大膽的行動，因為艾森豪將軍需要盡可能多地獲得義大利人的支持。義大利接受條件的主要原因是，我們計劃向羅馬派遣一個空降師，以便阻撓德軍，而德軍已經在羅馬周邊集結了許多裝甲部隊，他們可能會在法里納西的領導下建立一個類似吉斯林的政權，以取代巴多格里奧政府。鑒於當地情況

義大利宣布停戰

變化迅速，我們認為艾森豪將軍應當謹慎行事，不要因為短期和長期條件的差異而影響決策。顯然，短期條件包含在長期條件之內，它們基於無條件投降的原則，而對這些條件的闡釋權則掌握在盟軍總司令手中。

3. 由此推測，如有必要，相信您也能同意由艾森豪將軍代您簽署短期停戰協定。這個舉措的必要性在於避免卡斯特拉諾將軍重返羅馬，並防止可能因此導致必要軍事行動的延誤和產生不穩定局勢。我們當然熱切期望義大利能像對英國和美國一樣，對蘇聯無條件投降。義大利投降的宣布時機，自然需要與我方的軍事行動保持一致。

卡斯特拉諾將軍返回西西里島，攜帶了政府的正式授權，用以簽署投降的軍事條約。9月3日，在錫拉庫薩附近的橄欖樹林中，舉行了簽字儀式。我從亞歷山大將軍的電報中得知此事。

亞歷山大將軍致首相

1943年9月3日

今日，適逢戰爭爆發四週年紀念日，艾森豪將軍的代表比德爾·史密斯將軍與巴多格里奧元帥的代表卡斯特拉諾將軍，在獲得正式授權後，簽署了短期停戰協定。

卡斯特拉諾依然駐留在我軍總部附近，今晚我們將展開軍事會談，以便為義大利部隊在我們即將展開的戰役中提供最佳支持作出安排。

在9月3日破曉前，英國第8集團軍成功越過墨西拿海峽，進入義大利本土。

首相致史達林總理

1943年9月5日

卡斯特拉諾將軍在經歷了漫長的安排之後，於9月3日簽署了臨時停戰條約，如今他正與艾森豪將軍及亞歷山大將軍共同探討最佳的實施方

案。這必然會引發義大利與德國軍隊之間的直接對抗，而我們將在所有可能的地點盡最大努力給予義大利軍隊最迅速而有效的支持。下週將迎來令人矚目的變化。針對義大利半島的進攻已經取得成功，並將繼續推進，而「雪崩」行動計畫和空運部隊的大膽行動已經迫在眉睫。儘管我相信在「雪崩」行動中我們能以強大兵力登陸，但我無法預測羅馬或義大利全境將會發生的情況。

此役的核心目標在於盡可能多地消滅德軍，並推動義大利軍隊對德軍進行殲滅。

我將在大西洋的這一側停留，直到此事有結果再離開。同時，對於你們在主要戰線上取得的一連串勝利和突破，謹致以我最熱烈的祝賀。

當前，必須將義大利的投降條款與我們的軍事戰略相結合。美國第82空降師的泰勒將軍於9月7日被派往羅馬，執行一項機密任務，與義大利總參謀部協商，計劃在9日晚間奪取首都附近的機場。然而，自卡斯特拉諾請求盟軍保護之後，局勢急遽變化。德國軍隊在附近集中了一支強大部隊，並似乎已經控制了機場。義大利軍隊士氣低落，彈藥匱乏。在巴多格里奧周圍，各種分歧意見不斷爭論，泰勒要求與他會面，形勢充滿不確定性。義大利領導人現今擔心，一旦他們簽署的投降條款被公布，將導致德國立即占領羅馬，並終結巴多格里奧政府。9月8日凌晨兩點，泰勒將軍與巴多格里奧會面，後者因機場已被占領，請求推遲宣布停戰協定。他已電告阿爾及爾方面，無法確保羅馬機場的安全，因此取消了空降行動。

艾森豪此刻需要迅速下定決策，薩萊諾的進攻計畫將在24小時內展開。為此，他致電英美聯合參謀長委員會：

1943年9月8日

我與主要司令官剛剛召開了一場會議。義大利態度的轉變，我決定不予認可。我們將繼續按照宣布停戰的計畫行事，並隨後展開宣傳及其他措

義大利宣布停戰

施。我們已經透過直接聯絡人，通知巴多格里奧元帥：由他指派的代表所達成的停戰協定，且雙方似乎有履行的誠意，自然被視為有效且具備約束力，我們不承認任何背棄原協定的行為。

在經過磋商後，羅斯福總統與我提出了以下回應：

1943 年 9 月 8 日

總統和首相的觀點是，既然協定已經簽署，你應在有利於軍事行動的條件下，公開宣布這個消息。

因此，當日下午 6 時，艾森豪將軍透過廣播公布了停戰通告，隨後宣讀了停戰宣言的全文。約 1 小時後，巴多格里奧元帥也在羅馬親自宣布了這個宣言。義大利的投降順利完成。

在 9 月 8 日至 9 日的夜晚，德軍開始對羅馬進行包圍。巴多格里奧和義大利王室遷入陸軍部大樓，並宣布實施戒嚴。在日益緊張和恐慌的氛圍中，展開了緊急討論。深夜時分，由 5 輛汽車組成的車隊穿過羅馬的東面城門，駛向亞得里亞海岸的佩斯卡拉港。車隊成員包括義大利王室、巴多格里奧及其內閣成員和高級官員。他們乘坐兩艘驅潛快艇，於 9 月 10 日清晨抵達布林迪西，在盟軍控制的區域內迅速建立了一個反法西斯的義大利政府中央機構。

對巴多格里奧元帥施加壓力迫使其投降，是為了不影響盟軍在義大利踵形地區和羅馬附近登陸的計畫時機。隨著停戰協定的正式簽署，關鍵步驟已經完成，但仍有其他利益可供攫取：義大利艦隊必須安全抵達盟軍港口；東南歐的眾多義大利師團，其裝備對盟軍繼續對抗納粹德國極為寶貴；在地中海東部，還有更為重要的義大利基地。必須確保這些島嶼不落入敵手。

在上述流亡者離開之後，曾在第一次世界大戰中於維多利奧·威尼托戰役中獲勝的退役軍人卡維格利亞元帥抵達羅馬。他自發承擔起與逐步逼

近羅馬的德軍談判的責任。城門附近已經爆發了零星的衝突。義大利陸軍的一些正規部隊與羅馬市民組成的游擊隊在郊區與德軍交戰。

9月11日，隨著軍事停戰協定的簽署，敵對行動結束，納粹師團得以自由穿越城市。

我對這種獨特的危險感到極為不安。

首相致威爾遜將軍（在中東）

1943年9月13日

若能在義大利協助下奪取羅得島，這將對整體戰局造成極大助益。請告知我你對這次軍事行動的計畫。你是否能夠從中東部隊當中臨時調遣所需駐軍？你分配到的總兵力是多少？

此刻正是回憶克萊夫、彼得巴勒與魯克的軍隊攻占直布羅陀的時機。

為了避免讓人覺得我在誇大這種情緒，我引用英美聯合參謀長委員會對我們在華盛頓通過決議的最終總結。

地中海東部

英美聯合參謀長委員會已經關注到中東總司令對羅得島及多德卡尼斯群島其他島嶼的行動。他們對此表示贊同，並正在評估可以採取的相關必要措施。

也是在這個時期，9月8日夜幕降臨後，義大利艦隊的主力部分遵循盟軍的命令，離開熱那亞和斯佩西亞，開始了一次無畏的航行，前往馬爾他島投降。它們既沒有盟軍飛機的護航，也缺乏義大利空軍的防衛。次日清晨，當它們沿著撒丁島西海岸南下時，遭受了從法國基地起飛的德國飛機攻擊。旗艦「羅馬」號遭到擊中，徹底毀滅，造成重大傷亡，艦隊總司令伯蓋米尼海軍上將也不幸遇難。戰鬥艦「義大利」號亦受到損傷。艦隊只留下幾艘小艦艇救援落水倖存者，其餘繼續艱難航行。10日清晨，艦隊

義大利宣布停戰

在海上與英國海軍艦艇會合，並由它們護送至馬爾他島。英國軍艦中包括「沃斯派特」號和「英勇」號，這兩艘軍艦曾在不同場合中頻繁搜索義大利艦隊。塔蘭托的一支分艦隊，其中包括兩艘戰鬥艦，也在9日啟航，途中遇到了前往占領塔蘭托港的英國艦隊，次日安全抵達馬爾他島。

11日清晨，坎寧安海軍上將向海軍部報告，「義大利的作戰艦隊目前在馬爾他要塞大炮的庇護下，已經停泊於港內。」

我渴望我們能夠妥善對待義大利海軍。9月10日，我致電坎寧安：「若義大利艦隊在履行停戰條件並遭受德國轟炸後，抵達我們的港口，我希望你能與艾森豪將軍協商，確保他們得到友好和寬厚的接待。我相信，這符合你的意願。」當天晚些時候，我又致電他：「若可能，應將義大利艦隊的投降、英方的友好接待及對傷員的體貼治療等情形拍成電影。」

曾經作為頂級勝利強國的義大利，其整個艦隊如今已經落入我們手中，成為我們輝煌的戰利品。我們必須使其在我方陣營中發揮作用。

首相致函坎寧安海軍上將（位於阿爾及爾）

1943年9月12日

你應立即上報義大利艦隊各種效能的大炮和魚雷所需彈藥的數量。此調查應從最重要的部隊單位開始，報告艦上現有庫存、在塔蘭托接收的數量等，並估計需要製造的數量及相關具體規格。無需等全部情況調查完畢，應立即彙報主要和最現代化部隊的彈藥需求給海軍部，然後透過正式管道轉達美國。我可在此處安排並設法加快製造。

隨著法西斯政權的瓦解，義大利全境陷入了一種動盪不安的政治局勢。由於缺乏有效的領導，抵抗德國人的組織工作落到了羅馬一個地下解放委員會手中，該委員會與整個半島上日益活躍的游擊隊活動緊密相連。解放委員會的成員，要麼是1920年代被墨索里尼剝奪權力的政客，要麼是仇

視法西斯統治的集團代表。然而，法西斯主義的少數核心勢力在失敗時刻試圖捲土重來的威脅籠罩著一切，而德國人確實在盡力助長這種趨勢。

墨索里尼於7月26日後被拘押在蓬察島，隨後被轉移至靠近撒丁島海岸的拉馬達勒納島。巴多格里奧因為擔心德國人可能發動突襲，於是在8月底將他昔日的上司遷移至義大利中部阿布魯齊山區的一個小型療養所。由於從羅馬出逃時十分倉促，巴多格里奧未能給負責看守這位失勢獨裁者的便衣警察和憲兵提供明確指示。9月12日（星期天）早晨，90名由滑翔機運送的德國傘兵在墨索里尼被拘禁的旅館附近降落。行動中未發生任何傷亡，墨索里尼被一架德國輕型飛機送往慕尼黑，與希特勒再次會晤。

墨索里尼被營救之後，德國在北部成立了一個與巴多格里奧政府對立的政權。在加爾達湖畔設置了一個象徵性的法西斯政府，墨索里尼在此上演了一場「百日鬧劇」。羅馬以北的地區被德國軍隊的鐵蹄踐踏；一個沒有實際作用的虛名政府設在羅馬，任由德國軍隊自由出入；義大利國王和巴多格里奧在盟國委員會的監督下，在布林迪西建立了一個殘存的政府，其有效權力僅限於市政大樓內。由於我們的軍隊正從義大利半島南端向北逐步推進，盟國的軍政府開始接管攻占地區的管理責任。

義大利即將迎來其歷史上最為悲慘的時期，並將成為戰爭中數次最為激烈戰鬥的舞臺。

義大利宣布停戰

義大利攻勢與白宮行

　　1943 年 8 月 24 日，魁北克會議落幕，我們的同僚紛紛離開，分道揚鑣，猶如炮彈的碎片般奔赴四方。經過一番研究與辯論後，眾人都渴望能有短暫的休憩。加拿大的克拉克上校在會議期間受自治領政府委派協助我。他的牧場距魁北克約 75 英里，四周環繞著巍峨的山脈和茂密的松林，報紙用的紙漿便取自這些林木。在此地，有一座水閘形成的廣闊水域，稱為雪湖，傳聞其中盛產巨型鱒魚。布魯克和波特爾是兩位釣魚熱愛者，會議間隙，他們計劃前往一試身手。我答應他們，如果可能的話，我將在稍後參與。然而，我已經定於 8 月 31 日發表廣播演說，這演說如同一隻鷹在我頭頂盤旋。我在城堡中繼續逗留幾日，每日下午在城牆上漫步一小時，凝視聖勞倫斯河的壯美景色，沉思沃爾夫與魁北克的歷史。我曾搭車遊覽全城，並受到市民的熱烈歡迎。我出席了加拿大內閣會議，向他們說明魁北克會議和戰爭的未解之謎。憑藉與我交情深厚、值得信賴的麥肯齊‧金先生的推薦，我被授予自治領內閣樞密顧問官的榮譽。

　　在此次廣播中，內容所要表達的言辭取捨繁多，導致我無暇顧及其他事情，只能專注於此。所以，我的思緒時常飛耀到雪湖，想像那些已經抵達雪湖的人們正在享受垂釣的樂趣。我想，我可以將白天的釣魚活動與準備夜晚的廣播稿兩件事情結合起來。我決定聽從克拉克上校的建議，於是便和妻子一起啟程。我注意到龐德海軍上將沒有與其他兩位參謀長一起前往雪湖，因此建議他現在應該與我們同行。他的參謀官表示，會議後他有許多事務需要處理。他在參與海軍廣泛討論時態度消沉，令我驚訝，但當他表示無法去釣魚時，我開始擔心情況不妙。從戰爭初期開始，我們便以

義大利攻勢與白宮行

最親密的同袍關係共事。我了解他的才能和勇氣，也知道在國內時，他每天清晨4、5點鐘起床，只要有機會，總會在去海軍部上班前花上幾個小時釣魚。然而，這次他一直留在寓所中，在我動身前未曾見到他。

我們駕車順著河谷行駛了一整天，心情愉悅。途中，我們在療養所稍作休息，最後我和妻子抵達湖畔那間寬敞的小木屋。布魯克和波特爾計劃次日返回，這倒也不錯。他們每人每天能釣上一百尾魚，若繼續如此，雪湖的水位必將逐漸下降。我和妻子各自划船出發，每次垂釣數小時，雖非專業，卻也收穫頗豐，魚質上佳。偶爾，有人為我們的釣竿裝上三叉鉤，有一回我竟然一竿釣起三尾魚，我不確定這是否有些過於取巧。在我們的豐盛佳餚中，新鮮鱒魚從未缺席。羅斯福總統曾打算親臨，但因事務纏身未能成行。我的侍從官瑪麗被邀前往奧格爾索普，在美國婦女陸軍隊員的重要集會上發表演講，因此搭乘飛機前往。羅斯福總統發來電報，內容如下：

羅斯福總統致沃登上校

1943 年 8 月 27 日

9月1日，星期三，各方面條件都很理想，務必釣到大魚，讓麥肯齊·金稱重並提供認證。

我將我釣到的最大一尾魚帶到海德公園贈予他。廣播稿進展順利，但擬定初稿的工作比辯論或釣魚更讓人筋疲力盡。

我們於8月29日晚歸返魁北克。我再次參加了一次加拿大內閣會議。在啟程前往華盛頓之前，我於8月31日按預定時間向加拿大人民及盟國發表了廣播演說。我摘錄了其中幾段，內容如下：

加拿大在如此關鍵的時刻對英聯邦和英帝國的聯合努力所做出的貢獻，深刻地打動了其母國以及我們這個由眾多國家和民族組成的廣泛大家庭當中所有成員。

自從那個最為陰暗的日子起，逐年壯大的加拿大陸軍在捍衛我們英國本土免遭受敵人侵襲方面扮演了關鍵角色。如今，他們在更為廣闊且持續擴張的戰場上表現卓越。已經取得輝煌成就的帝國空軍訓練基地設在加拿大，其遼闊的機場迎接了來自大不列顛、澳洲和紐西蘭的優秀青年，他們與加拿大的英雄子弟並肩作戰。

　　在戰爭期間，加拿大已經崛起成為一個重要的航運國家。它建造了數十艘軍艦與商船（其中一些是在距離海洋數千英里的地方建造的），並配備了勇敢且堅韌的加拿大船員，將這些船隻派往保衛大西洋的商船隊及我們跨洋的重要生命線。加拿大的軍火工業在我們的戰時經濟中發揮了極為重要的作用。最後且相對次要的一點是，加拿大減輕了大不列顛在軍火供應上的負擔，否則後者本會因為這些軍火而欠下不低於20億美元的債務。

　　所有這些，顯然不是由於任何法律的要求，也不是由於任何條約或正式的義務。它自然地源於感情和傳統，以及一種願為人類未來貢獻的宏偉決心。我很榮幸地代表大不列顛人民，向偉大的自治領表達我的心意，並且在加拿大的土地上傳達我的敬意。我真誠地希望，儘管我肩負其他艱鉅的任務，我仍能有機會進行更遠的旅行，以便親自向澳洲、紐西蘭和南非的人民傳達我們對他們付出的一切以及決心的深切感受……

　　在過去的兩年裡，我們經常聽到在法國北部開闢所謂第二戰場以對抗德國的討論。顯而易見，這樣大規模的軍事行動正合我們心意。承受德軍主要壓力的俄國，自然不斷催促我們採取行動，他們也毫不掩飾地表達不滿，甚至指責我們之前未能採取這項措施。對於他們的批評，我毫不驚訝。他們在戰場上表現卓越，已經對德國的軍事力量造成了重大損失。因此，對於他們坦率批評我們的策略，或對我們在戰爭中迄今為止所發揮作用的看法，我們並不在意，這些批評也不會減少我們對他們英勇行為和成就的欽佩。我們曾在法國擁有一條優良的戰線，但該戰線被希特勒的集結兵力所摧毀；拆毀戰線比重建戰線要容易得多。我預見，英、美解放軍隊

義大利攻勢與白宮行

終將大規模橫渡海峽，與入侵法國的德軍展開激烈戰鬥⋯⋯就我個人而言，第二戰場和第三戰場一樣，始終在我的考慮之中。我也相信，西方民主國家應該像拳擊手一樣，用雙手而非單手迎戰。

我堅信，在羅斯福總統和以我為主要執行者的英王陛下政府授權下，採取大規模迂迴戰術攻入北非的行動，將來會被認為是在當時情況下的最佳選擇。該行動已經取得輝煌而顯著的成果：非洲戰場已被清除，所有在非洲的德、義軍隊均被驅逐消滅，被我們俘獲的戰俘至少有五十萬名。在一場持續38天的輝煌戰役中，四十多萬軸心國軍隊防守的西西里島被攻陷。墨索里尼已經被推翻，義大利的戰爭動力也被摧毀，而這個不幸的國家，由於聽信虛偽和邪惡的領導而正在自食惡果。與壞人為伍是多麼容易，而要擺脫他們卻多麼困難！大量德軍最近已經從法國調出，用於鎮壓義大利人民，並將義大利變為戰場，同時使戰爭盡可能長時間地在離德國領土盡可能遠的地方進行。德國空軍的大部分已經從俄國前線撤回，而英、美、加三國空軍正日夜與他們作戰，越來越猛烈地削弱他們的力量。比這些更重要的是，我們在大西洋和地中海都已經掌握戰略主動權，擁有的潛在力量讓敵人無法估量其分量，也無法預知其運用時機。

從俄國戰場傳來的最新情報來看，史達林元帥顯然充分利用了他的時間。整個英帝國對他這場輝煌的夏季攻勢，以及在奧廖爾、哈爾科夫和塔甘羅格取得的勝利表示敬佩。這些勝利幫助俄國收復了廣闊的領土，並消滅了成千上萬的侵略者。

我特別強調了蒙巴頓的任命。

東南亞戰場的最高指揮官已經確定，英、美、中三國的輿論界對他的名字給予了充分的稱讚。他將與蔣介石保持密切聯繫，展開行動。路易斯·蒙巴頓勳爵年僅43歲。在現代條件下和傳統軍事領域中，這麼年輕就獲得如此高位，實屬罕見。然而，一個矢志於軍事藝術的人，若在43歲時仍不懂戰爭，那麼未來進步的空間似乎不大。路易斯勳爵在擔任聯合

作戰部隊司令官時，展現了卓越的組織能力和智慧。我敢稱他為「全才的三棲作戰軍事家」，儘管迂腐的學究們可能會有不同看法。也就是說，他精通陸、空、海三大領域，並對武器也很熟悉。我們一致祝願這個新司令部及其統帥，在他們新的、多樣且極具挑戰性的任務中，取得最大成功。

我搭乘火車離開魁北克，並於 9 月 1 日抵達白宮。在魁北克舉行會談期間，義大利的局勢已經迅速發展。如前所述，羅斯福總統與我在這些緊迫的日子裡，一直在指導與巴多格里奧政府進行祕密停戰談判，同時也密切關注在義大利本土登陸的軍事部署。我故意延長在美國的停留時間，以便在義大利局勢的關鍵時刻，保持與美國朋友的緊密聯繫。抵達華盛頓當天，我首次獲悉這個明確且正式的消息：巴多格里奧已經同意接受盟軍提出的投降條件。在「四分儀」會議上討論的戰略安排，自然是基於義大利可能崩潰的預期，而這個局勢是我們這些日子最為關注的。

在華盛頓期間，我曾數次出席美國內閣會議及其他類似會議，並與美國的領導人物保持緊密聯繫。可憐的霍普金斯此時病重，不得不住進海軍醫院進行徹底休養。羅斯福總統希望我能長時間逗留，並接受哈佛大學授予的名譽學位。這將是向全世界公開表明英、美團結友好的一次機會。我於 9 月 6 日發表了演講，內容摘要如下：

對於美國的年輕人，如同對於英國的年輕人，我要說：「你們不能止步不前。」此刻，沒有停留的餘地。我們正在征途上，現在已經到達一個無法停下的階段，必須繼續推進。未來要麼是一個混亂的世界，要麼是一個有序的世界。透過所有這些作為我們時代特徵的嚴峻考驗和戰鬥，你們會發現英聯邦和英帝國是你們理想的盟友，而你們與他們的聯合，除了因為國家政策和共同需求之外，還有其他的深厚連繫。在相當程度上，那是血緣和歷史的連繫。作為新舊兩個世界的後代，我自然意識到這些關係。

法律、語言和文學都是不可或缺的要素。大西洋兩岸的英語民族共享

義大利攻勢與白宮行

著一種共識，亦即對是非的共同意識，尤其強調對弱者與貧者的公正。他們對公正無私的司法制度懷有深刻的敬意，尤其珍視個人自由的精神，正如吉卜林所言，「不是由於他人的許可，而是在法律的庇護下，自由自在地生活。」我們與你們同樣堅定地秉持這些信念。

從根本上，我們不與持有此類觀念的民族交戰。我們的敵人是暴政。無論它披上何種外衣或採取任何偽裝，無論它使用哪種言辭，無論是對外還是對內，我們必須隨時保持警惕，常備不懈，以便隨時消滅暴政。在這些方面，我們攜手並進。不僅在戰火紛飛的戰場上和空中共同奮戰，我們還要在捍衛人類權利與尊嚴的理念上同樣努力。

隨後，我提及了我們的聯合參謀長委員會。

目前，英美聯合參謀長委員會正採取持續而強而有力的行動。該委員會在羅斯福總統與我作為英國戰時內閣代表的直接指導下運作。它依賴由各級參謀組成的精密組織，管理我們所有的人力和物力資源，實際指揮英、美兩國的軍隊、艦船、飛機及軍需品，彷彿這些資源屬於同一國家。我不能說在這些高級專業人員之間沒有任何分歧。如果沒有，那是不切實際的，這正是為何每兩、三個月需要召開一次主要負責人的全體會議。所有成員現在都更加了解彼此並互相信任。他們對彼此表示好感，並且多數人已經是長期合作。在會議期間，他們以極其公正的態度和直率的語言對問題進行徹底討論，但幾天後，羅斯福總統和我便能收到他們提供中肯且一致的意見。

這是一項極為卓越的制度。在之前的大戰中，並無類似的組織。兩個盟國之間，從未存在過這樣的機構。在地中海戰區，艾森豪將軍的總部，這種制度的展現形式尤為緊密，因為在那裡，所有事務徹底融合，士兵由最高司令官或副司令官亞歷山大將軍派遣作戰，全然不考慮他們是英國人、美國人還是加拿大人，而僅依據作戰需求。

在我看來，如果在戰爭結束後，我們兩國的政府或其中一方選擇棄用

這個既順利運作又極其強大的機構,那將是極為愚蠢且缺乏遠見的。為了自身安全以及世界其他國家的穩定,我們必須在戰後繼續維持並運用這個機構,可能需要持續許多年。不僅要等到我們建立起某種能夠維持和平的世界組織,還要等到我們確信該組織能夠提供防止危險和侵略所需的保障。經過兩次世界大戰,我們已經被迫尋找這樣的保障。

遺憾的是,如今不理智的觀點已經廣泛流傳!

按照慣例,我將正式會議的總結提交給各自治領總理。我們計畫所依據的規模,以及顯然不夠緊湊的時間表,讓史末資陸軍元帥感到失望。正如讀者所知,我一直感到欣慰的是,我們的願望完全一致。我們之間的電報往來,真實且詳細地說明了當前關鍵時刻所面臨的戰爭主要問題。憑藉我在最高職位上獲得的所有知識,我向一位我深知的人充分說明情況,這不僅不是一種負擔,反而讓我如釋重負。

史末資將軍致首相

1943 年 8 月 31 日

我希望以私密方式向您表達我對戰爭進展的某些憂慮。

若你的觀點與我不一致,請無須在意我的抱怨之辭。然而,若你贊同我的看法,應正面回應這個問題。

從阿拉曼到突尼西亞的中東戰役顯然展現了正向的精神,但自那之後,我察覺到軍事行動的節奏變得緩慢。從突尼西亞到西西里島的登陸耗費了數個月,而在西西里島戰役之後,正當作戰形勢緊迫時,我們卻出現了奇怪的停頓。儘管我們擁有龐大的資源,但若將英、美的努力與同期俄國的對比,難免引發一些令人尷尬的問題,這些問題在許多人心中無可避免。相較之下,我們在陸地上的作戰規模顯得微不足道,速度也不盡如人意。我們常常誇耀生產成就,尤其是美國的巨大生產能力。經過將近兩年的戰爭,美國的作戰部隊理應十分龐大。然而,面對大部分德軍的仍是俄

國人。航運等困難是造成這種差異的部分原因,但並非全部。我深感不安的是,我們陸地上的作戰行動在規模和速度上存在諸多缺陷。我們的海軍保持著一貫的最高標準,空軍也有輝煌戰績。然而,陸地作戰的榮譽幾乎全歸於俄國人。鑒於他們在廣闊戰線上的作戰規模、速度和卓越的策略,他們理應獲得這樣的榮譽。

毫無疑問,我們的軍事行動有待改進,與俄國相比,我們不必然顯得遜色。在大眾眼中,俄國似乎正在贏得戰爭。如果這種觀感持續下去,我們在戰後與俄國相比的國際地位將會如何呢?我們的全球地位將發生巨大改變,使俄國在國際外交中居於主導地位。這不是我們所需要的,也不是我們所期待的,尤其對英聯邦而言,影響將極為負面。除非我們在戰爭結束時能擁有對等的地位,否則我們將面臨既不愉快又危險的境地……我尚不清楚魁北克會議的具體計畫,但我假設它已經制定並通過了最佳方案。然而,方案的執行效率如何?如果我們的行動遲緩,將會帶來嚴重的風險。

史末資將軍致首相

1943 年 9 月 3 日

在上次批評我們戰爭進展的電文發出後,我必須坦言對魁北克計畫感到失望。因為我認為,在戰爭的第 5 年,尤其是當我們的戰爭命運最近發生了巨大變化時,這樣的計畫顯得極為不足。它只增添了我對未來的疑慮和恐懼。計畫未能公正評估我們現有的真正實力,並可能嚴重影響民眾的鬥志及未來與俄國的關係。我們能夠做出更大的努力,且應以更大的勇氣面對當前局勢。

事實上,該計畫僅建議延續和加強當前的轟炸及反潛戰,奪取撒丁島、科西嘉島和義大利南部,並從這些地方轟炸北方地區。隨後,我們將穿越義大利崎嶇的山脈向北推進,而在抵達義大利北部和德國的主要防線

之前，這場戰役可能會耗費大量時間。到明年春天，若法國的空中和地面形勢對我們有利，我們才會大規模渡過海峽；也許還會從南面進攻法國，但這僅作為牽制行動；巴爾幹半島留給游擊隊，我們僅以空軍支持他們。

這便是西方戰場的整體策略。在東方戰線，我們打算實施跳島作戰，這個策略預計在明年年底前，或將促使我們進攻敵人在加羅林群島的主要基地。雖然暫時容許敵方掌控印尼的資源，我們正準備全力打通緬甸的通道，並透過空運盡可能支援中國。此外，計畫中還包括對緬甸進行一些尚未明確的兩棲作戰行動。

在我看來，轟炸是該計畫中唯一具有顯著意義的部分。其他部分依然是小規模行動，與我們過去兩年的行動相似。毫無疑問，這個計畫絕不是在戰爭現階段我們應付出的重大努力，而且它也未能充分利用我們顯著改善的作戰地位。如果到1944年底，我們對敵人主要陣地的攻擊仍然零碎，我們可能會面臨輿論的強烈批評，這是理所當然的。我們的行動與俄國的巨大努力和重大成就相比，顯得極為遜色，俄國可能因此認為，他們對我們的懷疑是有根據的。

在缺乏內部顧問情報的情況下，我也難以提出替代方案。然而我堅信，我們能夠並且應當採取比魁北克計畫更熱切的行動，因魁北克計畫可能不當延遲戰爭，並帶來我在之前電文中提到的各種風險或可能性。我支持轟炸政策、反潛戰役和大規模跨越海峽的攻擊。然而，在地中海地區，我們應在占領撒丁島和科西嘉島後，立即進攻義大利北部，而不是從南向北推進整個半島。我們應迅速占領義大利南部，並向亞得里亞海岸前進，再從那裡找到合適的據點，發動對巴爾幹半島的真正攻勢，並增強巴爾幹半島的復興力量。這將迫使土耳其參戰，並使我們的艦隊進入黑海。我們將在黑海與俄國會合，提供補給，使其能從東面和東南面進攻希特勒的核心堡壘。鑑於俄國前線戰局的巨大變化，我認為這並非一個過於雄心勃勃的計畫。

義大利攻勢與白宮行

在深思熟慮之後，我給予史末資以下回覆：

首相致史末資陸軍元帥

1943 年 9 月 5 日

我已接獲你發來的兩封電報。

1. 目前在義大利半島南端進行的攻勢，顯然只是即將展開大規模進攻的前奏；若此行動成功，它將帶來深遠的影響。我們期待不久後能在義大利建立一條縱貫南北的強大戰線，並盡可能向北推進。這樣的戰線需要從地中海調動約 20 個師的兵力，若敵人在此地發動反攻，我們可能還需要額外的增援。

2. 我早已迫不及待地想進入巴爾幹半島，那裡的一切進展都十分順利。我們必須觀察義大利戰爭的發展，然後才能決定：除了派遣突擊隊和特務人員以及提供物資供應外，還能採取什麼其他行動。然而，整個巴爾幹半島的戰火已經燃起，加上義大利分布在全境的 24 個師的軍隊不再服從指揮，停止戰鬥，只是試圖返回國內，這樣，德軍很可能被迫撤退到薩瓦河和多瑙河一線……

3. 我相信，在現階段不宜請求土耳其參戰，因為我們現有的軍隊在地中海中部已經能夠更有效地利用。這個問題可以在今年稍後的時間再與土耳其討論。

4. 儘管地中海地區的緊迫需求和各種計畫已經將我們的資源耗盡，但為了 1944 年春季「霸王」作戰的部署，我們仍然需要在 11 月之後從地中海戰場調出 7 個師。為此，所有可供集結的軍隊運輸船隻，除了美國在太平洋使用的之外，都將用於持續運輸美國的部隊和空軍。今年我們的船舶沒有一艘閒置，但目前在英國的美軍仍僅有兩個師。按照上述日期集中更多軍隊在物質條件上是不可能的。我們可以用兵力大致相當的英國師來配合美國遠征軍，但在初期突擊結束後，軍隊編制必須完全依賴美國軍隊，因為屆時我們將面臨兵力枯竭的情況，甚至現在我也不得不請求美國人暫

停調運作戰部隊，以便優先輸送數千名工程人員，協助我們修建為美國軍隊集結所需的各種設施和營地。

5. 在歐洲實施的這些計畫，加上空中攻勢與海上戰爭，徹底耗盡了我們所有的人力資源和運輸能力。我們必須正視這個事實：我們的狀況與俄國的情況無法相提並論；俄國是一個擁有近兩億人口的國家，除了戰爭損失之外，早已將全部力量整合為一支龐大的國家軍隊，並且部署在兩千英里的地面戰線上。這又是我們必須面對的一個事實。

6. 我相信戰後，俄國將無可避免地成為全球最強大的陸上強國，這將使其免於日本和德國這兩個軍事強國的威脅。在我們這一代人的記憶中，這兩個國家曾對其造成過嚴重的打擊。然而，我希望英聯邦與美國的「兄弟聯合」，藉助海軍和空軍的力量，能夠使我們至少在戰後的重建時期，與俄國保持和睦相處和友好的關係。至於更長遠的未來，我無法以凡人的眼光預見，也尚未發現任何能洞悉未來的「千里神眼」。

7. 在東方，我們英國人並不缺乏兵力，但參與戰鬥卻面臨困難，猶如美國在大西洋和太平洋的情形。海運的緊張狀況影響著所有海外及兩棲作戰的行動。此外，緬甸的叢林、山岳以及長達半年的雨季亦是挑戰。然而，一場激烈的戰役還是展開了。我將年輕的溫蓋特帶到魁北克，計劃將他從准將提升為軍團司令，並以最快速度籌建一支強大的、適應目標的叢林部隊，以便在次年1月發起攻勢。蒙巴頓的任命預示著一種新型且範圍廣泛的兩棲作戰行動，我正全力推動其實現，具體細節將在我們會面時向你詳述。

8. 請相信，親愛的朋友，對於你寄來的兩封批評電報，我毫不在意。我堅信，如果我們能相聚兩、三天，我定能化解你的憂慮，除了那些真正值得擔憂的固有問題。我日夜努力加快行動並減少組織的官僚主義。在大西洋這邊，我正等待即將對義大利的攻勢及其反應，但我希望能在議會開會時回國，並期待屆時你至少已經在前往英國的路上。

義大利攻勢與白宮行

　　史末資在看到這份詳盡的說明後，心中稍感寬慰。「你的電報，」他說，「給了我極大的安慰。它明確指出，派往義大利的 20 個師遠征軍能夠遍布整個半島，並建立起另一條真正的戰線。」然而，僅過了一天，他又發來電報稱：

1943 年 9 月 9 日

　　我建議，在地中海取得勝利後，我們應將目標轉向義大利和巴爾幹半島，而非執行目前的橫渡海峽計畫。這個計畫要求遷移到新的戰場，若沒有空中攻勢削弱敵軍力量，則需要大量兵力且風險巨大。海峽計畫的準備工作應放緩或暫時擱置，同時加大轟炸力度，以為最後的軍事突擊做準備。

　　若我們希望從各自獨立的視角繼續和諧地解決問題，我必須立刻糾正這個最終建議。身在遠離華盛頓、孤立無援的史末資無法理解支配我們共同思想的氛圍和相互協調的狀況。

首相致史末資陸軍元帥

1943 年 9 月 11 日

　　我們絕對不能中止與美國已經制定的「霸王」行動計畫的實施。由於潛艇戰的緩和以及義大利局勢的變化，我們目前獲得了額外的運輸能力，這或許能讓我們擴大「雪崩」行動計畫中對義大利遠征的兵力規模。我希望你能理解，英國對「霸王」行動計畫的承諾，是英、美合作關係的核心基礎。我個人認為，現有的力量足以讓我們同時進行這兩項行動，而且我確信這是正確的策略。

　　與此同時，在義大利的進攻行動業已展開。9 月 3 日拂曉時分，第 8 集團軍的英國第 5 師與加拿大第 1 師成功渡過墨西拿海峽。事實上，我軍幾乎未受到任何抵抗。勒佐迅速落入我方之手，部隊正沿卡拉布里亞狹窄的山道挺進。亞歷山大於 9 月 6 日電告稱，「德軍正在實施防衛戰，其破

壞行為更甚於戰鬥……今晨，在勒佐，未聞警報聲，亦未見敵機蹤影。相反，在這宜人的夏季日子，各類海軍艦艇載著士兵、必需物資和武器彈藥，穿梭於西西里島與半島大陸之間。在如此活躍的氛圍中，這個情景更似和平時期的快艇競賽，而非戰時的激烈作戰。」

短短幾日內，第8集團軍的各師已經推進至洛克里和羅薩諾。當一個步兵旅從海上在皮佐登陸時，僅遇到德軍撤退時留下的殿後部隊。雙方並未展開戰鬥，但由於當地惡劣的自然條件、敵方的破壞以及敵軍精心指揮的小規模防衛戰，部隊的推進遭到了嚴重延誤。

首相致亞歷山大將軍

1943年9月7日

1. 感謝收到關於義大利半島地區戰況的來電。請明確告知空降師試圖占領羅馬的行動可能導致的情況，以及如何將該行動融入你的計畫。我們完全支持你所提出的大膽策略，儘管我們只能假設細節是準確的。

2. 關於你提到的塔蘭托，我也非常感興趣。你認為何時對該港發動進攻最為合適？

3. 我依然非常關注「雪崩」戰役後的軍隊編制問題。若你能使那不勒斯港恢復正常營運，你就能每週派遣兩個師登陸。請告知你計劃派遣我軍進入義大利的順序。紐西蘭師、波蘭師、第4印度師、第1裝甲師以及其他真正的精銳部隊將在何時參戰？看起來，你可能需要維持一條至少和突尼西亞戰役最後階段一樣寬的戰線——大約170英里——而且沒有人敢斷言，若德國人有時間，他們是否會對我們這條戰線發起真正的攻擊。

4. 我在此與羅斯福總統一同等待「雪崩」戰役的結果，完成後便即刻啟程返回國內。然而，我期望在10月上旬前往你處，屆時馬歇爾將軍也會從美國趕來。到時候，我會向你說明一些重要情況。

義大利攻勢與白宮行

亞歷山大回電稱，由於義大利政府無法宣布停戰協定，他必須進行某些調整。第82美國空降師無法空運至羅馬地區，因為義大利方面尚未做好接待準備，而且德國人可能已經控制機場。「雪崩」戰役仍按計畫進行，但沒有空降部隊參與。第1空降師約3,000名士兵搭乘海軍艦艇前往塔蘭托，預計於9月9日抵達，尚不確定他們將受到何種接待。由於塔蘭托港可能提前開放，他希望向義大利增派兵力。

與此同時，我們對羅得島及愛琴海其他島嶼的奪取行動已然展開。隨後的章節將對此進行詳細描述。

在白宮書房內，與我一同用餐後，羅斯福總統和我正在閒聊時，龐德海軍上將因海軍事務的問題前來。我注意到，這位我一直信賴的海軍朋友，已不復擁有他那一貫的踏實和細緻。羅斯福總統和我都意識到他可能身患重病。次日清晨，龐德來到我的房間，突然道：「首相，我來辭職。我患有中風，右側身體大部分失去知覺。我曾期望康復，但病情卻日益加重，已經無法繼續履職。」我立即接受了他的辭呈，對他的健康惡化表達了深切的同情。我告訴他，他的職責已經結束，並極力勸他多休息幾天，然後與我搭乘「聲威」號軍艦返回國內。他當時保持著自制，舉止依然莊重。他一離開，我便通知海軍部，由西弗萊特海軍中將暫代其職，直至新任第一海務大臣上任。

9月9日，我與羅斯福總統在白宮進行了正式會晤。帝國總參謀長和空軍參謀長已在數日前返回倫敦，陪跟我出席的有迪爾陸軍元帥、伊斯梅以及駐華盛頓的英國三軍參謀長代表。羅斯福總統則由萊希、馬歇爾、金與阿諾德陪同。關於義大利艦隊向我方投降的幾封電報，為我們會議的開始增添了愉悅的氣氛。我表達了我的願望：無論義大利艦隊抵達何地，盟國應給予禮遇。

為了迎接此次會議，我事先準備了一份致羅斯福總統的備忘錄，並在

當天早些時候將文件交給了他。他希望我在會上宣讀，並認為該備忘錄的內容可以作為我們討論的基礎。

1943 年 9 月 9 日

1. 在我們分別前，召開一次聯合參謀長委員會的全體會議顯然是適當的。此次會議的目的在於根據以下假設來評估即將出現的全球局勢，這些假設包括：當前進行的那不勒斯戰役和羅馬戰役將取得勝利，德國將撤退至亞平寧山脈或波河一線。

2. 若我們接收了義大利艦隊，那麼我們不僅獲得了該艦隊，還增加了英國艦隊，因為英國艦隊一直在該地區制衡義大利艦隊。我們海軍的力量在得到如此強大的增援後，應盡快用於增強對日戰爭。我已經請求第一海務大臣和金海軍上將商討，調派一支由巡洋艦及輔助艦組成的強大英國作戰分艦隊，經巴拿馬運河和太平洋，前往印度洋。明年兩棲作戰期間，我們需要一支以可倫坡為基地的強大東方艦隊。如果該艦隊在抵達印度洋基地駐紮之前，能在美國太平洋司令部指揮下服役，並在太平洋參與至少 4 個月的有效戰鬥，我將非常滿意。我們不能讓艦艇閒置。然而，我不清楚，這支增援力量到達後，如何增加美國太平洋部隊的任務承擔。即便不談戰略問題，從最高政策角度看，英王陛下政府也願參與太平洋戰爭，以便在其能力範圍內，不僅援助同盟的美國，還因其有援助澳洲和紐西蘭的義務。我們的艦隊駛向太平洋並通過太平洋，這個部署無疑將對日本產生瓦解士氣的嚴重影響。日本現在必然意識到我們對其施加了更大的海軍壓力，此外，這項調動在美國也無疑會讓人們感到滿意，因為這確實表明，英國決心在對日戰爭中發揮正面且有力的作用，直到戰爭結束。

3. 我們必須逐漸讓民眾熟悉我們與聯合參謀長委員會的整體構想，即將義大利轉變為對抗德國的重要力量。儘管我們無法承認義大利是一個完全意義上的盟友，但我們已經同意讓其將功補過；有關它對抗敵方的積極行動，我們不僅會提供支持，還會給予報酬。如果戰爭在德國和義大利之

義大利攻勢與白宮行

間爆發，民眾的偏見將迅速消散；如果我們能夠順勢而為，義大利對德國宣戰可能在兩週內取得成功。關於義大利船隻懸掛義大利國旗的問題，甚至在英國或美國控制下的船隻上安排義大利船員的問題，都需要仔細考慮再作出決定。至於如何處理和充分利用義大利海軍的整體問題，目前仍需最高層級進行稽核。

4. 假設我們在那不勒斯區域取得了決定性的勝利，我相信我們會一致同意向義大利半島北部推進，直至接近德軍的主要陣地。如果義大利各地對我們懷有善意，而他們的陸軍也向我們投降並提供支援，那麼，至多 12 個師的義大利軍隊對我們防守貫穿義大利的戰線以及盟軍的換防將極為有利。如果在那不勒斯的戰事結束後，我們在德軍主要防線的南側未受到強烈抵抗，那麼我們不應以薄弱的兵力長期面對敵人。我希望最遲在今年年底，我們應以充足的力量與敵人對峙。如能更早實現，那將更為理想。「霸王」作戰計畫絕對不能被削減。在這個關鍵時刻，我們不應忘記，我們曾一致同意自 11 月初起逐步撤出 7 七個師。更為重要的是，讓義大利各個師與我們並肩作戰。我們的國家政策也需要與實現這個目標保持一致。

5. 鑒於這些新的可能性，我一直在反思 1944 年的戰役，我依然堅信，當我們向北推進時，應盡量避免越過義大利半島的狹窄地帶。倘若德軍退入阿爾卑斯山，則情勢會有所不同，但若非如此，為了「霸王」行動的需求，在倫巴底平原擴展戰線似乎超出我們的能力範圍。我們還需考慮到，德軍可能會在內線作戰中增派比我們年底駐守在義大利更為強大的兵力，以對我們的戰線施加壓力。我們不能排除德軍發起強力反攻的可能性。我希望我們能考慮這一點：在逼近德軍主戰線時，是否應為本身修建一道深厚且堅固的防線。為此目的，可以大規模動用義大利的軍工力量。義大利部隊當然可以參與防守這條戰線的任務。如此一來，到明年春天，如果敵人力量薄弱，我們便能在此戰場上發起攻勢，或至少威脅敵人；或者保持防禦，僅利用我們在這段時期建立的、從防線後起飛的空軍，同時

將部分軍隊調往東、西方其他地區作戰。我希望對此進行研究。

6. 我們兩人都意識到巴爾幹半島局勢的重要性。我們必須確保當前專注於戰役的地中海最高司令部不會忽略巴爾幹愛國武裝部隊的需求。義大利軍隊的問題需要立即研究。今天宣布了中東總司令威爾遜將軍的就任命令，在現狀下，考慮得很周全，但我們需要更清楚地了解其確切意圖。假如義大利人能被吸收到對德戰爭中，這可能會產生深遠的影響。我們確實不必從巴爾幹半島的底端向上進攻。如果我們能夠促成巴爾幹愛國者和義大利部隊的協定，這或許能迅速地在達爾馬提亞海岸開闢一個或多個優良港口，使物資和糧食能夠透過海運進入，並使所有服從我們命令的部隊提升作戰能力。德國人在這個地區的形勢將變得非常危險，尤其是從物資供應角度看。當貫穿義大利北部的戰線建成之時，我們可以從地中海戰場抽調部分兵力，增強從達爾馬提亞港向北和東北的推進。現在應全力組織整個巴爾幹半島的力量向德國人進攻，並提供特務、武器和正確的指示。

7. 最後，關於島嶼問題的時機已經成熟。我認為，撒丁島很快就會落入我們的掌控，但我們可能需要向義大利軍隊提供一些援助，以解除當地德軍的全部武裝。科西嘉島上的德軍可能已經疲憊不堪，但顯然那是法國遠征軍的任務。即便法蘭西民族委員會只能派出1個師，也可能在短時間內解放該島，而我們無疑可以從當地徵集一、兩個師的壯丁。威爾遜將軍的電報提到，對羅得島及多德卡尼斯群島其他島嶼的軍事行動進展順利，但我尚未確信中東駐軍在當前情況下得到了充分利用。我將立即調查所有營級以上部隊的具體駐地，並希望他們能籌建臨時的遠征和駐守部隊，以展開各種小規模的軍事行動。

8. 我們必須預見在保加利亞、羅馬尼亞和匈牙利會出現深遠的反應，而這些反應將進一步在土耳其人中引發運動，無需我們提出請求或承擔義務。所有這些都需要在軍事和政治層面進行最高級別的研究，我認為，如果你同意，我們不妨在今天下午進行初步的審查。

義大利攻勢與白宮行

　　根據上述備忘錄中所列的各項要點，我們雙方原則上達成了廣泛的協定，參謀長們在接下來的幾天內商定了所需的必要措施。

　　翌日，羅斯福總統離開華盛頓，返回海德公園的家中。他允許我使用白宮，不僅作為住所，還可以用於我想召開的任何會議，無論是與聚集在華盛頓的英國帝國代表，還是與美國軍事領導的會晤；若我認為有必要，可以毫無顧忌地召集另一場全體會議。我充分利用了如此慷慨提供給我的便利。因此，由於大家普遍希望了解義大利局勢的迅速變化，以及在那不勒斯所展開激烈又緊迫的戰鬥進展，我於 9 月 11 日在白宮召集並主持了另一場會議。美國方面的代表有萊希海軍上將、馬歇爾將軍、金海軍上將、阿諾德將軍、哈里．霍普金斯、艾夫里爾．哈里曼和盧．道格拉斯。我則率領迪爾和伊斯梅以及聯合參謀長委員會的我方三名代表。

　　我們全面討論了當下的所有問題。馬歇爾將軍彙報了那不勒斯地區的戰事及德軍師團的快速增援情況。阿諾德將軍提到，目前我們在義大利上空參戰的飛機數量約為 3,000 架，這個數目超過了各個戰線上德國空軍的總和。我強調了關於在義大利本土增強我方兵力的那項不容忽視的提案。我指出，到 12 月 1 日，我們能夠集結的兵力僅有 12 個師，這個數字讓我感到震驚。當前的重中之重是，派遣所有能夠調派的師以迅速增加我們在義大利的軍力。即使一個師提前兩週抵達，也可能帶來重大影響。馬歇爾將軍完全贊同我的看法，並表示應竭盡全力。

　　他隨後告訴我們，美國空軍在南太平洋戰場上出色地完成了空降任務。由於他們在馬克漢姆河谷的成功降落，加之從海上發起的攻擊，使得駐紮在當地的八千至一萬名日本守軍陷入孤立。美軍正向薩拉馬瓦發起炮擊並逼近萊城。機場即將被我們占領，敵方的其他機場也將無法堅守，整個海上局勢必隨之改變。日軍在新不列顛島的陣地即將陷入困境，此外，日軍似乎也有撤出索羅門群島的跡象。

在白宮會議室，我有幸主持了這場英美聯合參謀長委員會與相關負責當局的會議，這不僅對我而言是一種榮耀，似乎在英、美兩國的歷史上也具有重大意義。

義大利攻勢與白宮行

薩萊諾戰役與歸航

9月8日晚,亞歷山大發來一封「齊普」電報。當晚,盟軍龐大的艦隊接近薩萊諾海灘時,他們從英國廣播中獲悉義大利投降的消息。這個消息在士氣高昂的士兵中引發了意外的震動,暫時緩解了他們的緊張情緒,並帶來了一種不利的心理影響。不少士兵認為,他們次日的任務將變得輕鬆。軍官們立刻努力糾正這種看法:他們指出,無論義大利人可能會採取什麼行動,德軍必定會頑強抵抗。人們感到戰爭已近尾聲,但正如坎寧安海軍上將所言,若不及時宣布停戰協定的存在,將是對義大利人民的背信棄義。

在一支強大的英國艦隊保護下,突擊船隊駛入薩萊諾灣,幾乎只遭到了小規模的空襲。敵方知曉他們的逼近,但直到最後一刻,才確定攻擊具體會發生在何處。

黎明前,克拉克將軍指揮的第5集團軍開始登陸。美國第6軍和英國第10軍發起突擊,英、美突擊隊則攻打北翼。護航船隊在海上早已被敵人發現,而艾森豪將軍前一夜的廣播,使附近的德軍迅速行動。他們解除義軍武裝,接管防禦工事,並充分利用現代武器在抗登陸初期的優勢條件。我們的士兵在涉水登岸時遭到了精準炮火,傷亡慘重。提供空中掩護極為困難,因為許多戰鬥機需要從遠距離的西西里島飛來,但他們得到了航空母艦飛機的支援。

美國第6軍在登陸後迅速推進,到9月11日晚已經深入10英里,但右翼又撤回至海岸。英國第10軍則遇上更強的抵抗,成功占領薩萊諾和巴蒂帕利亞,蒙特科爾維諾機場亦被奪下,但仍在敵方炮火射程內,無法

薩萊諾戰役與歸航

為戰鬥機提供急需的加油服務。德軍迅速作出反應，將部分正在義大利南部抵抗英方第 8 集團軍的部隊調至新戰場，從北方調來 3 個師的大部，從東方調來 1 個傘兵團。由於船隻，尤其是小型艦艇的短缺，我方增援部隊的調動速度較慢。儘管因西西里島戰損而削弱，德軍空軍仍極力反擊，其新型無線電控制滑翔炸彈對我方航運造成損失。盟軍空軍全力阻撓敵軍增援並摧毀其集結點。我方軍艦進入薩萊諾灣，以重炮支援。英國第 8 集團軍在蒙哥馬利督促下迅速推進，與承受重壓的第 5 集團軍會合。這些努力有助於擊敗德軍，據一位德國高級軍官稱，德國空軍失去力量及對我方海軍炮擊缺乏防禦能力是決定性因素。

當薩萊諾戰役正在如火如荼進行時，不僅亞歷山大將軍，還有肩負重任的坎寧安海軍上將，對塔蘭托展開了一次卓越的攻擊。由於這次冒險的成功，他們都應獲得至高無上的榮譽。這個一級港口能夠容納整整一支集團軍。當時，義大利突然向我們投降，在亞歷山大看來，這是一個值得冒險的機會。我們沒有任何運輸機來空運英國第一空降師，也沒有任何常規船隻將他們從海上運送，於是 6,000 名精銳士兵乘坐英國軍艦出發。9 月 9 日，也就是薩萊諾海灘登陸的同一天，這些軍艦勇敢駛入塔蘭托港，將部隊送上岸，沒有受到任何抵抗。我們的 1 艘巡洋艦因為觸雷而沉沒，這是我們海軍在該行動中唯一的損失。

按照計畫，我和未搭乘飛機返回英國的隨行人員將經由海路回國，「聲威」號軍艦在哈利法克斯港等待我們。途中，我下車與羅斯福總統告別。因此，在薩萊諾戰役打響時，我正在海德公園與他會面。9 月 12 日夜，我再次登上火車，於 14 日清晨抵達哈利法克斯港。旅途中收到的各種報告和新聞讓我感到憂慮不安。顯然，一場極為緊迫且曠日持久的戰鬥正在展開。由於我一直倡導這種海上登陸，並認為對此次任務的成敗負有特殊責任，因此特別關注。奇襲、猛攻和迅速決戰是所有兩棲登陸的關

鍵。在登陸後的最初 24 小時內，海軍力量可以隨意選擇攻擊地點的優勢很可能已經不復存在。原本只有 10 人駐守的地方，很快可能增至萬人。我回憶起往事，想到斯托普福德將軍，1915 年他在蘇夫拉灣的海灘上等待了近 3 天，而與此同時，馬斯塔法·凱末爾從布萊爾戰線調動兩個土耳其師，前往原本未設防的戰場。我還有一次更新的經歷，當奧金萊克將軍駐守開羅總部時，從他的最高指揮位置，用傳統視角觀察我所他指揮廣闊且多變的戰場，而此時，決定戰局的戰役在沙漠中正對他不利。我對亞歷山大非常信任，但當我們的火車在諾瓦斯科夏的田野中隆隆駛過時，我仍然憂心忡忡地度過了一天。最終，我擬定了一封給亞歷山大的電報，我相信他不會因此不悅。這封電報在我們的船啟航後才發出。

首相致亞歷山大將軍

1943 年 9 月 14 日

1. 我希望你特別關注極為重要的「雪崩」作戰計畫。參與行動的指揮官們，過去沒有人執行過如此大規模的戰鬥。蘇夫拉灣戰役之所以失敗，是因為伊恩·漢密爾頓聽從了參謀長的建議，而待在一個遙遠的指揮中心，期望從那裡能夠掌握全局。如果他當時親臨前線，他原本可以防止這場慘敗。由於我現在身處遙遠之地，再加上時間的延遲，因此不敢自稱能判斷一切，但我感到有責任與您分享我的過往經驗。

2. 應竭盡全力為那不勒斯的決戰提供支持。

3. 任何你所需之物，只需提出要求，我將以最高優先順序別，不遺餘力地為你分配所需的資源。

他的回覆快速且令人安心。

薩萊諾戰役與歸航

薩萊諾的亞歷山大將軍致函於海上的首相

1943 年 9 月 15 日

　　我相信，當你得知我已經預見到你的睿智建議時，你定會感到欣慰。目前，我正與第 5 集團軍同在。對於你指出提供協助的建議，我深表感激。我們正在竭盡所能，確保「雪崩」行動計畫的成功。其成敗將在數日內揭曉。

　　我也倍感欣慰地獲悉，坎寧安海軍上將果斷地將幾艘戰鬥艦冒險駛近海岸，以支援陸軍。9 月 14 日，他派遣「沃斯派特」號和「英勇」號前往前線，這兩艘艦船引領義大利艦隊的主要艦隻，駛向投降地點，剛剛抵達馬爾他島。它們在次日即參與戰鬥，並在空軍的指引下精準地用重炮轟擊敵人，給友軍和敵軍都留下了深刻印象，並在擊退敵人方面，發揮了重要作用。不幸的是，「沃斯派特」號在 16 日下午遭到一枚新型滑翔炸彈的襲擊，導致其失去戰鬥能力。關於這種滑翔炸彈，我們已有一些了解，未來還會獲得更多資訊。

首相（於海上）致坎寧安海軍上將（位於阿爾及爾）

1943 年 9 月 15 日

　　我很高興你派遣「沃斯派特」號和「英勇」號參與戰鬥。此次戰役極為關鍵，你採取的特別措施是完全合適的。

　　請代我向他們傳達最誠摯的祝福。

　　下述電文亦已遞送至：

總理史達林致函總統羅斯福和首相邱吉爾

1943 年 9 月 14 日

　　我向你們表示祝賀，恭喜取得新的勝利，尤其是在那不勒斯的登陸。那不勒斯的成功登陸和義大利與德國的分裂，無疑給希特勒的德國帶來了

新的打擊，並將極大地鼓舞蘇聯軍隊在蘇、德戰場上的戰鬥。目前，蘇聯軍隊的攻勢正在順利展開。我相信，在接下來的兩到三週內，我們能夠取得更多的勝利。我們很可能在短期內重新奪回諾沃羅西斯克。

登上「聲威」號軍艦的體驗令人感到輕鬆愉悅。這艘極為壯觀的船隻停泊在碼頭邊。龐德海軍上將已經登船，他直接從華盛頓過來。他的舉止如常，任何人見到他都不會認為他身體有恙。在返航途中，我邀請他與我們共進晚餐，但他表示更願意在他的船艙中與參謀們一起用餐。半小時後，我們啟航，經過6天曲折的航行橫渡了大西洋。

薩萊諾的戰鬥在這些日子裡持續進行，未曾間斷。電報接連不斷地傳來。承蒙亞歷山大的厚意，我得以知曉所有詳情，他那生動的電報讓我看到了戰局的整體情況。

亞歷山大將軍致首相（在海上）

1943年9月16日

我剛從對第5集團軍前線的廣泛視察中歸來。我與兩軍的軍長、所有師長以及前線的幾個旅長進行了會面。關於戰爭的形勢，儘管我並非完全樂觀，但相比24小時之前的看法有所改善，原因如下：

自從9月13日晚間以來，德軍並未發起猛烈攻擊。這為我們爭取了時間，使我們得以稍微加強陣地，使極度疲憊的部隊獲得休整，並獲得了一些人力和物資的增援。第8集團軍也逐漸靠近。我能夠對他們進行激勵，並發出一些指示，其中最重要的如下：堅守已占領之地；透過挖掘戰壕、設置鐵絲網和埋設地雷等方式，不惜一切代價鞏固主要陣地；整頓分散的各類部隊和編制；組織地方後備隊及盡可能強大的機動後備隊；通知各部隊：第8集團軍正在迅速接近，增援部隊日夜不停地抵達。當前的弱點在於：德軍在我們集結足夠兵力維持首次占領陣地前，能更快速集中強大兵力；德軍控制了大多數制高點，從高處監視我們，直至海灘。我們的

薩萊諾戰役與歸航

部隊已應極度疲憊。縱深陣地稀少，我們暫時失去了主動權。昨夜，我們的空軍在敵後阿韋利諾地區空降了一支傘兵營，第82師的1,600名士兵也於昨夜空運抵達。我已與海軍商定，用巡洋艦從菲利普維爾運送1,500名英國步兵增援到此地，預計在48小時內抵達。我已經催促美國第3師迅速前來，該師將在18日登陸。

第7裝甲師的首批成員預計今晚抵達，然而，登陸及集結過程尚需數日才能完成。一支步兵旅亦會在今晚抵達。我們已經新建三座小型機場，「噴火」戰鬥機正從薩萊諾及周邊地區起飛執行任務。

所有空軍部隊目前正全力聚焦於這個作戰區域。我們將重新掌握主動權，一旦累積到足夠的實力，便會著手奪取關鍵據點。願上帝庇佑我們的事業，憑藉些許運氣，必將確保我軍的勝利。

首相（在海上）致亞歷山大將軍

1943年9月16日

我對「雪崩」戰役的情感，可以用福煦的名言「抓住一切」來形容。海軍派出重型軍艦參戰，此舉無疑是明智的，因為這是一場影響深遠的戰鬥。我認為你正在取得勝利。

首相致亞歷山大將軍

1943年9月17日

1. 我欣慰地注意到你已經親自掌控「雪崩」戰役的局勢。正如你所知，我曾對「雪崩」戰役的兵力編組進度感到擔憂。蒙哥馬利計劃在17日讓第8集團軍參戰，這是個好消息。

2. 由於海軍力量對比的優勢，我們在靠近海岸的艦隊中部署了戰鬥艦，這項策略是明智的。

3. 願你事事順遂。請持續告知我最新情況。儘管我當前正航行於大西洋上，但可以隨時接收到所有通訊。

危急的局勢已持續三天，結局依舊未定。巴蒂帕利亞再度失陷，儘管第 56 師因重大損失而削弱，但成功阻止敵軍再次向海岸推進。在美國第 6 軍的防線上，敵軍發現該軍與英軍之間僅有薄弱防禦，於是從北方突入，跨越塞累河，攻勢似乎直指美軍後方的登陸海灘。然而，美軍炮隊的防禦及時遏制了敵軍的前進。盟軍在極為緊迫的情勢下堅守住了陣線。美國第 45 師，原本作為後備隊留在船上，現在全力投入第 6 軍的前線戰鬥。增援部隊已經開始到達，第 7 裝甲師和美國第 82 空降師從海上和空中被運送而來。經過 6 天的激烈戰鬥，儘管我們面臨嚴重危險，但德軍始終未能迫使我們撤退至海上。9 月 15 日，凱塞林意識到無法獲勝，以薩萊諾高地的右翼為中心，開始全面撤退。次日，第 5 集團軍和第 8 集團軍會合。我們贏得了這場戰鬥。

亞歷山大將軍致首相（在海上）

1943 年 9 月 18 日

整體局勢持續改善，主動權逐漸轉移至我方。英國第 10 軍在北部遇上數次較強襲擊，但均被成功擊退。在第 6 軍的前線，美軍已經展開攻勢，戰鬥在阿耳塔維拉仍在繼續。正如你所知，第 5 集團軍與第 8 集團軍的前哨部隊已會合。第 7 裝甲師順利登陸，昨晚已為第 10 軍增援了 1,500 名步兵。約 1,600 名美國援軍將在一、兩天內抵達，美國第 3 師預計在明晚開始登陸。彈藥和補給儲備情況良好。第 8 集團軍正向阿盧伊塔和波坦察推進，但截至我撰寫此報告時，尚未收到其先頭部隊到達何地的報告。英國第 1 空降師在塔蘭托地區快速行動，並已經與加拿大部隊會合，但他們的兵力較弱，僅能對德軍進行騷擾。第 78 步兵師將於 9 月 22 日在塔蘭托登陸，印度第 8 師將於 9 月 23 日在布林迪西登陸。我的當前目標是

組織三支強大作戰部隊：薩萊諾地區的美國第 5 集團軍，第 8 集團軍，以及塔蘭托地區的第 8 集團軍指揮下的英國第 5 軍。我們將從這些堅固基地向北推進。我已經下達命令：第 5 集團軍以薩萊諾西北山地為中心發動攻勢，占領阿韋利諾附近高地；第 8 集團軍要占領波坦察地區。下一目標是：第 5 集團軍占領那不勒斯港，第 8 集團軍攻占福賈地區機場。我不希望過於樂觀地誤導你，我感到滿意的是，我們已經掌控局勢，並能按計畫推進未來軍事行動。

抵達克萊德灣後，亞歷山大傳遞了關鍵性的消息。

亞歷山大將軍致首相

1943 年 9 月 19 日

我可以自信地表示，整體局勢目前相當對我們有利，主導權已經轉移至我們手中……

明日，我將返回位於錫拉庫薩的總部。

9 月 21 日，我撥通了艾森豪將軍的電話，向他表示祝賀，並請他轉達我對克拉克將軍的問候。

首相致函艾森豪將軍（位於阿爾及爾）

1943 年 9 月 21 日

1. 我對我軍成功登陸並向北推進陣地表示祝賀。正如威靈頓公爵在評論滑鐵盧戰役時所言，「這確實是一場勢均力敵的戰鬥」，但你的大膽策略被證明是明智的。若你覺得合適，請代我致電克拉克，我從多方面了解到，他立下了非凡的功績。我們合作的方式，顯然是盟國之間前所未有的。

2. 若能實現，我確實認為非常有必要增派更多法國軍隊至科西嘉島，並派遣一支實力雄厚的英國或美國分遣隊至撒丁島。我們現在已經具備良好的登陸港口，他們無需同時攜帶戰鬥裝備即可抵達，這將對義大利部

隊、法國人及當地愛國者產生激勵作用。

　　3. 關於與義大利政府的合作事宜，我們會竭盡全力為你提供支持。我深信一切將如你所願地順利進行。

　　4. 陸軍元帥史末資將於9月27日（星期一）抵達開羅，暫住在凱西處；4天後，他將在前往倫敦途中經過你的戰場。我對他信任有加，你可以毫無顧忌地與他探討任何問題。他將在倫敦停留數月，承擔英國戰時內閣成員的全部職責。他對當地公共輿論將產生重大影響。若你能給予他最尊敬的接待，我將不勝感激。他是一位偉大的人物，也是我最為敬重的朋友之一。

　　倘若我更早知曉我的孩子們所經歷的事情，我們那愉快的6天航行便會黯然失色。9月初，倫道夫在馬爾他島，為第二特殊空中任務團招募志工。在那裡，他遇到了萊科克准將，這位准將既是他的好友，也是我的朋友。萊科克對即將發生的事情心知肚明，他說：「突擊隊將有一次展示實力的機會。你願意加入嗎？」於是，倫道夫答應了，並在整個戰役中全神貫注地投入工作。

　　瑪麗面臨著另一種截然不同的危險。當「聲威」號軍艦偏航駛入洶湧的波濤時，一名軍官邀請她到船尾甲板散步。他本該知道，在船隻曲折航行時，這樣做是被禁止的，因為無法預測波浪會從何處襲來。當軍艦改變航向時，瑪麗和她的同伴正倚靠在船尾欄杆上。「看哪！」她說，「一道美麗的海浪來了！」軍官察覺到危險，急忙喊道，「抓緊欄杆！」瞬間，一股巨浪將他們衝倒，把他們從甲板捲到右舷的水槽，若非瑪麗被欄杆柱擋住，她定會墜入海中。艦長從船尾大廈後方察覺到情況，正準備下令投放救生圈時，軍艦又回到原航向，致使湧上艦的海水流向另一側，瑪麗在被海水衝回時設法抓住了錨纜。那個不幸的軍官也同樣被海水衝來捲去。最終，他們被救至安全地點，但全身已經被海水浸透。軍官因此遭到嚴厲斥

薩萊諾戰役與歸航

責。所有這些事情,在我們上岸前都對我保密。

在我身邊發生了另一件令人愉悅的事情。隨行人員中有十多名英國皇家海軍婦女隊員,其中一位極為美麗。我的私人祕書萊斯利·羅恩在這幾天的航程中追求她,結果如願以償。然而,他們對此事一直祕而不宣,未讓他人知曉。如今,他們已經快樂地結為連理。

我們抵達時,我收到了一封電報。

羅斯福總統致首相

1943 年 9 月 20 日

你們都已經順利返國,我倍感欣慰,祝願你們旅程一帆風順。此地一切安然無恙。國會已在此召開一週,依然平靜無事。祝你們三位幸福。

薩萊諾戰役一旦告捷,那不勒斯和福賈的機場便呈現在我們眼前。英國第 10 軍與其右翼的美國第 6 軍在維蘇威火山附近擊退敵軍,繼續推進,穿越龐貝和赫庫蘭尼姆的遺址,進入那不勒斯。當前需要集中大量資源修復那不勒斯港口,因為港口已經被經驗豐富的敵人徹底摧毀。然而,美國人在這個領域的專業修復能力取得了顯著成效,不到兩週,該港每日可處理五千噸補給品。附近兩個機場不久之後也投入使用,這對於之前在臨時小型機場運作的我方戰鬥機中隊而言,是極為有利的支援。同時,在東海岸,第 1 空降師於 9 月 15 日已經遠赴喬亞和巴里執行巡邏任務。第 78 師及一個裝甲旅也在第 1 空降師之後陸續登陸,並與第 5 軍總部一起,與第 8 集團軍會合。6 個皇家空軍中隊也從喬亞機場開始行動。敵軍於 9 月 25 日撤出福賈機場。從海上登陸的突擊隊攻占了特爾莫利,並在援軍支持下,抵禦敵人猛烈反攻。

回國幾天後,我向艾森豪將軍發送了一封電報。讀者在閱讀我秋冬季節撰寫的函電和備忘錄時,應牢記這封電報。電報的第二段目的在於確定用於我們作戰計畫的兵力比例,特別是在力量配置不當的地方。希望了解

本書後面章節所述爭論的人，不能忽視這些比例。戰爭帶來了如何正確使用現有人力物力的問題，而我們往往不能簡單地將戰爭歸結為「在一個時期內只做一件事」。

首相致艾森豪將軍（位於阿爾及爾）

1943 年 9 月 25 日

1. 我一直努力在推動多方面的行動，因此我覺得有必要向你陳述我對這些目標的優先排序。

2. 我們應該將 80% 的兵力用於義大利的軍事部署。10% 的兵力用於確保攻占科西嘉島（該島戰事即將結束），以及亞得里亞海戰區。剩餘的 10% 應集中於羅得島。當然，這種分配比例僅適用於資源有限的設備。我認為這些設備主要是登陸艇、運輸突擊部隊的船舶，以及輕型海軍艦艇。

3. 我發給你的這封電報，僅僅是為了讓你了解我的基本想法，因為我不想讓你覺得：我在各個方面都在極力推動行動，而完全忽視了你所面臨資源不足的嚴峻現實。

艾森豪將軍致首相

1943 年 9 月 26 日

我們正仔細分析人力與物力資源，並為該計畫向中東提供必要支持，以確保我們能滿足中東的最低需求。

一旦蒙哥馬利成功地將主力部隊前移得以支援第 5 集團軍的右翼，那不勒斯戰線的行動將能更快速地進行。正如每次聯合行動初期常見的情形一樣，我們在戰術與後勤上都將戰線擴得過寬。我們正努力改善這個狀況，你很快就會收到好消息。

艾森豪的回應未如我所願，沒有提及我認為電文中極為重要的部分，即為執行輔助軍事行動必需的小規模部隊。

薩萊諾戰役與歸航

　　我與亞歷山大和蒙哥馬利持續保持書信往來。

首相致亞歷山大將軍

1943 年 9 月 25 日

　　1. 我完全明白，第 8 集團軍需要整頓部隊。

　　2. 關於在廣闊戰線上展開推進的觀點，我表示贊同，因為敵人難以有效阻擋。然而，我認為你也應該嘗試使用小規模的兩棲部隊進行推進。

　　3. 你會注意到，我在議會中已經宣稱，義大利戰役為「第三戰場」。第二戰場位於英國，尚在累積力量，蓄勢待發。我們應該堅持這個說法，以減輕俄國人的不悅，並避免與他們爭論義大利戰役是否為第二戰場的問題。

　　10 月 1 日，英美第 5 集團軍進入了那不勒斯。

首相致函艾森豪將軍（位於阿爾及爾）

1943 年 10 月 2 日

　　我們在地中海的戰役已經迎來輝煌的轉折，並且作為這次行動的附帶戰果，撒丁島和科西嘉島也已歸於我方之手，對於此事，我與你同感欣喜。願你未來一切順利。

首相致亞歷山大將軍（在義大利）

1943 年 10 月 2 日

　　我認為第 8 集團軍在東翼的推進具有重大意義。

　　我注意到，蒙哥馬利很快就得暫停前進，以便將補給物資運送上來，不過我相信這並不意味著他的偵察單位和輕裝部隊不會與敵人的後衛部隊接觸。根據我們的情報部門所收集的各種消息，敵人的意圖是拖延時間，同時在不遭受重大損失的情況下向北撤退。無論如何，敵人沒有能力建立一條戰線來抵禦你目前部署的軍隊。我認為，能夠取得這樣有利的地位是因為你巧妙的突襲，一舉攻下了塔蘭托及其優良的港口設施。請接受我對

這個軍事行動的最誠摯祝賀。

我已經仔細審視了由你的軍官帶回國內的計畫，並得知你已經完成了該計畫的第一和第二階段。我期望，第三階段能在本月底或其前後的幾天內完成，如此我們便可以在羅馬會面。

亞歷山大將軍致首相

1943 年 10 月 3 日

我由衷地感激你在電話中表達的深情厚誼，也非常珍惜你對我的讚美……一旦我能妥善安排皇家空軍並讓我們的行政機構運作順利，那麼一切將順利進行。

如今，我已將總部設在巴里，此地不僅鄰近前線，還便於與我的兩位集團軍司令和主要基地保持聯繫。科寧厄姆空軍中將自然與我同行。

總而言之，一切將會進展順利。若我們的主力部隊無法接觸到德軍，我們將持續使用輕裝機動部隊及空軍對其發起攻擊，並不斷對其後衛部隊施加壓力。

首相致蒙哥馬利將軍（在義大利）

1943 年 10 月 2 日

我欣喜地目睹第 8 集團軍以如此卓越的步伐向前推進。對於你所取得的所有成就，我向你致以熱烈的祝賀。或許你還記得，在的黎波里時，我曾告知你我們將在某處相會。

蒙哥馬利將軍致首相

1943 年 10 月 5 日

感謝你深情滿溢的來電。我們已經快速推進了很長一段路程。為了支援第 5 集團軍，我們必須加快步伐，但這對我的後勤機構構成巨大壓力，

因為我們需要在作戰期間將其從趾形地區轉移到踵形地區，而現在它的移動已經達到極限。當我抵達特爾莫利——坎波巴索這條橫線地帶時，我將不得不暫時停止主力部隊的推進，只派遣輕裝部隊越過橫線進行作戰；與此同時，我將在此停留期間為後勤機構奠定堅實基礎。派遣輕裝部隊前往易攻之地可能會產生顯著效果，我希望透過這種方式保持主動權並取得進展。稍作休整後，我將全力向佩斯卡拉和安科納推進。期待在羅馬與你會面。

我們兩個集團軍現今已被迫暫停推進。第 5 集團軍在那不勒斯北面的沃爾土諾河區域，遭到了頑強的抵抗，需要時間和補給來克服。第 8 集團軍在義大利的趾形地區向北推進時，蒙哥馬利將軍有意冒著後勤風險，力求抵達薩萊諾戰場。他的基地現在必須從趾形地區的勒佐轉移到踵形地區的塔蘭托和巴里。在完成這項任務時，第 8 集團軍已經力竭，並且要等到占領福賈後，才能開始讓重型轟炸機使用其機場。這是一項龐大的任務，需要運輸數萬噸的必需物資，只能逐步完成。到 10 月中旬，德軍在義大利有 19 個師，而盟軍只有相當於 11 個師的兵力。為了維持我們迅速獲得的輝煌戰果，需要大量援軍，並且要大力鞏固我們的戰線。這些任務對我們的航運造成了巨大壓力。

9 月無疑是收穫的月分。英、美三軍的合作達到了前所未有的新高度。德軍駐義大利的第 10 集團軍司令曾表示，我們的海、陸、空三軍在統一指揮下實現了高度協調，這令德國人非常羨慕。義大利的海軍已經在我們的掌控之中，儘管其空軍和陸軍大多因德軍的阻撓而未能加入我方，但也不再與我們對抗。敵軍在正面對抗中已被擊潰，我軍在義大利大陸已推進 300 英里。在我們軍隊的後方，是我們占領的機場和港口，經過擴建後，能夠充分滿足需求。在參謀長委員會的討論中，一直有人強烈建議襲擊撒丁島以替代對義大利的進攻，而如今撒丁島在 9 月 9 日作為意外的收

穫，不費吹灰之力就落入我方手中；兩週後，法國部隊占領了科西嘉島。關於進攻義大利的計畫，經過激烈爭論後才得以實施，現在事實證明了這項行動的正確性，甚至超出了最熱情和最堅定支持這個計畫之人的預期。

巨大的功勳應歸於艾森豪將軍，因為他支持了這次短暫且激烈的戰役。儘管具體指揮落在亞歷山大的身上，但最高統帥真正採取了英國的戰略觀點，並且準備承擔這場戰役的最後責任。他自己的軍事長官們曾頑固地堅持他們的緬甸作戰計畫，同時又頑強而嚴格地優先考慮「霸王」作戰計畫。這些做法，到了更進一步竟發展到迂腐的地步，因而毫無必要地增加了義大利戰役的風險。毫無疑問，義大利是我們在現階段所能獲得的最大戰利品，而且我們本來可以為它提供更充裕的人力與物力，而不至於延遲1944年橫渡海峽的主要計畫。

薩萊諾戰役與歸航

處理國內政務

在返國途中,我草擬了一份演講稿,打算回國後在議會中發表。我深知我會面臨何種批評,也明白,戰爭的連連勝利只會讓下議院及新聞界那些不滿者更肆無忌憚地表達他們的觀點。

因此,9月21日,在登岸兩天後,我在下議院發表了一份報告,耗時超過兩個半小時。為了避免議員們陸續離席去用午餐,我請求休會一小時,議會批准了。

首項指責認為,因與義大利政府進行了徒勞的談判,導致在那不勒斯的攻勢中浪費了大量時間。關於這一點,我深知自己擁有充分的辯護理由。

有人批評稱,這些談判浪費了40天的寶貴時間,導致英、美軍隊的鮮血在薩萊諾附近白白流淌。事實上,這種指責毫無依據,同時也傷害了犧牲者家屬的感情。我們在決定對義大利發起主力進攻的當下,完全沒有考慮義大利政府的態度,而這場戰役的發動日期,實際上早在與他們談判之前,甚至在墨索里尼垮臺之前,就已經確定。這個日期是根據我們從西西里島南岸海灘撤回登陸艇所需的時間來決定的。直到8月的第一週,我們在那裡作戰的大部分部隊每天都需要透過西西里島南岸的海灘獲得補給。這些登陸艇撤回後,還必須返回非洲。其中一些受損的登陸艇——數量不少——需要修理,然後按照極為嚴格和複雜的處理過程重新裝備所有軍需品,只有這樣才能進行另一次兩棲作戰。

我原以為大家已經意識到,這些問題需要精心安排。每艘登陸艇或作戰艦艇,都按照預先可能的估計,嚴格依序裝載,以確保船上部隊在登陸

處理國內政務

時能夠獲得已經送達的補給品。每輛卡車運輸的物資在抵達時，正好滿足每個部隊的需求。有些卡車涉水駛至船邊，然後又涉水返回。它們嚴格按照優先順序裝載，急需物資放在最上層，以最大限度地避免隨意裝載的情況。只有透過這種方法，才能在少數敵人擁有強大現代化火力的情況下，執行這種特殊的軍事行動。登陸艇的具體情況及準備工作是唯一且決定性的限制因素。這與「將時間浪費在談判上」的說法無關，也與「外交部因擔心某些條款而阻礙將軍行動」的論調無關。在軍事行動執行過程中，從未有片刻停頓，其他所有工作也必須與主要的軍事運輸協調一致。

當我聽到人們輕描淡寫地談論將現代化部隊隨意部署在各個海岸，彷彿他們只是一捆捆貨物，被丟棄在沙灘上便不再關心，我實在感到震驚：人們對於現代戰爭的條件，竟然還是如此無知⋯⋯

如果我能暫時偏離主題，我想分享一個簡單的水手故事，源於我在星期日早晨抵達時，報紙上的批評讓我聯想到：一位水手曾在船塢（大概是在普利茅斯）跳入水中，救起了一名溺水的孩子。約莫一週後，一位女士與這名水手偶遇並問道：「那晚從船塢救我孩子的是你嗎？」水手謙遜地回答：「是我，夫人。」那位女士接著說：「啊，我一直在找你。我孩子的帽子在哪兒？」

第二種指責涉及第二戰場的開闢，共產黨成員及其他一些人士一直在大力推動這個戰場的建立。

此刻，我意欲向德國最高統帥部及下議院陳述我的見解，意圖既使前者困惑，又啟迪後者。

我將我們最初在非洲，然後是西西里島，現在於義大利開闢的戰場，稱為第三戰場。那個尚未展開但正在迅速累積力量的第二戰場，已在此地嚴陣以待。誰也無法確定——我當然也不會暗示——它將在何時打開，然而，第二戰場的確存在，並已成為敵人的頭等大事。儘管尚未啟動或發揮作用，但這一刻終將到來。時機成熟時，戰場將被打開，自西方展開的

龐大攻勢會開始,並與自南方展開的進攻相呼應。

若人們對駐紮於英國的美軍、我們強大遠征軍的準備情況與數量不甚了解;對敵軍在各戰場的部署不清楚;無法評估敵人的後備力量與資源,以及其透過歐洲龐大鐵路系統快速調動大批部隊的能力;不熟悉我們的艦隊和各類登陸艦艇的情況與規模,那麼,他們確實無法對這種軍事行動提供有益的見解。

此時,我們的其中一位共產議員插言:「這樣的說法也能對史達林元帥說嗎?」

在此類事務上,我們不應採納英國共產黨員的意見,因為他們向來袖手旁觀。當我們面臨存亡關頭時,他們對我們的命運漠不關心。我們所聽取的建議,必將來自我們的朋友和同盟者,他們與我們共同參與爭取勝利的事業。下議院可以完全信任,英王陛下的現任政府在這類問題上,絕不會因為任何無知的鼓動或壓力而動搖,無論這些鼓動多麼貌似合理,或這些壓力的意圖多麼善良。我們也不會因外部壓力和勸誘而違背自己的最佳判斷,去發動大規模軍事行動,以求在政治上達成一致或獲得任何方面的喝采。對於大不列顛和美國而言,這場戰爭中最殘酷的戰鬥 —— 請大家務必明白這一點 —— 仍在未來。下議院和政府在如此嚴峻的考驗面前,絕不會退縮。為了共同的事業,我們願意付出一切代價。

最具挑戰性的問題在於羅斯福總統和我就義大利達成的決策。正如讀者在前幾章中所見,我曾極力主張這個決定,其核心是與義大利國王和巴多格里奧元帥展開對話,承認他們為共同對德作戰的盟國,並給予相應的待遇。此事再次引發了與一年前達爾朗海軍上將事件類似的激烈反應。然而,這次我擁有更充分的理由。

我們可以稍作評估與鑑定義大利政府的舉措,它確實獲得了義大利國民的認可與讚賞。希特勒先生使我們相信,他認為義大利的行為極為不忠且卑鄙 —— 在此類問題上,他是個精明的評判者。其他人可能會認為,

處理國內政務

當以墨索里尼為首的法西斯黨人，為了物質利益而濫用專橫的權力，襲擊岌岌可危的法國，進而成為多年來珍視義大利自由國體的英帝國敵人時，這已經構成背信棄義和忘恩負義的行為。這確實是罪行。儘管這種罪行已經無法彌補，儘管那些聽任暴君摧毀其權利與自由的民族，必然要為暴君所犯下的罪行受到嚴懲，但我不得不認為，義大利在這個關鍵時刻的行動是順應自然和合乎人情的，但願這是一系列自我贖罪行為中的首次行動。

義大利人民已經承受了深重的苦難。他們的子弟被困於非洲和俄國，士兵被拋棄在戰場上，財富被揮霍殆盡，帝國已經無可逆轉地失去。如今，他們美麗的家園將成為德軍納粹部隊的戰場，前方的災難更為嚴峻。在希特勒的憤怒與報復之下，他們將遭受掠奪與恐怖統治。然而，由於英帝國和美國軍隊如今在義大利的推進，義大利人民終將從奴役和屈辱中解脫。經過一段時間後，他們將在現代世界的自由民主國家中，重拾他們應有的地位。

當我提及義大利的狀況時，自然會遭受人們合理的質疑：「你的論點是否同樣適用於德國人民？」我回答：「情況有所不同。」在我們這一代人的生命歷程中，德國人曾兩次發動戰爭，加上更早的時期則為三次，發動這些戰爭皆是為了擴張與侵略。他們將軍人和奴隸的特質惡毒地結合在一起，不珍視自己的自由，卻對他人的自由極為憎恨。一旦他們變得強大，便會尋找犧牲品，鐵一般的紀律使他們追隨那個引領他們尋找犧牲品的領導者。德國的核心是普魯士，這裡是一再引發災難的源頭。然則，我們並非與這樣的民族作戰，我們的敵人是暴政，我們的目標是自保，免於毀滅。我深信，在過去的四分之一世紀，由於條頓民族的霸權野心，英、美、俄三國人民兩次遭受了無法估量的損耗、危險和生命的犧牲。因此，這一次他們必將採取措施，使普魯士或整個德國無力再以積怨已久的復仇心理和長期策劃的陰謀進行襲擊。納粹暴政和普魯士軍國主義是德國侵略行為之中的兩大根源，我們必須徹底摧毀之。倘若歐洲及全世界希望避免更為可怕的第三次戰爭，則這兩大因素必須被連根拔除。

伯克曾言：「我不知道如何起草控訴一個民族的文件。」就我看來，圍繞此言的爭論乃是無聊而迂腐的空談。當下我們應明確並具體地對準兩個目標：納粹暴政與普魯士軍國主義。讓我們所有的武器都針對這兩個敵人，召集所有願意戰鬥的人參與對抗。我們不應該無端增加任務的艱鉅，或加重士兵的負擔。對於那些受到威逼利誘的附庸國，若能縮短戰爭時程，或許可以考慮讓它們將功補過。然而，必須消滅納粹暴政和普魯士軍國主義這兩大禍根。除非達成此目的，否則，無論需要多大犧牲，我們都在所不惜；即便需要冒險，我們也毫不退縮。我還要補充一點：如今我已年邁，還對國家事務有一定影響，因此我願意宣告，我絕不會無故延長這場戰爭；並且我希望，當英國人民因勝利需要承擔規劃世界未來的重任時，我們將展現出在生死攸關時刻應該表現的冷靜和鎮定。

我曾打算在演講中發出一個嚴肅而明確的警告，指出無人機或飛彈即將對我們發動襲擊。預先發出警告並在公開文件中記錄這一點，始終是一種謹慎的做法。尤其當這種襲擊的規模和嚴重性難以預估時，這一點顯得尤為重要。

在任何情形下，我們絕不能讓這些有利趨勢削弱我們的努力，也不可假設危險已經遠去，或戰爭即將結束。相反，我們必須預見到，那個我們正在猛烈打擊的凶殘敵人，將會竭盡全力進行瘋狂的報復。從希特勒開始，德國領導人在言談中，總是含蓄地暗示，他們將很快試驗新方法和新武器來對付我們。敵人為激勵其國民而散布這樣的謠言自然不足為奇，但其意義恐怕不僅限於此。例如，我們已經遭受了一種新型空投炸彈，敵人現在已經開始用它攻擊靠近海岸的船隻。這種炸彈可以說是火箭推動的滑翔炸彈，從相當高的高度發射，然後由母機引導至目標。德國人很可能正在研發其他的新式武器，並將用來傷害我們，同時在某種程度上彌補他們每日從我們這裡遭受的損失。我只能向下議院保證，我們在力所能及的範圍內，已經對上述可能性保持持續警惕並持續認真的進行研究。

處理國內政務

　　我也簡要地表達了我對義大利政治局勢及這個不幸的國家之中日益擴散的內戰殘酷現實之看法。

　　墨索里尼被傘兵營救後，逃往德國，試圖建立一個類似吉斯林的政權，並計劃依靠德國的軍力，將法西斯的枷鎖重新套在義大利人民的脖子上，這無疑會引發義大利的內戰問題。為了廣泛的利益以及義大利的福祉，必須團結義大利國家之中的所有剩餘力量，圍繞在他們的合法政府周圍，同時也必須讓所有自由主義者和左翼人士支持義大利國王和巴多格里奧元帥。只要這些自由主義者和左翼人士能夠抵抗法西斯黨徒與叛國者的聯合，進而創造條件來幫助將這種邪惡的聯盟趕出義大利的領土，或者更好的方法是將其就地消滅。我們目前正在開始拯救和解放義大利。（一位議員插話說：「你不能讓義大利人民在那些變節者的旗幟下奮起抗戰。」）我認為，這位尊敬的議員，可能還沒有充分地考慮到減輕我們士兵所需承擔艱鉅任務的重要性……政府確實準備採取這樣一種政策，促使一切可能的力量抵抗德國人，並將他們逐出義大利。我們不會因為擔心在這個問題上可能無法獲得完全一致的意見而不採取行動。英國議會不是以全體一致決的原則作為基礎的，民主國家的議會並不按照全體一致決的原則行事。它們根據多數的表決採取行動。這就是它們辦事的方法。我十分明確地表示，我們現在正努力把義大利內部最強大的力量團結起來，以抵抗德國人及墨索里尼——吉斯林——法西斯黨徒等三合一的國家敵人。

　　我的最後一段話可能顯得不夠禮貌，但確實是實話：

　　若想實現靈活應對，最佳策略是為潛在意外事件準備三至四個方案，並詳細規劃所有細節。隨即根據情況靈活調整，從一個方案切換至另一個方案會更加輕鬆。

　　這些論點成功說服了下議院，因此沒有再出現任何強而有力的反對意見。

就在我發表這篇長篇演講的同日，財政大臣突然辭世，這對我和我的同事們來說是一個極為嚴重且意想不到的損失。我是在 9 月 22 日清晨醒來之後得知此消息。金斯利·伍德近年來成為我個人的一個親密好友。自 1938 年他進入空軍部後，我們為共同的目標努力。我給予他充分支持，而他對皇家空軍在 1940 年大災難前的準備無疑作出極為寶貴的貢獻。自我受命籌組聯合政府以來，他一直擔任財政大臣，並取得卓越政績。他的第三次國家預算案達五十七億五千萬英鎊，收支平衡，符合戰時財政一切最理智的原則。收入的一半來自稅收，我們的貸款利率非常低。我們不再使用第一次世界大戰期間的「抵押加百分之六利息」口號，而在這次戰爭的第 5 年，以百分之二的平均利率成功籌集巨額資金。生活成本的上漲，與戰前水準相比，不超過百分之三十。「量入為出」的原則，是金斯利·伍德在辭世前幾個星期中日夜考慮的問題。就在他去世的那一天，他還希望在下議院就此問題發表演講。我在 1940 年曾請求他為那些在閃電戰中個人與商業住宅遭到摧毀的人們提供補償，他根據自己構想的周密保險計畫，以最高效率實現了我的要求。當天，在下議院開會前，我花了幾小時撰寫悼念他的誅詞，這篇誅詞已經載入紀錄中。

在我看來，當時擔任樞密院長、最重要的內閣委員會主席以及英國參與「合金管」計畫的首席代表約翰·安德森爵士，是繼任的最佳人選。約翰·安德森曾擔任國內稅收大臣，並在內政大臣的職位上服務了十年。然而，他的廣闊視野超越任何單一部門所需。在愛爾蘭的動盪中，他雖然屢次面臨生命威脅，卻始終保持冷靜；擔任孟加拉總督期間，即便有人試圖暗殺他，他依然從容不迫。他洞察力敏銳，意志堅定，並在多種職責上累積了豐富經驗。他的任命於 9 月 24 日公布。

在返航途中，除了偶爾在甲板上攀談幾句之外，我幾乎沒有見到達德利·龐德爵士，因為他大多數時候都待在艙房裡不出來。在前往倫敦的火

處理國內政務

車上,他交給我一封信,正式辭去了第一海務大臣的職務。這個繁重的職務,當他在華盛頓病情加重時,我已經為他解除了。關於繼任者的問題,需要認真考慮。海軍大臣亞歷山大先生推薦的海軍上將安德魯·坎寧安爵士是顯而易見的人選,因為他在地中海的各次戰役中贏得了聲譽。然而,許多事務正在推進,各個戰役正在擴大,此時他能否離開前線?現任本土艦隊總司令的弗雷澤海軍上將是一位在海上享有崇高威信的將領,並且對海軍部的行政事務和參謀工作有長期經驗。我首先邀請他擔任此職。弗雷澤海軍上將表示,毫無疑問,無論被派往何處,他都會效力,但他認為安德魯·坎寧安是最佳人選。「我相信,我獲得了我自己艦隊的信任,」他說,「坎寧安卻享有整個海軍的信任。」他建議我對此事再多加考慮。我回應說,他的態度非常正確,經過再次考慮和商討,我接受了他的建議,並決定面對更換地中海作戰指揮官這個嚴峻的問題。因此,安德魯·坎寧安海軍上將被選中。他的副司令約翰·坎寧安海軍上將繼任了他的職位。10月4日,當我發表下面這封致達德利·龐德爵士的信時,我向尚不知龐德病情的民眾和海軍界宣布了這項人事變動。這封信的內容如下:

　　由於健康因素,你認為必須辭去職務,因此我們在這場戰爭中共事的四年即將結束,這確實讓我感到惋惜。在你於海軍部和參謀長委員會的任期內,你對國家安全和軍事勝利的貢獻,我最能體會其價值。你在海戰方面的知識豐富且精湛;在憂患與災難紛至的時期,你表現出堅韌不拔的精神;在面臨勝利所需的風險中,你展現出足智多謀和從容自若的態度。這些特質的結合,使你成為皇家海軍歷史上令人懷念的第一海務大臣。

　　你在此刻離去:地中海的主導權已經幾乎由我們掌控;義大利的艦隊在馬爾他港內已向我們屈服;

　　更為關鍵的是,潛艇的威脅在此次戰爭中被削弱到了前所未有的程度。這些成就對你的國家有著無法估量的價值,而你所取得的傑出貢獻,為你的名字增添了光輝。

龐德在卸任之後僅多活了兩週。由於又一次更為嚴重的中風，他完全癱瘓。我最後一次見到他時，儘管他的意識依然清晰，但是他已經無法言語，且大部分身體無法動彈。當我握著他的左手告別時，他以令人驚訝的力量緊握著我的手。在海軍部和參謀長委員會之中，他一直是我忠誠的戰友。他於10月21日去世，正值「特拉法加紀念日」。

弗雷澤海軍上將返回了停靠在斯卡帕灣的艦隊。年終時，他駕馭旗艦出海參戰，於正面交鋒中擊沉了德國「沙恩霍斯特」號戰鬥巡洋艦，立下赫赫戰功。這是一個極其光輝且意義重大的海軍事件。事後，我在倫敦見到他時，請他接受以下著名詩句：

在我們充滿動亂的島國故事中，

不僅出現一次或兩次，

忠於職守的人們，

最終贏得了殊榮。

這位海軍上將顯得非常愉悅，因為據我判斷，他過去從未聽過這些詩句。我希望，他會認為這是我故意即興創作的。

在此，我尚未詳細描述與美國或葡萄牙之間冗長的函電往來。透過這些交流，我們就英、美小型艦隊和空軍使用亞速爾群島這個極端重要的事項達成了一項協定。所有問題都令人滿意地得到解決，因此，我能夠在10月12日向議會彙報我們的最終結果。我說道：「我要向下議院宣布一件事，這源自1373年英王愛德華三世陛下與葡萄牙國王費迪南德及王后埃莉諾簽訂的條約。」我用平穩的語調演講，並稍作停頓，以便下議院議員們聽清楚1373年的這個日期。當他們認真思考這個日期時，場內似乎發出驚訝的聲音。我認為，在英國外交的日常事務中，這樣延續不斷的關係過去未曾詳述，將來也不會詳述。

處理國內政務

「這個條約，」我接著說，

除此之外，1386 年、1643 年、1654 年、1660 年、1661 年、1703 年及 1815 年的各類協定，以及 1899 年的祕密宣言，均對其進行了補充。在更接近現代的時期，這些古老協定的效力得到 1904 年和 1914 年兩次與葡萄牙簽訂的「仲裁條約」承認。

1373 年協定的第一條款如下：

「我們首先決定並簽署條約，保證從今往後建立⋯⋯真實、忠誠、不變、互助、持久且充滿真摯情感的友誼、聯盟、同盟及具體措施。同時，作為真誠的和忠實的朋友，自此以後，我們將互視對方的朋友為自己的朋友，將對方的敵人視為自己的敵人，彼此以海軍和陸軍互相支援、維持和協助，共同對抗一切現存或已故的敵人。」

這項條約至今已有近六個世紀的歷史，在全球歷史中堪稱無與倫比。現在，我將宣布其在近期的運用。在這場戰爭初期，為了防止戰火蔓延至伊比利半島，葡萄牙政府在聯合王國國王陛下政府的完全同意下，採取了中立政策。葡萄牙政府多次宣告——最近一次是在 4 月 27 日薩拉查博士的演說中——上述政策並未與英、葡同盟條約相違背，且在戰爭初期，葡萄牙政府再次對同盟條約進行了保證。

基於這個古老的同盟條約，聯合王國英王陛下政府已經請求葡萄牙政府在亞速爾群島提供某些便利，以便更好地保護大西洋航行的商船。葡萄牙政府也已經同意了這個請求，兩國政府商定了立即生效的措施：

（1）聯合王國英王陛下政府使用這些設施的條件。

（2）英國將為葡萄牙的武裝部隊和國民經濟提供必要的物資和支持。

（3）關於使用亞速爾群島設施的協定是暫時性的，且不影響葡萄牙政府對其領土的主權。

翌日，我需要就煤礦狀況在下議院進行長時間的演講。由於對煤炭的迫切需求、作戰部隊對人力的需求，以及各政黨之間懸而未決有關煤礦國有化問題的潛在威脅，煤礦局勢受到了影響。關於煤礦國有化問題，爭論已久，而我關注的重點在於維持全國的團結。

我相信，在這次討論開始時，若能提醒下議院關注我們當前所遵循的基本原則，將會是有益的。我們現有一個全國性的聯合政府，齊心協力地試圖將國家從多重困境中解救出來，這些困境是長時間以來各黨派的行為或不作為造成的。在這個問題上，我有相對的優勢，因為我已經在政黨之外待了11年之久。戰爭讓我們團結一致。我們絕不會要求任何社會黨、自由黨或工黨成員放棄其基本信仰，因為這樣的要求既無禮又不當。外部的情況使我們聯合，並集中我們全部的注意力。我們的原則是，「一切為了戰爭，不管是否存在爭論；凡是戰爭不真正需要的事，都不必爭論。」這便是我們的立場。我們也需要注意，不要讓戰爭的需要成為藉口，以間接方式推行深遠的社會或政治改革。以煤礦國有化為例，這些言論不會讓我退縮。上次大戰之後，我曾支持鐵路國有化，但我不得不說，戰後國家管理鐵路的經驗對我產生了一些影響。在那種管理下，民眾未能獲得良好服務，股東未能得到滿意的利潤，並引發了一場令我一直關注，最壞且最危險的罷工。然而正如我所指出的，只要給予適當的補償，所有人都會接受國有化的原則。大家爭論的問題不是道德上的是非，而是國有化是否確實比私人經營和競爭更能為整個國家創造更有利的環境。煤礦國有化將引發許多不同意見，並且是一項非常龐大的事務，除非事實能夠證明這是我們贏得戰爭勝利的唯一途徑，並讓下議院、全國人民和負責的大臣滿意，否則我們沒有正當理由在未經過大選的情況下實行國有化，而在目前舉行大選則極為困難……

我了解到，並且完全能夠理解，礦工們心中存在著一種不安，他們擔憂本身及其企業在戰後將面臨怎樣的命運。上次大戰後，他們經歷了慘痛

處理國內政務

的教訓,這段經歷在很長時間內困擾著他們,並深刻地影響了他們對採礦作為職業的看法。我明白這種擔憂的存在。每個人都可能在夜裡清醒地思考,設想戰爭結束後我們將面臨那種如噩夢般的情形,屆時每個人都會有自己的困難和憂慮。然而,就我個人而言,作為一個樂觀主義者,我不認為和平時期會像戰爭當中那樣糟糕,而且我希望我們也不會讓和平變得如此糟糕。上次大戰結束後——在整個大戰期間,即使我都處在一個負責的位置之上——幾乎每個人都有一些行為不當,國家也時常陷入幾乎無法控制的境地。但是自這次戰爭以來,我們已經從上次大戰的經驗中獲益良多。由於過去的經驗,我們的作戰表現比以前好得多。我們也要充分汲取上次和平時期所發生事情的慘痛教訓。憑藉當時政府以巨大代價換來的經驗,我們將使從戰爭到和平的過渡比上次更加有序和有紀律。我這樣說並不是在指責當時的政府。

然而,礦工們對他們的未來感到擔憂。英王陛下政府向他們承諾,現有的管理制度以及任何可能實施的改革將在戰後繼續維持,直至議會對企業的未來架構做出決定。這意味著,要麼透過各大政黨協商解決,要麼透過大選讓人民自由選擇政治方向和領袖。然而,在這一切實現之前,煤礦企業的現行制度不會發生任何重大變動,也不會取消關於繼續就業、薪資和利潤限制的保障。我非常希望我們大家能在這方面共同努力。

這份宣告在當時有效地緩解了緊張局勢,即使我今天重讀這篇演講,依然感到非常欣慰。

最終,10月28日,我們必須考慮重建下議院大廈。一枚炸彈恰好將我在其中度過大半生的下議院夷為瓦礫。我決心在我們的戰爭條件允許下,盡快重建它。如今我有權對重要事項進行永久性規劃。在多數來自議會同僚的支持下,並得到艾德禮先生的誠摯協助,我計劃重新確立英國下議院建築形式應遵循的兩大原則。首先,它必須是長方形而非半圓形;其次,建築物只能容納約三分之二議員的席位。這個主張長久以來令外國人

驚訝，因此我在此記述。

　　下議院建築有兩個關鍵特徵會得到資深議員的認同和支持。首先，它應該呈長方形而非半圓形。這在我們的政治生活中是一個強而有力的因素。半圓形的議會廳對於政治理論家頗具吸引力，因為它允許個人或團體圍繞中心位置變化，隨政治氛圍而改變立場。然而，我堅定支持政黨制度而非集團制度。我曾經見過許多充滿活力的議會因集團制度而瓦解。長方形的議會廳對政黨制度非常有利。一個人可以輕易地從左移向右，但從一側走到另一側則需要深思熟慮。在這方面，我是個有經驗的人，因為我曾兩次經歷過這個艱難過程。推理與習慣相比，是個糟糕的嚮導。許多國家基於推理建造了半圓形的議會廳，每位議員不僅有座位，還有書寫桌和可敲擊的桌面。根據我們在議會發源地的理解來看，這種推理是議會政治的致命缺陷。

　　議會會場規劃下議院形狀設計的第二個特徵是：它不應過於寬敞，以至於能夠輕鬆容納所有議員而無擁擠感；同時也不應為每位議員提供獨立座位。對於外行人而言，這個特徵長期以來都是個謎團，並且常常引起新議員的好奇，甚至批評。然而，從實際角度考慮，這個設計並不難理解。若下議院足以容納所有議員，那麼在辯論時，多數情況下會讓人感到如置身於幾乎空蕩或半空的會場中，顯得冷清。在下議院，一場優秀演講的關鍵在於其談話風格，以及能夠活躍現場氣氛而非正式地進行插話和交流。在講壇上發表冗長演說並不能有效替代談話風格，而我們許多問題正是在對話中解決的。然而，交談的風格需要相對小的空間，並且在重要場合應有一種擁擠和緊迫感，同時還應給人一種印象：許多重大議題在下議院得到討論，關鍵事務也在此處迅速完成決策。

　　無論如何，這個問題按照我的期望得到了解決。

　　在這些忙碌的日子中，我想到，既然我們的最終勝利如今似乎已成定局，我們應該詳細探討伴隨勝利而來的若干問題。關於這些已在我們面前

處理國內政務

隱約浮現的問題，我曾擬定兩份備忘錄給我的同僚們，現在抄錄如下，作為本章的結尾。

戰時 —— 轉型期 —— 和平期
首相兼國防大臣的備忘錄

1943 年 10 月 19 日

1. 英王陛下的政府必須做好萬全準備，以便應對戰爭結束後國家需要承擔的責任。當務之急包含：

（1）在制定周密的復員計畫時，必須考慮到我們勢必要在敵方領土上保持一定規模的駐軍。

（2）應為本島居民提供超出戰時定額標準的糧食供給。

（3）應重新啟動出口貿易並重建我們的商船隊。

（4）工業應全面地從戰時生產轉型為和平時期生產，並且，尤為關鍵的是，在這個過渡階段，應為身體健康且有就業意願的人，特別是退伍軍人，創造就業機會。

無論這些決定是否涉及立法程序或引發爭議，我們現在就必須為戰後數年內的糧食和就業這兩個首要目標做出必要的決策。

2. 各部門和委員會在這些領域已經投入大量工作。我們必須謹慎：不可使這些迫切的實際任務被黨派政治所干擾或掩蓋，或因為對建立新世界秩序的長期計畫所產生無休止的討論而被擱置。

3. 實際上，有三個階段，即：

（1）戰爭階段；

（2）過渡階段；

（3）和諧與自主階段。

本屆政府和議會具備充分的資格為過渡階段做好所有必要的準備工作。如果我們未能履行職責，必須認真承擔責任。在過渡階段（屆時所有準備工作將會完成），應盡快舉行大選，以便選民表達他們對戰後及過渡期之後社會形式的意願。

　　4. 我們無法確定，這次選舉是否會依據當前聯合政府內各政黨協商後提出的綱領進行，或是由下議院現任多數黨領袖向選民呈現他們本身的綱領。不論採取何種方式，極有可能會公布一個「四年計畫」。這個「四年計畫」不僅包含在過渡時期必須實施的眾多重要行政措施，還涉及一系列關於發展和改革的重大決策。從任何角度來看，這些發展和改革的決策將決定我們戰後及過渡期之後的社會結構，因此，新議會將承擔繁重的任務。

　　5. 與此同時，某些關鍵政策，如教育、社會保險，以及我們被摧毀的住宅和城市的重建問題等，已經或即將達成廣泛的共識。在當前的戰時階段，應盡力為這些措施做好準備，並透過任何必要的初步立法，以便在過渡期的初始階段即可實施。

　　6. 目前難以準確預測，與德戰爭結束後，對日戰爭會持續多久。或許較為穩妥的方法是，將過渡期定為德國戰敗後的兩年，或自 1944 年 1 月 1 日起的四年，以此為基礎進行工作，不論哪個時期先結束。

　　一個月後，我決定任命一位建設大臣，作為過渡期計畫的核心。伍爾頓勳爵在糧食部的領導工作廣受好評，贏得廣泛信任。他的能力和經驗似乎能夠有效協調和推動多個部門的活動。他於 11 月 12 日上任。

處理國內政務

與戴高樂的齟齬

1943年夏季，英國政府與戴高樂之間的關係愈趨緊張。我們曾努力嘗試團結阿爾及爾的各派法國人，並不斷敦促美國接受戴高樂將軍作為我們共同促成當地政治局面的領導者之一。隨著克拉克－達爾朗協定的簽署和吉羅的出現，法國事務籠罩在一種緊張的氣氛中，戴高樂因此變得更加固執。近幾週內，他的地位得到鞏固，他在盟軍控制下的突尼西亞獲得大量支持。來自法國首都的消息和祕密中央委員會的成立，顯示他享有廣泛威信，戴高樂運動正在蓬勃發展。在此背景下，吉羅同意在北非與他的對手會面。

5月30日，戴高樂抵達阿爾及爾，雙方展開談判，目的是為了成立一個統一的臨時委員會，以管理「戰鬥法國」的事務。談判中，雙方言辭激烈，怒氣沖天。他們的爭論集中在三個主要問題上：吉羅希望掌握民政和軍事的最高權力；戴高樂堅決要求正式確認「戰鬥法國」的主權，這個步驟勢必違背達爾朗和馬克·克拉克將軍在1942年11月簽訂的協定條款；以及關於目前在北非擔任重要職務的前維琪政府官員，特別是諾蓋、佩盧東和布瓦松等人的問題。布瓦松是其中的一個特殊對象。戴高樂一直沒有原諒他1940年在達卡發生的事件。

這些激烈的討論持續進行，使得阿爾及爾的局勢日趨緊張。6月3日下午，雙方終於達成協定，成立了法蘭西民族解放委員會。委員會成員包括吉羅、戴高樂、卡特魯將軍、喬治將軍，以及從倫敦來的戴高樂委員會部分成員。戴高樂在前往北非前，倫敦的委員會已經解散。原維琪政府任命的地方長官未被納入新機構。該機構現在成為「戰鬥法國」及其帝國的

與戴高樂的齟齬

中央臨時政府，直至戰爭結束。

讀者們或許還記得，當關於法國未來的討論正在進行時，我與馬歇爾將軍在北非與艾森豪將軍舉行了會面。在我即將離開北非之前，我邀請了新委員會的成員們共進午餐。回到倫敦後，我收到羅斯福總統發來一封擔憂的電報。他在 6 月 5 日的電報中提到，「我想與你分享我的看法：北非事實上處於英、美軍事控制之下；因此，艾森豪可以根據你我的意願行事。那位新娘顯然忘記了，戰爭仍在繼續。我們僅能聽到新娘的宣傳。我們的英、美新聞機構都去哪兒了？衷心希望你能解決我們都感到頭痛的問題。」

在我致羅斯福總統的回電中，我表達了對阿爾及爾的觀感：

前海軍人員致羅斯福總統

1943 年 6 月 6 日

1. 我們於 6 月 4 日星期五設宴招待法蘭西委員會全體成員，席間每位賓客都顯得十分友善。喬治將軍是我一個月前從法國請來的私人朋友，也是吉羅的堅定支持者。如果戴高樂表現出粗魯無禮的態度，他將在人數上處於五比二的劣勢，甚至可能被完全孤立。因此，我認為該委員會作為一個集體權力機構，我們可以與之順利合作。

2. 我認為這個委員會的成立，象徵著我與作為「戰鬥法國」領袖的戴高樂之間的正式聯繫已然結束，這種聯繫始於 1940 年開始與他來往的信件，以及其後的某些其他文件。我建議在必要時，將這些聯繫——無論是財政上的還是其他方面的——轉交給整個委員會。雖然我相信委員會是接受武器和供應的可靠對象，但我覺得我們應該觀察他們如何處理事務和展示新成立的委員會，然後再決定在多大程度上承認他們代表法國。麥克米倫和墨菲合作得非常順利，他們將不斷向掌握最高和最終權力的艾森豪遞交詳細報告。

3. 若布瓦松遭免職，我必定會強烈反對。

然而，他們的激烈爭執並未平息。戴高樂無法接受吉羅成為法國部隊的最高指揮官。吉羅希望北非的法軍保持獨立，並避免受到「自由法國」的影響。戴高樂在軍事指揮問題上的立場，加劇了美國對他的反感和懷疑。

總統羅斯福再次致電給我：

羅斯福總統致首相

1943 年 6 月 10 日

我剛剛接獲來自墨菲的如下電報：

吉羅今日下午告知我，在今日早晨召開的法蘭西委員會會議上，戴高樂最終公開表示他希望擔任國防長官一職，該職位相當於戰時內閣中的陸軍部長職權。他還要求指揮未積極參戰的法國部隊，這與他此前與艾森豪、麥克米倫及我討論其意圖時的言辭相悖。吉羅斷然拒絕交出法國部隊指揮權，並堅持任命喬治將軍為國防長官。卡特魯則提出一個極為有利於戴高樂的妥協方案。吉羅告訴我，若委員會在此問題上投票勝過他，他將堅決引退，並向英、美政府及法國人民通告因戴高樂野心所致的不公正局面。我已經請求吉羅在與委員會其他委員商討此問題前，暫緩採取任何類似行動。

麥克米倫向我遞交了一份內容相同的報告。我只是一心渴望能達成一項簡明的協定。

首相致函哈羅德・麥克米倫先生（位於阿爾及爾）

1943 年 6 月 11 日

在我們尚未充分理解需要認可的事物之前，我們不會貿然給予認可。正如《馬太福音》第七章第十六節所言：「憑著他們的果子，就可以認出他

們來。荊棘上豈能採摘葡萄，蒺藜裡豈能採摘無花果？」確實，整章都富有教育價值。

你在等待合適的時機，並給予戴高樂充分的機會以恢復理智，認清其周遭的力量，此舉無疑是明智的。若他光明磊落地對待我們及法國，我們亦將以同樣的方式回應。

然而，羅斯福總統顯然缺乏這種耐心。

羅斯福總統致首相

1943 年 6 月 17 日

以下是我今日致艾森豪將軍的電報概要：「我方政府的立場是，在北非軍事占領期間，法國陸軍必須僅受盟軍最高指揮部的控制。我們需要選擇完全信任的人員。如果不能確保其與我方軍事行動的合作意願，我們絕不會繼續為其提供武裝。此外，若其自認為能在法國人民選定政府前統治法國，我方對任何政府或委員會的成立不感興趣。在未來進入法國時，盟國將有一個與法國主權完全匹配的民政管理計畫。最後，必須明確指出，北非和西非已在我方軍事占領下，任何民事決定須經你的完全同意方可實行……」

羅斯福總統的這些電報，對戴高樂在阿爾及爾的行動表現出越來越強烈的敵意，使我對盟國與「自由法國」關係的未來感到擔憂。美國人已經表達到了這樣的地步，即如果他們認為戴高樂會成為影響戰後法國未來的主要力量，他們可能會拒絕承認任何臨時的行政機構。我認為有必要在軍事問題上消除美國人的疑慮，同時保留新的臨時委員會。

前海軍人員致羅斯福總統

1943 年 6 月 18 日

……我不同意立即解散七人委員會或禁止其召開會議。我認為更妥當的方式是，由艾森豪將軍將你的指示作為他的命令公布，而墨菲和麥克米

倫則採取他們認為最合適的各種方式來落實該命令。英王陛下政府將會支持這項政策。

因此，該委員會將面臨兩種選擇：要麼以多數人的贊同接受我們的決定，要麼明確反對拯救他們的兩個大國。如果他們多數接受我們的決定──這似乎是可能的──那麼戴高樂就必須決定是服從還是辭職。如果戴高樂辭職，他將遭到輿論的譴責，同時我們必須採取必要措施防止他製造糾紛；如果他表示服從，未來可能仍會遇到更多麻煩，但這比取消一個委員會要好得多，因為盟國和法國對它寄予厚望。我們不應為軍隊安全規範必需條件而將責任推給戴高樂。無論如何，首先嘗試這種辦法，總是明智的。

美國對北非法國政治局勢的立場在某種程度上是由軍事需求所影響。戴高樂引發的爭議背景正值盟軍策劃西西里島的登陸行動。而在此關鍵時刻，戴高樂關於法國最高統帥部的爭端愈演愈烈。無論英國政府與戴高樂之間過去達成了哪些協定，我們絕不能讓這些協定影響到我們與美國的關係。

在7月13日，我撰寫了一份文件並遞交給我的同事們，其中概述了美國對法政策的相關進展。我指出：

長期以來，我們的目標一直是將美國在西北非培養的法國人士與倫敦的法蘭西民族委員會團結起來，特別是吉羅將軍和戴高樂將軍。我相信我原本可以在卡薩布蘭卡會議上做好安排，但如我的同事們所知，這個計畫被戴高樂將軍的荒唐行為所破壞。從那時起，羅斯福總統大規模地武裝了吉羅將軍在北非的部隊，他現在對這些部隊的行動和指揮非常關注。同時，戴高樂指示位於倫敦和布拉薩市的機關報，以及他們在英、美新聞界的支持者，不斷批評美國的政策。毫無疑問，這不僅讓赫爾先生感到反感，也讓羅斯福總統產生了強烈的不滿。

與戴高樂的齟齬

　　基於所有這些原因，我們一直希望戴高樂能夠優先被吸納進入倫敦的民族委員會。如今，隨著這個關鍵步驟的完成，他應當與阿爾及爾的成員共同在民族解放委員會之中。經歷了一些危機和波折後，這個委員會正逐漸展現出一種集體的特性，尤其是因為非軍事人員的不斷增加，他們的才能得以彰顯。吉羅派和戴高樂派之間不再有明確的界線。應當讓這些良好的趨勢自然發展，如果未來幾個月內事實證明戴高樂及其派系並未主宰解放委員會，而他本人在其中也能展現真誠合作的態度，這可能會贏得羅斯福總統對該委員會的某種承認。然而，這個結果並不容易達成或迅速實現。在此期間，我們也必須考慮應採取何種方針。

　　當解放委員會成立之際，我迅速將先前與戴高樂將軍商定的若干協定轉交給該委員會。這類程序必須繼續進行，否則在財政、宣傳、敘利亞及其他法國屬地，以及對法國武裝力量的控制等問題上，我們將無從交涉。外交大臣已經向我解釋，我們通過了一項法令，授權戴高樂在英國領土上維持「自由法國」軍隊的紀律，毫無疑問，此項權力現在必須賦予新的委員會。將委員會視為事實上的權力機構是無可爭議的。在必要事務上與他們合作，只會對他們有利，若他們能夠承擔責任，這也將增強他們的力量。

　　從某種意義上來說，這等於對委員會的認可。然而，在此階段過於強調這一點，或採取任何可能被視為法律認可的行動，只會帶給我們與美國之間不必要的麻煩。我們必須避免使用「承認」一詞，並避免採取任何可能被解讀為此的行動，但同時仍要根據其實際地位與之互動。委員會需要重新贏得或建立對援救法國的兩大國之信任，尤其是與其關係疏遠的美國政府，因為目前看來這種信任已經受損。這不僅是委員會的責任，也是其利益所在。如果在這個關鍵時刻我們採取任何正式承認委員會的步驟，將會嚴重激怒華盛頓。此外，這也可能引發那些試圖在明年選舉中擊敗羅斯福的人發表敵意批評。整個戰爭的程序依賴於我們與美國政府和羅斯福總統之間的真誠關係，我們有責任不採取任何可能嚴重削弱兩國當前良好合作的行動，以避免給前線部隊增加負擔。即使蘇聯因為戴高樂最近對共產

主義者的討好而給予承認,我們明智的做法仍然是根據美國的方針來調整我們的策略。誠然,在此情況下,更重要的是,避免讓他們感到被孤立,同時也不要給人留下我們與俄國聯合反對他們的印象⋯⋯

我多次強調,戰後擁有一個強大的法國符合英國的重大利益,而我對此觀點堅定不移。我擔憂華盛頓政府的反戴高樂立場可能會逐漸演變為明確的反法情緒。然而,如果戴高樂逐漸融入委員會並且保持低調,同時委員會採取合理和忠誠的態度,那麼美國方面的這種危險傾向可能會得到轉變及緩和。

法蘭西委員會意識到我們願意幫助他們改善與美國的關係,這對他們來說是有益無害的。如果我所提到的那些適當而有益的措施能夠順利進行,而且我們在處理這些令人厭煩的事務時,能夠耐心且謹慎地採取行動,那麼,在盟國的會議上,為法國和法蘭西帝國贏得一個被承認的地位,仍然是可能的。

內閣成員的意見逐漸傾向於以某種形式承認委員會。因此,我再次致電羅斯福總統。

前海軍人員致羅斯福總統

1943 年 7 月 21 日

我面臨著來自外交部、內閣同僚和環保勢力的巨大壓力,要求我「承認」阿爾及爾的民族解放委員會。承認意味著什麼?

人們可以認可某人為帝王,或是商販。若無明確標準,認可毫無意義。在戴高樂前往西北非及新委員會成立之前,我們所有的聯繫都是透過他和他的委員會進行的。我在 6 月 8 日向會議報告:「這個集體負責的委員會成立,取代了 1940 年我與戴高樂將軍通訊的情形。我們的交流,無論是財政還是其他領域,今後將以委員會整體為對象。」我很樂意這樣做,因為我更願意與集體性質的委員會打交道,而不是單獨與戴高樂交流。事實

上,數個月以來,我一直設法勸說或迫使戴高樂「承擔責任」。在新的安排下,這個問題似乎已經解決大部分。麥克米倫多次告訴我們,該委員會正在獲得一種集體權威,而戴高樂絕非其主宰。他還指出,如果委員會垮臺——若沒有支持,這一天可能會到來——那麼,除了吉羅依靠美國在西北非和達卡的武力外,戴高樂將再度成為唯一能夠掌控一切的人。他大力推薦一種認可方案。他在報告中提到,艾森豪和墨菲都對此表示贊同……

因此,我即將面臨一個關鍵時刻,考慮到英國以及前述英、法兩國的利益,我很可能需要採取這個步驟。如果我這樣做,俄國必定也會承認他們,我擔心這會讓你感到困擾。

因此,我非常期待你能告知我:

(1)你是否支持我們的方案或類似的行動。

(2)若英王陛下政府獨自採取這種舉措,你是否會反對。

依我之見,前者顯然更為優越。委員會中有許多優秀成員,如卡特魯、馬西格利、默訥、喬治,當然還有昨天抵達此地的吉羅。他必定會提出所有問題,並使局勢緊張。

然而,顯而易見的是,美國人對於目前構成的阿爾及爾委員會並不打算給予承認。此時,吉羅正在美國商討為北非法軍提供武器和裝備的供應事宜。儘管他滯留在美國,這並未緩解當地戴高樂支持者的憤怒情緒。

7月22日,我收到羅斯福總統一封冗長而重要的電報,詳述了美國政府對法國問題經過深思熟慮後所提出的看法。

羅斯福總統致首相

1943年7月22日

各方持續要求承認已經成立的法蘭西民族解放委員會,儘管此種壓力並不顯著。有些人希望將其承認為代表所有法國領土,包括本土利益的組

織；另一些人則認為應只視其為代表前法蘭西帝國境內利益的實體。大多數人，雖非所有人，願意在符合英、美武裝部隊軍事需求的前提下，接受該委員會的權威。

我們始終堅持：首先，軍事需求在所有民政事務中始終占據首要位置，無論是現在還是將來；其次，法蘭西民族解放委員會剛剛開始發揮作用，它需要進一步證明本身具備完全的和真正的團結。這種團結必須消除過去那些目的在於助長派系對抗或個人野心的法國政治或黨派爭端，並且明確其真正目的是為了本身團結和團結所有法國人，以支持盟國在對抗軸心國戰爭中的所有努力。同時，它必須牢記，它唯一的使命是為了法國的解放和盟國的勝利。

人們設想法蘭西委員會是基於個別法國人對戰爭過程的集體負責這個原則建立的，我們與其關係亦應基於此原則。不言而喻，關於軍事事項，我們兩國政府將直接與法國軍隊的法國總司令進行交涉。法國的政治問題，必須留待法國人民在他們從敵人統治下解放之後自行解決……

美國政府非常願意與貴方及其他盟國一道，在有限接受該委員會方針的前提下共同推進，但這必須始終以服從軍事需求為條件。

然而，我們務必要清楚地指出，法國人民理應團結一致，這個基本條件必須得到充分的落實。

我認為，我們在任何時候都不應使用「承認」這個詞，因為它可能被誤解為我們一踏上法國領土，就立即承認該委員會為法國政府。對於委員會在各殖民地的地方民政當局，使用「接受」這個詞或許更能準確地表達我的觀點。然而，只要符合盟國事業的軍事利益，我們就必須保留與法國殖民地地方當局直接交涉的權利，並繼續沿用現行的做法。馬提尼克島的情形即為一例。

吉羅前來訪問，取得了極大的成功。我們將此次訪問嚴格限定在軍事領域，正藉助每次前往北非的船隊，直接向他的部隊輸送額外裝備……

與戴高樂的齟齬

羅斯福在電文最後建議採用一種聯合方式,該方式是基於與法蘭西委員會「進行合作」而非「給予承認」。

我於7月22日對羅斯福總統的電報作出以下答覆:

前海軍人員致羅斯福總統

1943年8月3日

1. 首先,我認為你所建議的方式相當令人失望,並且無法平息我們兩國人民要求承認的激動情緒;然而,局勢正朝著對我們有利的方向發展。當義大利的所有問題被公開時,法蘭西委員會將會深刻地感受到被忽視。我認為,戴高樂現在更緊密地受制於委員會。關於指揮權的安排,似乎比之前的僵局更讓人滿意。

2. 因此,我已經請求外交部對你的處理方式進行某種調整,以便調和我們雙方的觀點⋯⋯若我們無法達成一致,還可以繼續商討。

已經提及的魁北克會議,此刻即將召開。我們目前陷入僵局。

羅斯福總統致首相

1943年8月4日

我真誠地期望,在我們能共同討論之前,關於承認法蘭西民族解放委員會一事,不要採取任何行動。

在歷經艱辛的辯論之後,我才成功說服美國人發表了一份以一般辭句撰寫的宣告,以支持北非已經成形的政治局勢。

(在魁北克)首相致函阿爾及爾的麥克米倫先生。

1943年8月25日

1. 經過長時間的艱辛討論後,關於承認問題,我們達成了一連串我相信可以視為滿意的解決方案。我們認為,雙方最好各自用自己的角度來表達看法,而不必堅持以美國和聯合王國的聯合宣言形式。

2. 在我看來，羅斯福總統和赫爾先生已經為滿足我們的期望付出了巨大的努力。請向委員會中的朋友們傳達，我堅信他們應以最誠摯的言辭歡迎美國的宣言，而不應在承認的方式上指出可能引發反感的差異。相反，他們越是對美國的宣言表示欣喜，就越有利於他們。在當前的時刻，保持對美國的友好態度將對法國的利益有特別大的助益。另一方面，如果報紙或廣播進行不當評論或批評，只會重新激起國務院的憤怒。

次日公布關於承認法蘭西民族委員會的宣告，象徵著一個時代的終結。儘管法國領導人未受邀參與義大利的停戰談判，也未被邀請加入後續成立的地中海委員會以處理義大利事務，但他們現在已經以法國代表的身分正式與盟國往來。

日子一週接著一週地流逝，然而戴高樂與吉羅之間的權力角逐並未減弱，雙方在處理民政和軍事事務時頻頻發生摩擦，且過錯並非總在戴高樂一方。關於科西嘉島的解放，也出現了一些不必要的事件，當地的「自由法國」成員曾在 9 月 9 日晚間占領阿雅克肖。吉羅兩天後派遣一支遠征軍前往該地，他的軍事指揮官與當地戴高樂派的領導人不幸發生爭執，導致關係進一步惡化。從軍事角度來看，島嶼的解放進展緩慢，但最終取得了成功。

首相致函哈羅德・麥克米倫先生（位於阿爾及爾）

1943 年 10 月 3 日

如您認為合適，請將我以下的祝詞傳達給吉羅將軍和戴高樂將軍：

「恭喜你們的部隊在科西嘉島取得了成功的進展，並熱切盼望這個著名島嶼能很快獲得解放，重歸法國的懷抱。」

次日，法軍完成了該島的占領。

為了拓展法國政權的基礎，臨時協商會議的計畫在 10 月取得進展。

與戴高樂的齟齬

吉羅的地位不斷減弱。他唯一的支持來自陸軍中一些重視美、法友好關係的人士，而他作為民族委員會共同主席的支持迅速消失。戴高樂顯然是更為強而有力的領導者。11月3日，協商會議首次在阿爾及爾召開。法國的政治生活逐漸顯現出未來政府的雛形。11月8日，正值北非登陸一週年，吉羅辭去民族委員會職務，但仍任法軍總司令。我對這些事件可能帶來的後果感到不安。在這些意見分歧者之間維持某種均勢，對法國未來的統一極為重要。

因此，我撥通了羅斯福總統的電話：

首相致羅斯福總統

1943年11月10日

法蘭西民族委員會的變動導致戴高樂成為唯一主席，這讓我感到不滿。我們認可的組織性質截然不同，其核心特徵是吉羅和戴高樂共同擔任主席。我建議，在我們共同商討局勢前，應持完全保留的態度。

我期待在前往德黑蘭會議途經開羅時，借檢閱法國新陸軍之機，將兩位對立的將軍聚集一堂。

首相致函麥克米倫先生（位於阿爾及爾）

1943年11月2日

若我能在現下至聖誕節期間於非洲抽出幾日，我希望能對法國的新陸軍進行視察。你可以謹慎地詢問戴高樂將軍和吉羅將軍雙方，是否樂意接受。我們可以在一個下午進行閱兵，晚上找個地方過夜，翌日清晨再觀摩一些演習。在此情況下，我希望以法蘭西民族委員會的客人身分出席，我相信，他們可能會將此視為一種敬意，這也正是我們的意圖。由於種種顯而易見的原因，目前我尚無法確定具體日期。

由於敘利亞的「自由法國」政權採取了粗暴而悲劇性的舉措，我的計

畫未能實現。1941 年底,「自由法國」宣布敘利亞和黎巴嫩正式獨立。我們在 1942 年 2 月承認了這些共和國,並委派愛德華・斯皮爾斯爵士擔任英國公使。然而,整整一年過去,毫無進展。兩國的內閣雖然已經改組,卻未舉行選舉。反法情緒不斷增長。1943 年 3 月,兩國任命了臨時政府。7 月和 8 月的選舉顯示,民族主義者在兩國占據壓倒性多數,他們要求徹底修改託管憲法。由於「自由法國」政權的軟弱無能,當地政治家對法國戰後給予獨立的承諾失去信心,遂採取行動。10 月 7 日,黎巴嫩政府提議取消法國在共和國的地位。一個月後,阿爾及爾的「自由法國」委員會不承認黎巴嫩有權單方面行動。卡特魯將軍的代表埃勒先生從阿爾及爾返回後,下令逮捕黎巴嫩總統及多數閣員。這個舉動在貝魯特等地引發騷亂,最終釀成流血事件。英國內閣對此深感不安。

　　法國採取的措施,完全推翻了我們與法國人以及我們與敘利亞和黎巴嫩人所達成的協定。這與我們宣布的大西洋憲章及其他多項宣言相矛盾。顯然,在整個中東和阿拉伯世界,這種情況將被誤解,而且無論在哪裡,人們都會質疑:「這究竟是怎樣的法國?一方面向敵人屈服,另一方面卻企圖讓其他國家服從於它。」

　　因此,我認為英、美兩國政府需要共同做出強烈反應。當初在魁北克會議上,我們承認那個組織的性質,因戴高樂獲得全權,現已徹底改變。然而,地中海東部國家的騷亂則屬於不同性質,這使我們有充分理由在全球輿論支持下,與戴高樂解決此問題。我主張,應釋放被綁架的黎巴嫩總統及內閣成員,並恢復其全部職務,一旦法律和秩序得到保障,黎巴嫩議會應重新召開會議。若戴高樂拒絕立即採取行動,我們應撤銷對法蘭西民族委員會的承認,並停止為北非的法國部隊提供武裝。

　　我不得不下令威爾遜將軍準備在必要時派遣英國部隊以接管黎巴嫩並恢復秩序,但幸好後來的發展並不需要。卡特魯將軍於 11 月 16 日自阿

爾及爾來此進行調解，法國當局於 11 月 22 日釋放了被囚禁的政治家，同時，目的是為了最終實現敘利亞和黎巴嫩獨立的長期談判也正式啟動。

這些事件對我們與自由法國委員會及戴高樂將軍的關係造成了影響。在過去一年中，我們付出了諸多努力，試圖在美國、英國和「自由法國」領導人之間建立真正戰鬥友誼為基礎的統一政策，但結果卻令人失望。

軸心聯盟現裂痕

1943 年秋季

墨索里尼試圖重建法西斯黨，導致義大利陷入內戰的恐怖。在 1943 年 9 月停戰後的數週內，德軍占領的義大利北部的義大利軍官和城鄉愛國者開始組織游擊隊，對抗德國人及仍效忠墨索里尼的國民。他們與羅馬南部的盟軍及巴多格里奧政府取得聯繫。在這幾個月間，義大利人處於內訌、暗殺和屠殺的殘酷環境中，為對抗德軍占領而成立的抵抗運動已經遍及全國。正如歐洲其他被占領地區一樣，義大利中部和北部的起義震撼了各階層的人們。

他們在宣布停戰時仍然被關押在義大利北部的盟軍戰俘，獲得了他們的幫助與支持，這是他們取得的重要成就之一。大約有八萬名盟軍戰俘，他們穿著顯眼的軍裝，大多數人不熟悉義大利的語言和地理。此外，義大利抵抗運動的成員和鄉村的樸實民眾冒著風險將至少一萬人帶到安全的地方，他們當中的絕大多數人穿著由當地居民贈送的便服。

自從簽署停戰協定並且義大利艦隊忠誠地加入盟軍以來，我意識到我應該與義大利國王和巴多格里奧元帥合作。至少在盟軍占領羅馬並建立一個真正具有廣泛基礎的義大利政府之前，我應該這樣做。我相信，維克托‧伊曼紐爾國王和巴多格里奧能夠比任何由義大利流亡者或反法西斯政權組成的政府對我們共同的事業做出更大的貢獻。義大利艦隊的投降便是他們權威的有力證明。然而，反對與任何曾與墨索里尼合作或支持過他的人有任何關聯的聲音依然存在，因此在羅馬的左派政黨中，立即湧現出各種陰謀事件，試圖取代國王和巴多格里奧，掌握權力。鑒於戰爭的緊迫性

以及使義大利心甘情願地與我們並肩作戰的重要性，我在發現這些動向時便立即予以遏制。在這方面，史達林元帥支持了我，因為他遵循俄羅斯的一句諺語，「在過橋之前，你可以與魔鬼同行。」

在權衡來自阿爾及爾的麥克米倫提議和艾森豪的建議後，我撥通了羅斯福總統的電話，尋求他的看法。

首相致羅斯福總統

1943 年 9 月 21 日

……我與戰時內閣的同事們已經達成以下結論：

確立義大利國王的權威和布林迪西統治機構的政府地位，同時確保他們在整個義大利享有統一指揮的能力，這極為重要……儘管巴多格里奧今晚已經透過廣播發表了演講，但我們仍然認為義大利國王應該親自來到巴里，透過麥克風向義大利人民發表演講，告知他們他的存在，並宣布巴多格里奧在他的授權下繼續負責領導義大利的合法政府，這一點非常必要。這不僅對義大利人民很重要，對義大利在國外的代表和駐軍同樣如此。

我們應當向義大利國王和巴多格里奧傳達，他們需要盡力籌組一個擁有最廣泛基礎的反法西斯聯合政府。所有正派人士，只要能夠提供有益貢獻，均應在當前緊急時刻團結起來。國王在廣播中應該闡明這一點。如果斯福爾札伯爵和自稱代表六個政黨的教授們願意共同努力，那當然是有益的。然而，必須明確宣告，因戰爭需要而採取的任何臨時措施，未來絕不能妨礙義大利人民自由選擇他們真正期望的民主政府形式。

關於給予巴多格里奧政府同盟國地位的問題，目前尚未列入計畫。給予其共同交戰國的地位已經足夠。根據這個立場，我們應該逐步將義大利轉變為對德作戰中的有效力量，但如跟我們之前所述，義大利必須自力更生。它在對敵作戰中的貢獻，將在調整和執行停戰條件時得到認可。另一方面，我們希望巴多格里奧在停戰協定的基礎上繼續為盟國效力。我們的

原則是按結果給予報酬。巴多格里奧可以自由對德宣戰，如果他這樣做，他將立即成為我們的共同交戰者，儘管不是同盟者。

我們可以告知巴多格里奧，我們無意在各地設立盟軍政府。若他願意與我們合作，我們準備將從敵軍手中解放的領土立即移交給他的政府。這個提案適用於義大利的本土、西西里島及撒丁島。在允許義大利政府管理的領土內，聯合國家將透過管理委員會與其進行交接。

假如能夠立即簽署全面的投降文件，即便其中存在某些修改，我們將發現處理當前的事務會比現在輕鬆許多。誠然，布林迪西的當權者在現有條件下無法執行許多條款。然而，隨著我們向半島北部的推進並將領土移交給義大利政府，這些問題將變得切實可行。我們不想陷入每項要求都需要與義大利政府討價還價的境地。關於投降文件的簽署，拖延的時間越長，困難就會越多，因此我希望艾森豪能夠基於我外交大臣電報的建議，盡快促使巴多格里奧簽署。

此計畫須立刻呈交給義大利國王和巴多格里奧。首先，義大利國王應依照建議公布公開宣告。這顯然無需等到政策最終修訂完成後才執行。

這份電報與羅斯福總統的以下電報幾乎是同時發送的：

羅斯福總統致首相

1943 年 9 月 21 日

倘若您認可以下電文，我將立刻將其提交給艾森豪將軍：

鑒於義大利當前的形勢，急需採取切實可行的措施，這是極為重要的。

1. 你應暫時不接受長期的停戰協定，等待進一步的指導。

2. 基於軍事需求，你被授予權力，隨時可以提出關於削減軍事停戰協定條款的建議，以便讓義大利人在其能力範圍內對抗德國。

3. 若義大利現任政府對德宣戰，我們應允許其依照第四段的規定履行職務，因此在對德戰爭中，應視其為共同作戰者；此類關係應建立在明確

的諒解之上，即絕不損害義大利人民在選擇他們最終政府形式方面的自由權利，並且在德國人尚未被逐出義大利領土之前，不決定義大利政府的最終形式。

4. 盟國軍政府和停戰協定執行委員會所設制的職能，應在實際條件允許的情況下，迅速併入由盟軍總司令掌管的盟國委員會。該委員會有權隨時指導和指令巴多格里奧政府在軍事、政治及行政事務上的行動。

5. 你應該採取所有切實可行的方法，以及在你的指引下，鼓勵並全力動用義大利的武裝部隊參與對德作戰。

依我之見，這兩份指示在任何重大論點上似乎並無矛盾，唯一例外是關於延遲接受長期投降條款的部分。對此，我遵循了羅斯福總統的意見，因此我們共同決定，將他的電報作為我們雙方的指示遞交給艾森豪將軍。

9月14日，墨索里尼在獲得「解放」後首次會晤希特勒。在接下來的幾天中，他們探討如何在德軍仍占領的義大利地區內，延續義大利法西斯的存在。9月15日，義大利法西斯領袖宣稱他已經重新掌控法西斯黨的領導，並宣稱一個新的共和──法西斯黨在清除叛徒後，精神煥發，準備在北部重建一個忠誠的政府。舊制度如今披上偽裝革命的外衣，看似在短時間內可以重新燃起生命之火。然而，結果令德國人失望。戈培爾當時的評論洩露了這個消息。

法西斯領袖未能從義大利的劇變中得出我們元首所渴望符合道德的結論。儘管與我們的元首會面，並重新獲得完全的自由，這自然讓他欣喜若狂。然而，我們的元首期望他首先要做的，就是對那些背叛他的人進行充分的報復。然則，他並未採取這樣的行動，這恰恰揭示了他的真正局限。他並非如我們的元首或史達林那樣的革命者，他對本國人民的責任感束縛了他，使他缺乏世界革命者和叛逆者的宏偉雄心。

然而，這一切已經無可挽回。墨索里尼的「百日醜劇」在猶豫不決中

拉開帷幕。9月底，他將總部設在加爾達湖畔。這個可憐的傀儡政府以「薩洛共和國」而命名。這場拙劣的悲劇在此上演直至落幕。曾經掌握義大利20餘年的獨裁者和立法者，如今與他的情婦一起，在德國主子的掌控下苟延殘喘，遵循他們的指令，同時在精心挑選的德國衛士和醫生的嚴密監視下，與外界隔絕。

義大利的投降，令其駐紮在巴爾幹半島的軍隊措手不及，許多部隊因此被困於當地游擊隊與企圖復仇的德軍之間，處境極為險惡。報復行為極其殘忍。科孚島上的七千多名義大利駐軍幾乎被曾經的盟友全數殲滅。克法利尼亞島的義大利軍隊抵抗至9月22日。未戰死的多人被槍決，餘者被流放到外地。愛琴海一些駐軍嘗試分散逃往埃及。在阿爾巴尼亞、達爾馬提亞海岸及南斯拉夫境內，部分義軍分隊加入了當地游擊隊。更常見的則是，他們被迫參與強制勞動，軍官遭到處決。在門的內哥羅，義軍兩個師團的大部分官兵被鐵托改組成為「加里波第師」，在戰爭接近尾聲時遭到慘重損失。在巴爾幹半島和愛琴海地區，義大利軍隊自9月8日宣布停戰後損失約四萬人，這個數字尚未計入那些死於流放營的士兵。

我向史達林闡述了當下局勢以及我們的政策。

首相致史達林總理

1943年9月21日

在德國勢力的支持下，墨索里尼成為所謂共和法西斯政府的領袖，因此，我們迫切需要反擊這個行動，方法是竭盡所能地增強義大利國王和巴多格里奧的權威。他們已經與我們簽訂了停戰協定，並且竭力忠實地履行了協定，交出了大部分艦隊。此外，出於軍事考量，我們必須動員並集中義大利國內所有渴望對抗或至少阻撓德國人的軍隊。這些軍隊已經在積極行動。

因此，我提出建議請義大利國王透過廣播向國民呼籲，號召他們支持

軸心聯盟現裂痕

巴多格里奧政府，並宣布他願意籌組一個廣泛基礎的反法西斯聯合政府。顯而易見，他不應採取任何行動阻止義大利人民在戰後選擇他們的民主政府形式。

同時需要宣告，義大利政府、陸軍和人民在敵對行動中做出的所有貢獻，將在停戰協定的調整和執行中得到認可；然而，儘管義大利政府可以自由地對德國宣戰，這個舉動不會使義大利成為盟國，而僅是一個共同參戰國。

與此同時，我堅定地支持簽署尚未解決的全面停戰條件，儘管部分條款暫時無法執行。在這種情況下，我們將告知巴多格里奧，盟國政府準備在義大利本土、西西里島和撒丁島從敵人手中解放後，將其交還給由盟國執行委員會領導的義大利政府。

我也將這些建議提交給羅斯福總統。我希望你能認同這些觀點。正如你能輕易理解的，鑒於軍事原因，事態極為緊迫。例如，義大利人已經將德國人驅逐出撒丁島；德國人仍掌控著許多島嶼和關鍵地點，而我們有機會獲取這些地區。

他的回應是：

史達林總理致邱吉爾首相

1943 年 9 月 22 日

我已經收到你於 9 月 21 日發來的電報。

1. 關於義大利國王在廣播中向義大利人民呼籲的部分，我同意你的建議。然而，我覺得有一點極為重要，那就是在義大利國王的呼籲中，必須明確指出，義大利已經向英國、美國和蘇聯投降，並將與英、美、蘇共同對德作戰。

2. 對於簽署全面停戰協定的必要性，我同意你的建議。關於你所持的保留意見，即某些條款目前無法執行，據我理解，這種保留的意義僅在於

這些條款在當前仍被德國人占領的地區無法實施。不論情形如何，在這方面，我希望能從你那裡獲得確認或必要的說明。

我曾向羅斯福總統請教對此事的看法，並告知他，我相信即將在義大利設立的停戰協定委員會完全能夠處理長期投降條件。隨後，我發給他一封電報，內容如下：

前海軍人員致羅斯福總統

1943 年 9 月 24 日

麥克米倫現在向我表示，他堅信在未來幾天內能夠促使巴多格里奧在所有條件上達成協定，並指出拖延越久，爭論必然加劇。新的委員會可能需要一些時間才能發表他們的看法。如果我們現在解決這個問題，我個人會更加欣慰。這或許能避免未來的諸多麻煩。

基於艾森豪的建議，我們已經使序言的措辭較以前更加溫和。同時，我們確認 9 月 3 日的停戰協定依然有效。

前海軍人員致羅斯福總統

1943 年 9 月 25 日

我尚未回覆約大叔關於支持義大利國王的來電及他對所有條件的看法，因為我不清楚你對他可能的策略有何看法。你應該已經收到我的電報。麥克米倫告訴我，讓巴多格里奧簽字沒有任何困難。

總統羅斯福回覆道：

羅斯福總統致首相

1943 年 9 月 25 日

若能迅速簽署，我便同意你對於長期條件的看法，並已將此意見告知艾森豪。

軸心聯盟現裂痕

此刻，其他政治爭端接踵而至。

首相致函給麥克米倫先生（位於阿爾及爾）

1943 年 9 月 25 日

巴里電臺的廣播使用了「義大利和阿爾巴尼亞國王及衣索比亞皇帝」的名義，這令當地人感到震驚。我不必多言，如此愚蠢的行為若一再發生，將使我們的整體政策在當地失去信任。難道那位國王願意返回衣索比亞帝國接受加冕嗎？

……依我之見，義大利國王的演說在正式發表前需要經過我們的稽核；若時間緊迫，你無論如何也需要加以關注。演說中提到蘇聯極為重要，因為史達林對我們關於義大利政府此類政策的支持，具有重要價值。

9 月 28 日，巴多格里奧元帥搭乘義大利巡洋艦，從布林迪西起航，前往馬爾他島簽訂永久投降協定。艾森豪將軍與他的參謀長比德爾·史密斯將軍、戈特勳爵及亞歷山大將軍，在「納爾遜」號戰鬥艦上，以正式禮節迎接他。巴多格里奧希望刪除無條件投降的條款，但盟軍司令們堅稱，這是一份由盟國政府起草的文件，簽署會議不容許任何爭論。

在雙方完成簽字後，巴多格里奧和將軍艾森豪就對德宣戰一事進行了簡短的討論，這位義大利元帥希望能向德國宣戰。當天的日程則以視察停泊在馬爾他港內的義大利艦隊告終。

前海軍人員致羅斯福總統

1943 年 9 月 28 日

我們達成共識，現階段應對長期投降文件保密。我確信約大叔也會同意，但若由你代我們二人轉達我們的看法，那將更為妥當。

我們認為，商討將羅馬轉變為不設防城市是一個誤判，因為這或許會阻礙我們的進攻，而對敵方則沒有任何限制。

駐紮在義大利的軍隊面對新的局勢起初感到困惑不已。3年多來，義大利人一直是他們的對手。由於義大利加入了聯合國家的陣營，他們在短短幾週內便獲得了新的身分，其中一些人也因此採取了不同的態度。徵用軍需品的做法已經行不通。他們拒絕為英國軍隊提供住宿，而英國軍官如果沒有義大利的配給證則無法獲得食物。當地人對英國軍票持懷疑態度。曾擔任北方軍政長官的英國高級軍官，現在只是以聯絡官身分與義大利人接觸。他們所需的便利只能請求義大利人提供，而不能再強迫徵用。請求過多使義大利的新政權感到日益煩惱。最高當局不久對此進行了糾正，但一些義大利平民趁此變動之機大發橫財。羅斯福總統和艾森豪將軍認為有必要公開宣告，以向義大利人以及全球闡明「共同交戰國」的地位。我對這個建議表示歡迎。

前海軍人員致羅斯福總統

1943年9月30日

我同意我們應發表聯合公告，但這是否也是邀請約大叔參加的良機？他顯然已經承認義大利人為共同交戰者。雖然與莫斯科的聯繫會耽誤幾天，但相比俄國參與行動的價值，這種延誤似乎微不足道。

若您同意，能否請您以我們期望的公告形式，將內容告知史達林；他是願意與我們共同公布此公告，還是希望我們單獨公布且無需使用他的名義？當然，我們應考慮他可能對草稿提出的任何修改。

我個人認為有幾處需要修改，我將在即將發送的電報中包含這些意見。若你對此無異議，並同意與史達林進行交涉，是否可以請你以此形式將正文提交給他？

以下是我起草的宣言內容：

英、美、蘇三國政府已經確認巴多格里奧元帥所陳述的義大利王國政府立場，接受義大利國家和武裝力量的全面合作，將其視為對德戰爭中的

共同交戰國。自9月8日以來的軍事事件，以及德國對義大利人民的暴行，最終促成了義大利對德宣戰。事實上，這已經使得義大利成為共同交戰國。三國政府將在這個基礎上繼續與義大利政府合作。三國承認義大利政府承諾在趕走德軍後服從義大利人民意志。顯而易見，義大利人民透過憲法手段決定其民主政府形式的絕對自由權利，不容任何損害。義大利政府與聯合國各國政府間的共同交戰國關係，不會影響最近簽署的條件，這些條件仍然保有效力，僅在盟國政府與義大利政府達成協定後，依據義大利對聯合國事業可能提供的幫助進行調整。

這份宣告得到了羅斯福總統和史達林的認可。

斯福爾札伯爵如今活躍於義大利的政治舞臺。在法西斯黨革命之前，他曾擔任外交大臣及駐巴黎大使。墨索里尼掌權期間，他成為流亡者。在美國的義大利僑民中，他嶄露頭角。他曾表示支持義大利加入盟軍陣營，並在最近致函國務院一位高級官員時透露，他願意與巴多格里奧合作。隨著局勢日益緊張，他認為自己在義大利獲得主要權力的時機已到，並堅信他有資格獲得這種權力。他贏得了許多美國人的支持，並能影響部分美籍義大利人的選票。羅斯福總統希望在不推翻義大利國王和巴多格里奧的情況下，將他納入新的政府機構，因為我們對義大利戰役的軍事策略是以義大利國王和巴多格里奧為基礎的。

前海軍人員致羅斯福總統

1943年9月30日

關於你提到斯福爾札與義大利政府合作的電報，我認為，他的公開演說對義大利國王至少是不友好的。然而，在他9月26日的演說紀錄中，我發現了以下摘要，顯示他可能對我們的戰爭努力有所幫助：

倘若義大利的現任領導者全力以赴，奮力抗爭，那麼我們所有人的責任便是與他們共同作戰，將德國人逐出義大利。

我如此表述，源於我唯一的主要願望，即為勝利貢獻一己之力。我們可以團結在任何得到盟國信任的政府周圍，前提是該政府當前能有效作戰並將德國人逐出義大利。

　　若要我明日宣布成立共和國，我會回答：「不。當前最關鍵的是將德國人驅逐出義大利。這是義大利人的願望；然而，當義大利獲得自由後，義大利人將自行決定。」

前海軍人員致羅斯福總統

1943 年 10 月 1 日

　　我收到了有關斯福爾札的電報。他似乎提及了多種問題，但與他信中所描述的情況有許多不一致之處。他確實需要做出抉擇，是要努力支持巴多格里奧的王國政府，還是要損害該政府的聲譽。在我們決定支持他之前，必須明確我們本身的立場。如果你能安排他途經聯合王國返回義大利，我們可以在此給他更多友好的建議，如此豈不是更好？若讓他回到義大利只是為了削弱艾森豪在義大利人當中可能形成任何反法西斯和反德的微小抵抗，我認為這種做法沒有太大意義。

羅斯福總統致首相

1943 年 10 月 2 日

　　我收到了你關於斯福爾札的電報。據我所知，他和他的兒子計劃於 10 月 3 日乘飛機抵達普雷斯特威克，隨後前往馬拉喀什。

　　在他逗留聯合王國期間，我期望你能對其進行有力的教訓。今日，我向艾森豪發出一封電報，內容如下：

　　「向巴多格里奧傳達，美國政府認為，格蘭迪在現階段加入巴多格里奧政府是不可接受的。儘管格蘭迪可能在罷黜墨索里尼的過程中扮演了重要角色，但他與法西斯主義的關係過於密切。因此，若將他納入布林迪西

政府，勢必引發諸多不利的評論和誤解。首批被吸納入巴多格里奧政府的人士，應當是明確支持自由和民主原則的個人。只有在此類人士擔任重要職務的情況下，美國政府才會有理由支持當前的義大利政府。」

德國對義大利已經採取了全面的軍事行動，而巴多格里奧政府的主要力量在於其宣稱決心透過武力將德國侵略者逐出義大利。若義大利希望獲得共同交戰國的地位，則義大利政府必須立即對德宣戰。

斯福爾札伯爵途經倫敦時，我與他進行了一次深入的對話，我相信我們達成了一項協定。根據協定，他將忠誠地與義大利國王和巴多格里奧共事，直至我們能夠在盡快收復羅馬後，組織一個廣泛基礎的非法西斯主義政府。因此，我們堅持既定策略。我們計劃在義大利獲得解放之前支持君主制；在對抗德國的戰爭中，將義大利政府拉攏到我們這邊；透過增加具有代表性和抵抗德國的人物來加強該政府；我們要求俄國人參與當前關於義大利事務的安排。

在我們交流看法的此刻，我竭力主張最大限度地利用義大利的人力和船隻。

首相致外交大臣

1943 年 9 月 26 日

關於如何處理義大利戰俘及人力這個問題，我們是否應與義大利政府達成協定？我們無法允許如此多的義大利人在沒有紀律和約束的情況下，隨意留在英國或北非。如果將他們遣返，必將加劇我們航運的壓力。此外，我們也需要他們的勞動力。我們在非洲的軍事行動不能因看守大量俘虜而受阻。我們的第 1 裝甲師由於專用於看守俘虜，實際上已經失去了該有的功能。

從非洲返回聯合王國的船舶，通常是空的。在與義大利政府簽訂新協定之前，我們應確保俘虜的運輸工作持續進行。如果他們繼續當前的工作並嚴格遵守紀律，我已經準備好考慮改變義大利人地位的問題。

首相致函海軍大臣、海軍副參謀長及坎寧安海軍上將。

1943 年 10 月 2 日

1. 義大利海軍的船艦，無論是在亞歷山大港還是其他地點停泊，絕不能閒置無用。我計劃向美國方面建議，讓「利特里奧」號戰艦駛往美國進行裝備，以便參與太平洋戰爭，並將其調撥用於當地作戰。我還將向羅斯福總統建議，在戰爭結束後將義大利的這些戰艦轉讓給我們。理由如下：首先，我們承擔了對義大利作戰的主要責任；其次，我們的主力艦損失嚴重；最後，我們已經停止了主力艦的建造，以便推動當前的短期造艦計畫。我堅信，這些建議將以極其友好的態度被接受。對於以上所有事項，我希望獲得你們的意見，並請告知這些艦隻的構造情況和價值。

2. 我們必須充分利用巡洋艦及其他艦艇。不能允許一些關鍵艦隻閒置於地中海港口，需要讓最為重要和現代化的艦艇投入應用，而將過時的艦艇淘汰。較老的義大利戰鬥艦可以加入沿海炮轟分艦隊以發揮作用。1944 年，無論是在英吉利海峽還是印度洋，這些分艦隊都確實需要，儘管需求時間不長。

前海軍人員致羅斯福總統

1943 年 10 月 4 日

既然約大叔已經參與了我們關於義大利的宣言，那麼迫使義大利國王迅速宣戰顯然是首要任務。我明白這也是你的看法。我建議指示艾森豪對義大利國王施加最大壓力。不應再容忍等到攻克羅馬後再宣戰。我們認為，這是義大利人立功贖罪的絕佳機會。如果你同意，請立即發出必要的指令，無需再與我們協商。

總統立刻採取了行動。

軸心聯盟現裂痕

羅斯福總統致首相

1943 年 10 月 8 日

10 月 5 日，我向艾森豪公布以下通知：

總統和首相一致同意，義大利國王應迅速宣布對德宣戰。顯然無需等到占領羅馬之後。因此，你必須對義大利政府施壓，促使其早日宣戰，而無需等待更多成果。

因此，義大利王國政府於 10 月 13 日對德意志宣戰。

首相致函麥克米倫先生（位於阿爾及爾）

1943 年 10 月 23 日

我的方針是擴充義大利政府的基礎，並增強其左翼力量。關於現有的角色，我們在此掌握的消息有限。你應對這一切保持關注，並詳盡地向我報告。

我深知，義大利政府的任何改組，宜待攻下羅馬之後再議。占領羅馬後，便能贏得義大利及羅馬天主教會的支持。在羅馬，巴多格里奧和義大利國王恢復職位，更有利於團結義大利的實力派。羅馬是我們談判的地點，也是他們施展抱負的舞臺。

在此期間，切勿採取任何削弱義大利國王及巴多格里奧現有地位的行為。反之，我們更需予以支持，並引導他們與我們的部隊共同前行。同時，應持續全力尋找能夠強化現有政府力量的合適人選。

前海軍人員致羅斯福總統

1943 年 11 月 6 日

根據我掌握的所有資料顯示，若我們破壞義大利國王與巴多格里奧的聯盟，損失將會非常慘重。維克托·伊曼紐爾對我們而言並不重要，但他與巴多格里奧的合作確實促成了義大利艦隊的投降，而這支艦隊目前正在

發揮極為有益的作用。同時,這個聯盟也贏得了許多義大利軍隊和人民的忠誠,以及駐外義大利外交代表的支持。我們為何要削弱對他們的支持,進而加重英、美軍隊向羅馬推進的負擔呢?在我看來,直到我們進入羅馬並能夠組織一個具有真正廣泛基礎的義大利政府之前,我們不應鼓勵對巴多格里奧和義大利國王政權的任何變動。

我了解艾森豪基本上支持這個觀點。我們必須堅持現有的成果,直到確定可以獲得更好的收穫,而且這種更好的收穫只有在我們占領羅馬之後才能確保獲得。

這正是我啟程前往開羅和德黑蘭時義大利所面臨的動盪局勢。

軸心聯盟現裂痕

錯失島嶼勝利機會

義大利的投降使我們能夠以極小的代價和努力在愛琴海獲得重要的戰略利益。義大利駐軍遵循義大利國王和巴多格里奧元帥的指令。如果我們能在他們被各島上的德軍威逼並解除武裝之前抵達，他們會選擇投誠。德軍數量相對較少，但他們對盟友的忠誠可能已經生疑，並準備了相應措施。羅得、萊羅斯和科斯這三個島嶼長期以來都是我們在次要作戰區域內的重要戰略目標。羅得島是這些島嶼的關鍵，因為擁有優良的機場。我們的空軍可以從那裡起飛，保護我們已經占領的其他島嶼，並使我們的海軍完全控制這片海域。此外，如果駐紮在埃及和昔蘭尼加的英國空軍將部分力量轉移到羅得島，他們能夠同樣甚至更好地保衛埃及。在我看來，錯過這些機會那就太可惜了。我們有能力控制愛琴海的制空權和制海權，對土耳其可能產生決定性影響，因為由於義大利的崩潰，土耳其已經受到極大震動。如果我們能夠利用愛琴海和達達尼爾海峽，這將為海軍通往俄國開闢捷徑，進而不再需要組織風險高、代價昂貴的北極護航隊或維持通過波斯灣那條漫長而乏味的供應線。

一開始我便意識到，我們必須做好準備，以便在義大利崩潰或德國遭遇圍困時抓住機會。

首相致函伊斯梅將軍，轉交參謀長委員會

1943 年 8 月 2 日

1. 當前有一項重要任務，我們必須全力推進。如果克里特島和羅得島的義大利軍隊對德國人展開反抗，並隨後陷入僵局，我們必須儘早支援義大利人，這樣也能促使當地居民提供援助。

2. 應在今日通知中東方面：為了預防突發事件，可以暫停對土耳其的所有供應；他們應該準備遠征部隊，不必拘泥於師級編制，以便抓住可能出現的機遇。

3. 目前沒有時間進行常規編制，反而需要利用現有的任何作戰部隊。在不妨礙對義大利主要作戰行動的情況下，是否能夠設法至少獲得一些攻擊艦艇？這並不是說，軍隊只能由裝甲的登陸艇輸送登陸。假如他們能夠得到岸上友軍的援助，情況就會有所不同。在艦艇和海岸之間，可以使用輕舟和艦載小艇，可以嗎？

4. 我期望，參謀長委員會能夠支持這個舉動，因為儘管風險頗高，但其潛在收益巨大，而所需投入資源與人力卻相對有限。

中東司令部關於攻占羅得島的計畫與準備已經進行了數個月之久。8月期間，第8印度師已經為了此次軍事行動進行訓練和演習，並計劃於9月1日啟航。然而，到了8月26日，為了遵從前一年5月在華盛頓會議上作出的決議，聯合參謀長委員會命令中東司令部將原定用於運送第8印度師至羅得島的船隻調往印度，以便執行針對緬甸海岸的軍事行動，而該師則待命參與中地中海的盟軍部隊。

當義大利投降這個重大事件發生時，我的思緒再次回到了愛琴海的島嶼，因為它們一直是我們戰略上渴望獲得的目標。9月9日，我從華盛頓致電中東總司令威爾遜將軍，告知他：「這是大顯身手的時機。應當靈活應對，果斷行事。」威爾遜將軍渴望迅速採取行動，但他的部隊已被調走殆盡。當時他只有第234旅，這支部隊曾是經過嚴峻考驗的馬爾他島駐軍的一部分，而運輸工具方面，除當地拼湊的船隻外，別無他物。那些曾受過訓練的攻擊艦艇，最近從他那裡調走了，儘管這些艦艇仍在他的控制範圍之內，但由於美國方面的巨大壓力，他們要求將我們的船隻調離地中海，或調往西方參與尚遠的「霸王」戰役，或調往印度戰場。在義大利崩

潰前達成並適用於完全不同情況的協定，現在仍被嚴格執行，至少在中階官員中是如此。因此，威爾遜為了在多德卡尼斯群島迅速行動而制定的詳細計畫被粗暴地打亂。因此，我們只能盡最大努力，以有限的兵力去占領和維持那些在戰略和政治上具有重大意義的島嶼。

由戴維・斯特林中校（榮獲三級特殊功勳章）所組成的特殊空中防務團，已經在敵後兩、三百英里處，對敵方機場實施了一系列大膽且成功的襲擊，最近更將其行動範圍擴展至沙漠以外。9月9日晚，這支冒險隊的一位領導人物，傑利科海軍上將之子——陸軍少校傑利科勳爵，帶領小隊以降落傘登陸羅得島，試圖迫使該島投降。若我們能占領一個港口和機場，迅速派遣英軍到當地，這可能激勵義大利軍隊控制比他們人數少得多的德軍。然而，德軍頑強抵抗，義大利軍隊卻屈從於他們的權威。傑利科不得不迅速撤退。此後，想要攻占由六千德軍堅守的羅得島，所需兵力將超出中東司令部可以調動的範圍。

計劃占領羅得、萊羅斯和科斯三島的行動是聯合參謀長委員會在9月10日根據魁北克會議決定做出的最終總結中特別認可的。威爾遜曾迅速果斷地透過海、空兩路派遣小規模部隊前往其他一些島嶼，並於9月14日報告如下：

梅特蘭・威爾遜將軍致函帝國總參謀長

1943年9月14日

羅得島的局勢急遽惡化，我們未能及時反應。義大利軍在經過輕微轟炸後，將城鎮和港口交予德軍。此後，只有突襲登陸仍有可能，但不幸的是，曾為這場戰役訓練的第8印度師已被調往中地中海戰區，他們的船隻也因海軍部命令而分散。羅得島上的義大利軍士氣低迷，顯然無意抵抗，儘管他們曾宣稱會對抗德軍。我們已經占領卡斯特洛里佐島，並派遣部隊前往科斯、萊羅斯和薩摩斯島嶼。一小隊「噴火」戰鬥機今日將在科斯島

錯失島嶼勝利機會

編隊，今晚將透過空降方式派遣步兵駐防。一支步兵分遣隊也將前往萊羅斯島。我建議對愛琴海的敵方交通線進行不定期突襲，並在有機可乘時，利用希臘部隊占領希臘島嶼。由於紐西蘭師將移往中地中海戰區，目前僅剩裝備部分的第 10 印度師是唯一可用的部隊。

中東戰區所有軍隊和物資的處理權都在艾森豪將軍手中，因此我們無法對羅得島進行快速登陸。然而，我希望能仿效土耳其人在 1522 年攻下該島的方法，只是時間上希望能更短一些。

如果我們無法攻克羅得島，我們在整個愛琴海的成就將面臨巨大風險。只有充分利用空軍力量，才能實現我們的目標。如果我們曾經達成共識，實際上也不會占用他們太多時間。艾森豪將軍及其參謀似乎尚未注意到我們近在咫尺的目標，儘管我們曾主動將所有重要資源完全交由他們掌控。

我們現已了解到，德國人曾預測我們將在其東南側構成致命威脅，因此陷入極度恐慌。9 月 24 日，在德國元首總部的一次會議上，陸軍和海軍的代表們極力主張在尚有時間之際，應從克里特島及愛琴海其他島嶼撤離。他們指出，之前占領這些前進基地是為了在東地中海發動攻勢，但現在的局勢已經完全改變。他們強調必須避免軍隊和物資的損失，因為這些對大陸防禦具有決定性的重要作用。希特勒駁斥了他們的看法。他堅決認為不能下令撤退，尤其不能從克里特島和多德卡尼斯群島撤退，因為這樣做將不可避免地帶來不利的政治影響。他說：「我們的東南歐盟國和土耳其的態度，完全依賴於他們對我們實力的信心。如果放棄這些島嶼，將造成極其不利的局面。」事實證明，他為愛琴海島嶼而戰的決定是正確的。他在一個次要的戰區獲得了巨大的利益，而對主要戰略地位的損失微乎其微。在巴爾幹半島，他的判斷是錯誤的，但在愛琴海戰區，他的判斷卻很正確。

我們確實沒有計畫占領克里特島。島上的大量德軍迅速解除義大利軍隊的武裝並接管防務。然而，在其外圍的一些小島上，我們的軍事行動暫時進展順利。9月15日，開始從海、空兩路調動軍隊。英國皇家海軍派遣驅逐艦和潛艇提供支援。至於其他運輸工具，如小型沿海船隻、帆船和汽艇等，也都被徵用。到了月底，三個營分別占領了科斯、萊羅斯和薩摩斯三島，而一些小規模的分遣隊則在其他若干島嶼登陸。遇到的義大利駐防軍態度友好，但他們所吹噓的海岸防禦工事和防空設施卻相當簡陋。由於缺少船隻，我們自己的重武器和車輛無法運達。

從戰略角度來看，科斯島在羅得島之外具備了特殊的重要性。該島是唯一一個設有機場的地點，能夠讓我們的戰鬥機從此地出擊。機場已經迅速修復並投入使用，同時有24門「博弗斯」高射炮被運來以保護機場。自然，這個島嶼成為敵軍反攻的首要目標，自9月18日起，日益頻繁的空襲開始針對該地。我們的偵察機報告稱，敵方護航艦隊正逼近。10月3日黎明時分，德國傘兵部隊在中央機場降落，並擊敗了我們駐守機場的一個連。我們一個營的其他部隊已經被切斷，他們駐紮在島的北部，而敵人正從那裡登陸。顯然，以僅僅一個營的兵力——這是我們所能派遣的最大規模——要在一個長達30英里的島嶼上擊退這種兩面夾擊，實在無能為力。科斯島最終淪陷。皇家海軍曾努力阻止敵方護航隊前往科斯島，但未能成功。由於一個不湊巧的事件，除了3艘驅逐艦之外，其餘艦隻都被調走。當時，作為海軍主要艦隻在馬爾他集結的一部分安排中，我們兩艘戰鬥艦正奉命開往馬爾他，並需要其餘艦隻護航。

9月22日，威爾遜報告稱，為了在10月20日前後對羅得島發起攻勢，他提出了一些基本且合理的要求。除了動用第10印度師和部分裝甲旅外，他還請求提供海軍護衛艦、炮擊艦、3艘坦克登陸艇、若干軍事運輸艦、1艘醫院船，以及足夠空運一個傘兵營的運輸機。我對我們無法支

錯失島嶼勝利機會

援愛琴海的軍事行動感到極為煩惱。9月25日，我致電艾森豪將軍：

你將會看到中東總司令關於羅得島的電報。羅得島是東地中海和愛琴海的關鍵。如果德軍能在那裡增強防禦，這將是一個巨大的麻煩。中東司令部的要求很少。如果你能提供具體情況，我將不勝感激。我尚未向華盛頓提出這個問題。

為了獲得羅得島這個戰利品，以守住萊羅斯島並收復科斯島，我們向美國友邦請求給予必要的少量援助，這要求似乎微不足道。在過去三個月中，他們在我持續施壓下所作的讓步，因為我們取得的驚人成就而得到回報。為增強英國軍隊的實力，我完全有理由要求極少的援助。英國軍隊正準備參與愛琴海的軍事行動，或在聯合參謀長委員會的同意下，已經被派往危險地區。只要能獲得運輸1師兵力的登陸艇，並由主要盟軍空軍提供幾天的協助，羅得島肯定會是我們的。然而，德國人已經重新掌控局勢，並將眾多飛機調至愛琴海，來阻撓我滿心想要實現的目標。

我向羅斯福總統詳細闡述了這個問題的全部情況。

前海軍人員致羅斯福總統

1943年10月7日

1. 我對東地中海局勢的演變深感憂慮。義大利崩潰後，我們迅速派遣一支小規模的分遣隊從埃及攻占了一些希臘島嶼，尤其是科斯島和萊羅斯島。科斯島擁有一個機場，萊羅斯島則是義大利的海軍基地，設有防禦工事和強大的永久炮臺。我們此次冒險進攻的原因在於希望義大利駐軍能加入防守，但這個希望似乎已成泡影。科斯島現已失守，僅有少量部隊仍在山區作戰。萊羅斯島很可能面臨相似的命運，而我們對羅得島的進攻計畫也未能奏效。

2. 我相信我們將領悟到：義大利半島與巴爾幹半島在軍事與政治上的聯合，實際上構成了我們必須面對的一個統一戰場。若我們忽視愛琴海

的動向，自然無法在義大利進行成功的戰役。德國顯然對這個東方戰場極為重視，並毫不猶豫地從他們原本已經緊張的空軍中抽調出大量力量，以維護他們在當地的地位。他們不得不擔心匈牙利和羅馬尼亞的背叛，以及保加利亞可能爆發的激烈分裂行動。土耳其也隨時可能全力進行反抗。我們可以清楚地看到，希臘和南斯拉夫的局勢對敵人是多麼不利。當我們回想由於我們的軍事努力在義大利引發的政治反應，取得了多麼輝煌的成果時，若忽視我提到的所有那些國家或其中某些國家中可能發生同樣甚至更大的崩潰局面，我們豈不是太缺乏遠見了嗎？如果我們能夠引發類似反應並從中獲益，我們在義大利的共同任務將會大大減輕。

3. 我從未想過要派遣軍隊到巴爾幹半島，我的意圖僅限於利用特務、軍需供應和突擊隊來支持當地已經活躍的游擊戰。這種策略最終將產生深遠影響，而對我們主要軍事行動的損失卻微乎其微。我所要求的是，攻占羅得島和多德卡尼斯群島中的其他島嶼；將中東空軍北移，以便在這些島嶼上，甚至可能在土耳其海岸建立基地 —— 後者是相當有可能實現的 —— 進而迫使敵人兵力分散，遠超我軍的分散程度。此外，這也為我們提供了一個機會，在新戰區與敵人逐漸減弱的空軍交鋒，進一步削弱其力量。敵方的空中力量有限，我們越頻繁地與其交戰越有利。

4. 羅得島在所有這些島嶼當中扮演關鍵角色。我並不認為當前的進攻方案已經達到了完美無瑕的地步。它需要並且理應至少派遣一個最精銳的師團占領，我們一旦成功占領該島，當然可以用一般的駐防部隊來接替。萊羅斯島是一個重要的海軍要塞，雖然我們目前控制著它，但局勢非常危險。一旦我們在該地區站穩腳跟，空軍與輕型海軍艦艇必將發揮極為顯著的作用。此策略需要迅速而有力地執行，這就要求動用精銳部隊和充足的運輸工具，否則便無須進行。這種偏離主要戰場的軍事行動僅為暫時，但其結果可能具有深遠和持久的重要性。

5. 我懇請你考慮這個問題，勿置之不理，以免在未來數個月的危機四

錯失島嶼勝利機會

伏中,我們錯失所有這些可能性。即便能將1個師團的部隊及登陸艇和襲擊艦從「霸王」行動計畫中暫時調撥,使用數週而不改變預定行動日期,這也是值得的。我深感,我們可能會輕易錯過一個絕佳但稍縱即逝的機會。如果你認為合適,請在聯合參謀長委員會作出任何決定前,讓馬歇爾將軍查看這封電報。

我收到羅斯福總統的一封電報,深感痛心。這封電報(他已經寄給艾森豪)實際上等同於拒絕所有援助,使我在得到他和美國三軍參謀長的同意之後所做的承諾,現在面臨即將到來的挫折。那些過去費力壓制的負面力量,如今再次掌控局勢。

羅斯福總統致首相

1943年10月8日

我不願強迫艾森豪修改計畫,因為這將限制我們達成目標的能力,即在義大利的軍事行動應儘早順利推進,以便在羅馬以北建立穩固的防線。

如果艾森豪認為任何對原定計畫的修改會危及他在義大利現有地位的穩固,我將堅決反對。艾森豪的敵人在地面部隊和裝甲師的數量上占有明顯的優勢;相較於敵方的這些顯著特點,我方在建立穩定陣地方面的進展非常緩慢。

我認為任何部隊或裝備的調動,都不應該損害既定的「霸王」行動計畫。

美國三軍參謀長對此表示支持。

此電報的副本我已經寄送給艾森豪。

我特別留意到這樣一句話:「我認為任何部隊或裝備的調動,都不應該損害既定的『霸王』行動計畫。」以這樣的理由為藉口,簡直是忽視了各項事務的優先順序,這種說法是:若將與「霸王」計畫相關的五百多艘登陸艇中的9艘推遲6週歸還,就會影響1944年5月的主要軍事行動。無

論如何，從現在到執行「霸王」計畫還有 6 個月的時間。因此，我決定再次向羅斯福總統提出懇切的請求。回想今年 6 月，我與馬歇爾將軍一起前往阿爾及爾之後所取得具有深遠影響的成功結果，並且我們的好運氣也從那次旅行開始，因此我認為我可以要求採取同樣的行動。我做好一切準備，計劃立即飛往突尼西亞。

前海軍人員致羅斯福總統

1943 年 10 月 8 日

1. 我回憶起我們以往協同合作所取得的豐碩成果，並意識到這些成果對於未來的重要性。因此，我懇請你在這關鍵時刻，認真考慮我的建議。

2. 我堅信，若在此時不攻下羅得島，同時忽視東地中海的整體局勢，勢必在戰略上犯下重大錯誤。我也相信，若我們能坐在談判桌前商討，這場戰役可以融入我們的計畫中，既不會影響在義大利的推進，也不妨礙「霸王」行動的準備工作。關於義大利的推進，正如你所知，我一直以來都是堅定支持的；對於「霸王」計畫，我同樣準備給予忠誠的支持。

3. 能否請你回憶一下：在魁北克，當我們接到報告時，得知至 12 月 1 日前，能夠在義大利登陸的部隊不超過 12 個師，我是何等焦慮。如今，到了 10 月 9 日，登陸的部隊已經超過 15 個師，其中約 12 個師已經投入戰鬥。我們明白，敵軍正在向北撤退，同時進行防衛戰以期能運走戰利品；我們尚無法斷定究竟是 10 月還是 11 月能占領羅馬；但可以肯定的是，在 12 月之前，甚至更晚，我們無法在義大利北部與德國的主力部隊接觸。當然，前進的速度由我們掌控。

4. 因此，我們有足夠的時間派遣一個師去攻占羅得島，並在我軍抵達後德軍設防戰線之前，將該師調回義大利戰線。

5. 我們需探索解決這些困難的途徑，並釐清應採取的正確步驟。若你能派遣馬歇爾將軍或你的私人代表與我會晤，我願與英國三軍參謀長一

同前往艾森豪總部，隨後將我們詳盡討論的結果送交給你和你的三軍參謀長。我們可在星期日（10月10日）下午抵達。

當天稍晚，我再次撥通了羅斯福總統的電話：

1943 年 10 月 8 日

1. 我需要再補充幾句。我曾經提過，據我估計，「霸王」作戰計畫所受到的影響，僅限於9艘登陸艇的歸還時間被延後約6週。這些登陸艇原本計劃在本月內從地中海返回，而距離「霸王」作戰計畫真正需要它們的時間還有將近6個月。我認為，在處理我們共同的事業時，應該具備一定的靈活性和合理的調整空間。

2. 魁北克會議曾決定派遣4艘登陸艦及其搭載的飛機，從東地中海前往孟加拉灣進行演習，然而事實證明此項決定不當。該決定原本應該因為義大利投降帶來的新局勢而重新評估。遺憾的是，這個重新審查並未進行，導致東地中海地區在能夠以極小代價獲取豐厚戰利品時，卻被剝奪了所有的登陸艇。

這兩封電報的日期是10月8日，這一點極為重要。就在當天，我們獲得的情報充分證實了我的判斷：敵軍在後衛部隊的掩護下正向羅馬及其北部撤退。直到一、兩天後，我們才意識到敵人計劃在羅馬南部固守陣地與我們交戰。儘管這個發展創造了新的局勢，但對我們在義大利的部隊並未構成直接威脅。

羅斯福總統致首相

1943 年 10 月 9 日

我已經收到你於10月8日發來的電報，並親自審慎地考慮了你所提出的幾點意見。我對這些意見進行了深思熟慮，參謀長們也同樣如此。我所關注的是，我們的軍隊可能會因敵方的行動而遭受損失。因為敵人除了空軍之外，還擁有更為優勢的兵力，而且他們的指揮官兼具智慧與勇氣。

這一點尤其適用於我們期望在義大利獲得的那條絕對安全的防線。

充分了解了你在東地中海面臨的困難後，我在上次發給你的電報中表達了這樣的觀點：不應從義大利調動任何兵力，以免危及盟軍在該地區的安全；此外，任何針對次要目標的行動都不應妨礙「霸王」計畫的成功。

我們現今已經掌握幾乎所有事實，可以評估羅得島戰役可能引發的任務。在我看來，這場戰役不僅僅是攻占羅得島的問題，還必然意味著我們企圖推進，德國人也將清楚地意識到這一點。若不推進，羅得島將面臨科斯島和克里特島的夾擊。

我支持在不承擔重大責任的情況下，於多德卡尼斯群島獲得任何可能的立足點。然而，目前局勢的問題不僅在於一次精心策劃和堅定執行的軍事行動，還在於持續推進該行動。這種推進需要從其他來源調動進攻工具，主要是船隻和飛機，而非地面部隊。這些資源不可避免地要從義大利、「霸王」作戰計畫，或可能是蒙巴頓的兩棲作戰部隊中抽調。屆時，我們將面臨的問題是：我們應從巴爾幹半島的南端開始戰役，還是更安全且迅速地推進到羅馬北部的既定陣地，以獲取更大收穫？在我看來，後者對巴爾幹半島的威脅超過了對羅得島進行必然危險的兩棲作戰。敵人知道，我們在羅得島的進攻缺乏持續的必要手段。從戰略角度來看，如果我們占領了愛琴海的島嶼，我要問自己，下一步我們該如何行動？同樣地，如果德軍繼續占領這些島嶼，他們又能如何？

關於你提議在星期日（10月10日）於非洲召開會議，這實質上是聯合參謀長委員會的另一場會議，必然只會有部分代表出席，而我也無法親自參與。坦白說，在當前形勢下，我不支持這種安排。依我之見，討論的問題完全可以透過我們的參謀長機構進行調整，這種方式比你所建議的方法更有效。我們已經掌握了大部分事實，並將在不久後得到明天在突尼西亞召開的會議結果。

羅斯福先生的答覆徹底擊碎了我最後的希望。如今，唯一能做的便是提請：即便羅斯福總統最初發來的電報是持否定態度的，但在總司令的會議上，它不應成為自由討論該問題的障礙。這項請求十分合理，因此獲准。

首相致威爾遜將軍

1943 年 10 月 9 日

在會議中，你必須竭力爭取更多支持以推進「武士爵位授與式」（羅得島）的作戰計畫。我對目前分配的兵力是否充足表示懷疑。若你失敗，後果將不堪設想。顯而易見，在未來一個月之內，地中海戰略局勢的核心在於「猛攻羅得島」。因此，務必謹慎行事。所需資源儘管提出，並與亞歷山大協商。我正竭盡全力。

前海軍人員致羅斯福總統

1943 年 10 月 9 日

1. 我冒昧地向您提出的意見，感謝您花費許多時間予以考慮。遵從您的意願，並因您無法派遣馬歇爾將軍出席會議，我已經取消了行程。我已通知威爾遜，沒有您的祝福，我絕對不會進行這次旅行。

2. 我贊同你在今天電報中最後幾句話的觀點，即我們應等待原定今日在突尼西亞召開的會議結果，然後再透過聯合參謀長委員會進行審議和決策。

3. 然而，我擔心，由於你在 10 月 8 日給我的電報副本已經送達艾森豪，它將被視為你發出的指令，並認為問題已經做了最終決定。若真如此，我感到很難接受。因此，我希望你明確表示，這次會議可以全面自由地探討整個問題，並且應將他們的結論，透過聯合參謀長委員會向你和我報告。我要求會議在聽取中東代表陳述他們的觀點後，必須對整個問題進行充分地、自由地、耐心地和毫無偏見地考慮。

4. 目前，威爾遜將軍正計劃在 10 月 23 日率領他所指揮的部隊，也就

是艾森豪將軍曾分派給他的軍隊，發起對羅得島的進攻。他確信這些兵力已經足夠，不過我仍然對他是否過於精打細算心存疑慮。因此在我看來，問題的關鍵在於：他是否只應獲得如此有限的支援，或是應當直接取消這項軍事行動。

5. 取消此戰役無可避免地會導致萊羅斯島的失陷——即便他們能堅守一段時間——並且我們將徹底放棄愛琴海的所有據點。愛琴海自此將成為德軍禁區，而我們在世界那一地區所獲得的，不是巨大的利益，而是政治和心理上極其不幸的反應。

6. 對於您提到的在義大利集結兵力的極端重要性，我深表贊同，並為此採取了多種措施以顯示對此事的熱忱。例如，我已經減少了英國中東指揮部的各項供應，以支持艾森豪將軍的作戰計畫，因為我們在這方面也有重要的利害關係。

總統羅斯福對我發去的電報作出以下回應：

羅斯福總統致首相

1943 年 10 月 9 日

以下電報已經遞交給艾森豪：

首相在致總統的電文中提到，他擔心總統於 10 月 8 日致首相的電報副本寄給你後，它將被視作總統發出的指示，並認為問題已經做了最終結論。首相希望向你清楚說明，計劃於今日在突尼西亞召開的會議，可以充分自由地從各個角度審查整個問題，並且應透過聯合參謀長委員會向總統和首相報告他們的（你和威爾遜將軍）結論。首相要求會議在聽取中東代表陳述他們的觀點之後，必須對整個問題進行充分、自由、耐心且毫無偏見地考慮。

總統已經指示，將首相所表達的上述願望作為你的指導原則。

錯失島嶼勝利機會

在會議的重要關頭，我們收到情報稱，希特勒決定增派駐紮在義大利的軍隊，計劃在羅馬以南展開一場主力戰役。此消息推翻了原本為攻占羅得島而計劃提供少量援軍的方案。威爾遜報告指出：

威爾遜將軍致首相

1943 年 10 月 10 日

1. 昨日，在突尼西亞會議召開之前，我接到了你的電話。我還與坎寧安和亞歷山大進行了交流。我認同，我們關於羅得島的計劃，以目前的規模來看，存在失敗的風險。該計畫本在停戰時有可能執行，但不幸的是，前幾天我們的運輸工具被調走了，而在稍縱即逝的有利時機來臨時，我們卻無法採取行動。

2. 自那時起，局勢的變化已經達到這樣的程度：單獨派出一個旅進行突擊，4 天後再派另一旅增援，這種策略若遇上不利的天時，可能導致兩批部隊面臨各個被擊破的風險。若要獲得我們在昨日會議上一致認為現今所必需的兵力，勢必需要呼叫「霸王」作戰計畫的登陸艇，以及亞歷山大用於進攻的艦船、登陸艇和飛機。根據昨日收到的最新情報，義大利的局勢已有顯著改變，我只能同意讓亞歷山大使用現有的全部人力和物力進行作戰。

3. 今天早晨，約翰・坎寧安、林內爾和我在假設羅得島計畫推遲的情況下，評估了愛琴海的局勢。我們認為，儘管防守日趨艱難，且需依賴土耳其的持續合作，但堅持守衛萊羅斯島和薩摩斯島仍非不可能。艾登將於星期二抵達此地，屆時，我會與他探討此事。然而，撤離駐軍將是一個極為棘手的問題，希望此情景永不發生。在愛琴海我們堅守不退，敵人試圖將我們驅逐，這使得大部分兵力受到牽制。

我立刻回覆如下：

首相致威爾遜將軍

1943 年 10 月 10 日

若有可能，請務必堅持。這將成為輝煌的成就。與艾登深入磋商，探討從土耳其人處能獲得何種援助。若在盡全力後仍需撤退，我必定提供支援，但勝利才是最佳選擇。

儘管我能理解隨著局勢的變化，參與我們義大利戰役的將領們意見受到了若干影響，但我心中始終不相信，攻占羅得島的計畫竟然無法與其他計畫相協調。然而，我做出了讓步，儘管這讓我在戰爭期間再度承受了極大的痛苦。一個人在被迫讓步時，若不愉快地表示順從，也是無濟於事的。在諸多重大問題懸而未決之際，我不能冒險破壞我與羅斯福總統的個人關係。因此，我藉助義大利傳來的消息，順勢接受了我認為是——至今仍然認為是——缺乏遠見的選擇，並給羅斯福總統發去一封電報，其中的第一段雖曾在其他地方提及，但現在我將全文公開如下：

前海軍人員致羅斯福總統

1943 年 10 月 10 日

1. 目前，我已經細讀艾森豪將軍關於此次會議的報告。德國人試圖立即增援義大利南部並在羅馬前線發起戰爭，這正是艾森豪將軍所稱的「過去 48 小時內所發生的劇烈變化」。我同意，我們現在必須預見到在抵達羅馬之前將遇上極為激烈的戰鬥，而不僅僅是擊退敵人的後防部隊。因此，我支持會議的結論：我們不能指望有任何相對平靜的間歇期來攻占羅得島；我們必須將現在所有重要兵力集中用於這場戰鬥，而將羅得島等問題，如艾森豪將軍建議的，留待等到羅馬北方成功建立冬季戰線後再行考慮。

2. 我此刻必須面對愛琴海的情勢。儘管我們原本計畫在 10 月 23 日攻打羅得島，但萊羅斯島可能在此之前已告失守。我已經指示艾登與威爾遜將軍和坎寧安海軍上將共同評估：在土耳其允許我們利用附近登陸點的前

提下，是否能動用仍屬中東司令部的資源，盡力奪回科斯島。如果無法取得任何成果，那麼除非今晚或明晚，我們幸運地消滅運載敵軍攻擊部隊的護航艦隊之一，否則萊羅斯島的命運已然注定。

3. 因此，我建議你通知威爾遜將軍，如果他認為局勢已經無可救藥，他可以選擇在夜間下令駐軍撤離，攜帶所有義大利軍官，並盡可能多地帶走其他義大利人，同時摧毀大炮和防禦工事。我們無法指望義大利人作戰，而我們僅有1,200名士兵，甚至無法配備一小部分必要的炮臺，更遑論防守外圍陣地。土耳其的避難所並不牢固，而且在那裡也無法長久停留；他們或許可以沿土耳其海岸撤出。

4. 我不願多說，當我做出這個決定時內心是多麼的痛苦。

我向亞歷山大表示：

首相致亞歷山大將軍

1943年10月10日

如今，你應竭盡所能地處理善後事宜……倘若局勢已經無可挽回，而你也無力改變，你應與威爾遜將軍一同商討，到底是應將萊羅斯的駐軍撤至土耳其，還是在摧毀炮臺後嘗試沿海岸逃脫。此外，還需盡力撤出其他島嶼上的沙漠部隊。如此行動，遠勝於讓他們被俘並使義大利軍官面臨槍決的命運。

我再次撥通了威爾遜將軍的電話：

首相致威爾遜將軍

1943年10月14日

留給你的兵力雖少，你卻能善加利用，令我欣慰。切勿灰心。

所有這些謹慎的策略，最終一無所獲。事實上，占領羅馬推遲到了8個月之後。相比於最初計劃在兩週內攻克羅得島所需的艦船數量，最終動

用了 20 倍的船隻，整個秋冬季節都用於將英、美重轟炸機的基地從非洲轉移至義大利。羅得島依然是我們的一大障礙。土耳其看著盟軍在其海岸附近遲遲未採取行動，變得更加不聽從指揮，並拒絕讓我們使用它的機場。

美國的參謀人員固執己見，而英國人如今不得不為此付出代價。儘管我們竭力維護在萊羅斯島的地位，駐防那裡的小型部隊其命運實際上已經無法改變。我們曾經主動將所有最精銳的地面和空中作戰部隊（遠超 5 月在華盛頓和 8 月在魁北克商定的數量）交給艾森豪自由指揮，並在超過最高統帥部計畫和期望的程度上，極力加強在義大利的軍隊。但現在我們卻不得不審視我們能用現有兵力做些什麼。萊羅斯島和薩摩斯島遭到猛烈轟炸，顯然是德軍展開攻勢的前奏。萊羅斯島的守軍已經增至一旅，包括三個精銳的英國步兵營。這些士兵曾在馬爾他島經受圍攻和食糧短缺的考驗，此時仍在恢復他們的體力和戰鬥力。

在科斯島陷落的那一天，海軍部曾指派一支包括 5 艘巡洋艦的強大海軍增援部隊，從馬爾他島駛向愛琴海。艾森豪將軍也部署了兩大隊遠程戰鬥機飛往中東，作為臨時應對措施。它們抵達後不久就展現出威力。10 月 7 日，敵方一個運送援兵去科斯島的護航隊，在海、空軍的聯合打擊下被摧毀。數日後，海軍又擊沉了敵人的兩艘運輸艦。然而，遠程戰鬥機於 10 月 11 日撤退。此後，海軍再度面臨與兩年前克里特島戰役時類似的局勢。敵人控制了制空權，而我們的艦隻只有在夜間活動，才不致遭受嚴重的損失。

戰鬥機的撤離決定了萊羅斯島的命運。敵人能夠在沒有重大干擾的情況下，利用分散的小規模船隊，持續集結兵力。我們現在了解到，敵人在船舶運輸方面面臨著危險的局勢。敵人延遲攻打萊羅斯島的原因，主要是由於他們擔心盟軍在亞得里亞海展開攻勢。10 月 27 日，我們得知 4,000

名規模的德國阿爾卑斯山部隊和許多登陸艇，已經抵達比雷埃夫斯，其目標顯然是萊羅斯島；11月初關於敵人登陸艇調動的報告，預示了敵人的進攻。德國的軍隊和飛機，夜晚隱蔽在群島中間，躲避我方的驅逐艦，白天在它們強大的戰鬥機保護下，以小隊形式移動，逐漸集結起來。我們自己的海軍和空軍對於它們悄悄地向前逼進，竟無法介入。

駐防部隊保持高度警惕，然而兵力實在有限。萊羅斯島由兩條狹窄地峽分隔為三個崎嶇山區。我們在每個山區部署了一營士兵進行防禦。11月12日清晨，德軍在該島東北端登陸，同時在萊羅斯城東南的海灣也發動了進攻。對這座城市的攻擊最初被成功擊退，但當天下午，600名傘兵在阿林達灣和格納灣之間的地峽降落，切斷了我們的防線。此前的報告曾指出，該島不適合傘兵降落，因而敵人的空降行動讓人措手不及。為奪回地峽，我們展開了巨大努力。在最後階段，駐守薩摩斯島的皇家西肯特第2團被派往萊羅斯島，但為時已晚，他們也未能倖免。島上的三營守軍缺乏空中支援，而敵機的猛烈轟炸使他們疲於應對，苦戰至11月16日晚，終於無力再戰。最終，這支精銳旅被敵人的強大火力壓制。

將軍威爾遜報告如下：

威爾遜將軍致首相

1943年11月17日

萊羅斯島在面對敵人絕對優勢的空襲時，經過極為勇敢的抵抗後，最終淪陷。這場戰鬥的勝負在毫釐之間。本可以輕鬆扭轉局勢，使之對我們有利，並以勝利收場。然而，我們失敗了，其後果顯而易見……在9月，我們明知危險卻仍然冒險而行。如果我們能攻下羅得島，一切都會好轉。我相信，總有一天，我們會有機會在一場戰役中從一開始就掌握有利局勢。

在飛往開羅的途中，當我閱讀這些每日傳來的電報時，心情異常沉重。我當時的回覆如下：

首相致威爾遜將軍

1943 年 11 月 18 日

感謝你關於萊羅斯島的來電。我欣賞你在指揮該島戰鬥時的表現。和你一樣，我認為這是一個嚴重的損失和挫敗，同樣，我也感到彷彿是在雙手被捆住的情況下進行戰鬥。我希望我們下次會議後，能有更好的安排。

隨著萊羅斯島的陷落，我們在愛琴海的所有希望暫時破滅。我們立即設法從薩摩斯和其他島嶼撤回少數駐軍，並從萊羅斯島救出殘餘部隊。撤出的英、希部隊超過 1,000 人，還有許多友好態度的義大利人及德軍俘虜。然而，我們的海軍再次遭受嚴重損失。6 艘驅逐艦和兩艘潛艇被敵機和水雷擊沉，另有 4 艘巡洋艦和 4 艘驅逐艦受損。希臘海軍分擔了這些損失，他們自始至終英勇參戰。

此刻，安東尼·艾登已經從莫斯科返國，我致電給他如下：

首相（在海上）致外交大臣

1943 年 11 月 21 日

萊羅斯島的陷落對我來說是一個巨大的打擊。若議會對此事進行討論，我建議從以下方針進行闡述：

有人或許會質疑：在沒有空中優勢確保的情況下，是否應該執行這樣的軍事行動？我們是否從克里特島及其他戰役中汲取了教訓？我們是否再次使用「斯圖卡」小型俯衝轟炸機，以重現過去在短時間內建立戰功的輝煌？答覆是：這些質疑非常合理，但詳細作答並不適宜。可以說明的是，所有這些論點在嘗試占領這些島嶼之前就已被預見。如果對這些論點有所忽視，那是因為其他理由和期望使其退居次位。若我們只進行十拿九穩的行動，必將面臨持久戰的局面。

錯失島嶼勝利機會

我們原本有可能以極低的成本輕鬆占領多德卡尼斯群島，但如今卻在經歷了重大消耗後失去了它，這種挫敗帶來的痛苦無需試圖減輕。你也應該強調德國人的巨大努力，他們在義大利境內原本處於不利地位，卻從那裡撤出了近半數空軍，進而間接援助了我們在義大利的軍隊。

務必提及的是，兩千名德軍中大部分在航運途中已經溺水身亡，加上戰鬥中陣亡的，他們傷亡的總數無論如何都與我們三千名俘虜相當。在這場戰鬥中，德國人所付出的代價（包括被俘人員），若以一命換一命的標準計算，可能遠遠超於我們的損失。然而，公正地說，這是自 1942 年托卜魯克戰役以來，我們首次遇上的真正重大挫折，但我希望不必將此視為一場嚴重的災難。

我已經詳盡描述了羅得島與萊羅斯島的悲慘事件。這些事件導致了我與艾森豪將軍之間前所未有的嚴重分歧，但幸而這些分歧僅限於一個小範圍。數個月來，我面對重重阻力，為他在義大利的戰役鋪平了勝利之路。我們在義大利本土集結了大批軍隊，不僅僅是占領了撒丁島，科西嘉島也是我們的額外收穫。我們從其他戰場吸引了大量德國後備軍。義大利人民和政府已經站在我們這一邊，並對德國宣戰。他們的艦隊加入了我們的艦隊，墨索里尼也成了逃亡者。羅馬的解放似乎指日可待。德國的 19 個師在被義大利夥伴拋棄後，散亂地分布在巴爾幹半島，而我們在那裡的兵力還不到 1,000 人。「霸王」行動的日期也未受到決定性影響。

除了西北非最高統帥部所考慮可能調動的師團外——根據懷特利將軍的報告——我還從駐紮在埃及的英軍和英帝國部隊中調出 4 個精銳師團。我們不僅協助艾森豪將軍領導的英、美參謀人員達成他們的勝利目標，還向他們提供了意料之外的重要資源，若無這些資源，可能會導致災難性的後果。我感到遺憾的是，我為了實現與我們已經達到同等重要的戰略目標而提出的小小請求，竟遭到如此頑固的反對和拒絕。當然，當戰爭

勝利在望時，幾乎所有發生的事情都可以被視為明智且正確的。然而，如果不是那些居於次要位置的人員頑固反對，我們原本可以在義大利戰役的所有戰果之外，還能進一步控制愛琴海，並很可能促使土耳其參戰。

錯失島嶼勝利機會

希特勒的祕密武器

在戰爭爆發的數年前，德國已經著手研發火箭及無人機，並在波羅的海沿岸的佩內明德設立了一座實驗站以推進此項工作。儘管這項活動被嚴格保密，但完全遮掩進行中的活動並非易事。早在1939年秋，我們的情報機構便開始報告各類遠端武器的消息。在戰爭初期的數年間，我們從多個管道聽聞了關於這個實驗計畫的傳言及零星情報，儘管這些消息時常互相矛盾。至1943年春，三軍參謀長們對這個計畫的最新情況進行了分析，伊斯梅將軍於4月15日將研究結果寫成備忘錄呈交給我，內容如下：

首相：

三軍參謀長們認為，有必要提醒您注意關於德國人測試遠端火箭的報告。自1942年底以來，我們已經接獲五份報告，儘管這些報告在細節上可能不夠準確，但它們揭示了一個基本事實。

三軍參謀長們認為，我們應抓住機會確認事實，若證據確鑿，應立即考慮對策。他們指出，在合適的科學與情報顧問的引導下進行調查，將取得最佳和最快的結果。因此，他們提議你任命一位立即負責此項任務的人選。他們建議你考慮鄧肯·桑茲先生，並認為若能讓他擔任此一職務，將非常合適。

三軍參謀長們亦提議，國內安全大臣應密切關注此類襲擊的可能性，並將上述建議告知他。鑒於當前階段證據尚不明確，他們認為不宜向民眾公布此消息。

三軍參謀長們請您批准上述提議。

戰爭初期，桑茲先生曾在駐挪威的防空部隊服役。之後，他指揮第一

火箭實驗團，但在一次車禍中雙足殘廢。1941年7月，他進入政府工作，擔任陸軍部財務處長，之後接任軍需部次官。在這些職務中，他對武器發展的總體指導工作負有重大責任，因此與三軍參謀長委員會建立了密切聯繫。由於他是我的女婿，對於三軍參謀長委員會願意賦予他這項重要工作，我自然感到高興，儘管我從未提出任何建議。

一個月後，桑茲先生提交了首份報告，並在戰時內閣中進行傳閱。以下摘錄了概述報告的核心要點：

我已經對德國遠端火箭發展的多種證據進行了審查。為補充這些資料，我曾要求在德國波羅的海沿岸的佩內明德附近區域進行空中偵察。根據之前的報告判斷，火箭的研發計畫似乎很可能在該地區進行。該空中偵察現已完成，拍攝的照片提供了更多重要情報。

顯然，德國人曾在一段時間內嘗試研製一種可以遠端轟炸特定區域的重型火箭。這項工程可能與噴射機和空投火箭魚雷的發展計畫同步進行。關於此項發展的具體進度，我們目前掌握的情報甚少。然而，根據現有的有限證據來看，或許已經取得顯著進展。鑒於倫敦的面積，它很可能成為攻擊的目標。

我們應全力以赴，透過大陸特務、戰俘口供及空中偵察等手段，獲取更多相關情報。

在德國境內以及德軍占領區內，似乎極有可能存在與此類武器研發和生產相關的實驗設施和工廠，而在法國西北部的沿海地區，也可能存在這種可疑的工廠。這些設施都應成為轟炸的目標。關於提議轟炸目標的初步名單，將會送交空軍參謀部。

6月4日，空軍副參謀長埃維爾空軍中將下達命令，使桑茲能夠直接聯繫負責收集特務與戰俘情報的相關情報機構，並邀請他就空中偵查提供建議，並將偵查結果通報空軍參謀部。針對尋找射彈彈道及發射地點的各

種可能方法，已經展開研究。民防和安全措施也開始實施。

6月11日，桑茲先生向空軍參謀部遞交了一份備忘錄，要求定期在佩內明德上空進行偵察飛行，並對位於倫敦130英里範圍內的法國北部地區進行空中攝影。此外，他建議摧毀佩內明德的實驗站。在隨後的報告中，他再次強調襲擊的迫切性。

最新的空中偵查影像所揭示的證據顯示，德國在佩內明德的實驗設施正加速推進遠端火箭的研發，並頻繁進行發射。同時，也有跡象顯示，佩內明德原本薄弱的防空設施正在得到進一步強化。

在此情形下，應迅速執行有關轟炸該實驗站的計畫。

6月28日，桑茲在報告中指出，佩內明德的空中攝影顯示，發射地點附近排列著大量火箭。這些火箭的射程可能在90至130英里之間。

儘管我們採取了所有預防措施，德國人仍可能避開偵查，在法國北部成功部署發射器，並準備對倫敦進行火箭襲擊。在這種情況下，確實有必要盡快找到火箭發射位置，以便立即轟炸並摧毀它們。

根據現有的雷達站裝置，飛行中的火箭及其發射地點應該能夠被觀測到，精確度可達10英里。如果新增某種輔助裝置，雷達效能將大幅提升。這種輔助裝置的製造正在進行中。第一套裝置目前正在拉伊安裝，其餘將在兩到三個月內完成。特別指示已經發給五個最適合的雷達站（斯溫加特、拉伊、皮文賽、波林和文特諾爾），操作人員的必要培訓也已啟動。

自4月起，國防委員會持續收集詳盡的情報。於6月29日，委員會作出如下決策：

1. 在距倫敦130英里範圍內的法國北部地區，必須進行並維持最全面且嚴密的調查，任何能使此項任務更徹底有效的措施都不可忽視。

2. 對佩內明德實驗站的攻擊應採取最強烈的夜間空襲方式，由轟炸機部隊在條件適宜時儘早實施。

3. 一旦確定法國北部火箭發射基地的位置，我們必須全力制定計畫，立即對其展開空襲。

希特勒對該計畫表現出極大的熱情。約在 1943 年 6 月初，他在一些高級黨內成員的陪同下，視察了佩內明德。當時，相較於無人機，我們對火箭發射飛彈的了解更多。兩種技術的綜合開發正在全面推進，而佩內明德則是所有研究和試驗的核心。在原子彈的研發上，德國人未能取得決定性進展。「重水」未帶來任何顯著成果，但希特勒和他的顧問堅信，無人機和火箭可以對英國發動新的、或許是決定性的攻擊，同時破壞英、美大規模渡過海峽重返歐洲大陸的計畫。希特勒對在佩內明德了解到的情況感到安慰。他將德國的最大資源投入到這個新的、可能是最後的希望之中。

6 月 10 日前後，他向聚集的軍事領袖們宣稱，德國只需堅持便有解決之道。至 1943 年末，倫敦將被夷為平地，英國將被迫投降。火箭襲擊定於 10 月 20 日開始。據說，希特勒親自下令製造三萬發火箭，以備當天之用。如果此傳言屬實，顯示出他活在荒唐的幻想中。德國軍需部長施佩爾博士指出，製造每枚 V2 火箭所需的工時，相當於製造 6 架戰鬥機。因此，希特勒的要求等於要在 4 個月內製造十八萬架戰鬥機。這實屬荒謬。然而，這兩種武器的生產被置於最高優先順序，並從高射炮和大炮工廠調來 1,500 名熟練工人執行該項任務。

7 月 9 日，桑茲先生報告稱，除了德國人計劃用火箭襲擊倫敦外，還有跡象顯示他們企圖使用無人機和遠端火炮。兩條可疑的坑道已被發現，一條在聖奧梅爾附近的瓦當，另一條在費康附近的布倫埃瓦。因此，指示英國東南部選定的雷達站警惕火箭的發射。內政部也制定了計畫，不是準備大規模撤離倫敦的人口，而是在緊急情況下遷出十萬名優先居民，如在

學兒童和孕婦,規定每天為一萬人。莫里森桌形防空壕,已有三萬個運入倫敦,使城內原有的這種設施增加到大約五萬個。

7月19日,我們公布的報告指出:

在法國的西北區域,正在進行一些性質不明的工程項目,這些項目包括鐵路支線、轉車臺、房屋以及鋼筋混凝土結構。在大多數提到的區域內,建築工作正在以極高的速度加快推進,特別是在瓦當,活動尤為緊張。此類工程還進行了某些偽裝,在某個地點甚至發現了高射炮被運送至現場。

當這些事實和報告提到國防委員會時,產生了許多不同的看法。關於對英倫三島的這種新襲擊方式,是火箭炸彈還是無人機的問題,在科學家和技術人員中,引發了非常嚴重而尖銳的分歧。最初認為是火箭的觀點占據優勢,但其支持者後來因為發現對飛彈體積和破壞力的估計過於誇大而動搖。面對這種情況,那些負責國內安全的人必須正視這種可能性:不僅需要從倫敦撤出兒童和孕婦以及其他特定人群,甚至可能需要徹底撤離整個首都。

國內安全大臣仔細審閱了報告,感到非常不安,且經常將風險描述得極為嚴重。他必須確保不會低估這個威脅,這是他特別的職責所在。另一方面,徹韋爾勛爵對此表示懷疑;他認為,即使德國人能夠製造出巨大的火箭,也是不划算的。正如他最初所主張的那樣,他堅定地認為,德國人若使用無人駕駛飛機,效果會更顯著而成本更低。即便如預言所說,他們發射的火箭彈頭重達十噸或二十噸,他也不認為英國所遭受的破壞會如已經提出的數字那樣嚴重,何況他對這種可能性持懷疑態度。聽到他與赫伯特·莫里森先生之間數個月來的討論,有時似乎令人感到,這兩位主要人物的分歧在於這些自動武器的襲擊究竟是毀滅性的還是相對不重要的。實際上,與往常一樣,這不是關於「是否」的爭論,而是關於「程度」的爭論。

徹韋爾勛爵的備忘錄明確指出，他對襲擊可能規模的看法大致正確，而那些誇大的估計則是錯誤的。

這些討論並未導致我們的行動出現任何拖延或猶豫。儘管襲擊佩內明德面臨重重挑戰，但此舉乃是勢在必行。8月17日夜，轟炸機司令部的哈里斯空軍中將派遣了571架重型轟炸機發動突襲。所有建築物都分布在沿海的一條狹長地帶，並有煙幕進行保護。從英國發射的無線電導航訊號無法到達那裡，而我們的飛機所攜帶的裝置也無法精確定位。因此，轟炸必須在月夜進行，儘管德國的夜間戰鬥機近在咫尺，而我們自己的夜間戰鬥機則距離過遠。飛行員被命令從八千英尺的低空進行轟炸，這比他們平常的高度要低得多。哈里斯空軍中將告知他們，如果首次夜襲失敗，第二天夜晚必須再次行動；在適宜的夜晚必須持續攻擊，不顧損失，也不考慮敵人在初次襲擊後必然會竭力加強防禦的事實。同時，採取一切措施引導我們的飛行員並迷惑敵人。領航飛機在前方飛行，指示航線和分散的號誌，一架主轟炸機圍繞目標飛行，評估結果並透過無線電話指導我們的飛機。此次航線幾乎與之前轟炸柏林時一致，並派遣一小隊蚊式飛機前往柏林以迷惑敵人。

當晚的天氣並未如我們所期望的那般理想，地面上的號誌也難以辨識。然而，接近呂根島時，天空漸漸放晴。眾多飛行員按照各自的時間和距離準時啟程。目標上空雲層密布，並被煙幕籠罩，但正如哈里斯所言，「這次襲擊計畫周密，確保了大量炸彈精準投放到所有目標上。」敵人起初被我們對柏林的佯攻所迷惑，但這種錯覺並未持續太久。大多數轟炸機成功返航，然而在明亮月光下，德國戰鬥機攔截了返程的機隊，我們損失了40架轟炸機。

此次轟炸的效果極為重要。儘管物質損失遠低於預期，但襲擊對局勢的影響深遠。所有剛剛完成並準備交付工廠的圖紙被焚毀，大規模生產計畫也因此大幅推遲。佩內明德的主廠遭到炸彈襲擊。由於擔心其他火箭生

產工廠被襲擊，德國人將生產集中在哈爾茨山脈的地下工廠。這些變化顯著延緩了武器的改進和生產。德國人還決定將實驗活動遷至我們轟炸機航程之外的波蘭境內。我們的波蘭特務密切監視著那個地方。新武器在1944年1月試驗。他們很快發現新武器的射程和發射路線，但火箭著落地點相距甚遠。德國巡邏隊時常急速趕赴火箭墜落地，收集碎片。但有一天，一枚火箭落在布格河岸，且並未爆炸。波蘭人搶先抵達，將其推入河中，待德軍放棄搜索後，夜間打撈拆卸。此項危險任務完成後，一位波蘭工程師於1944年7月25日被皇家空軍的「達科他」飛機接走，攜帶大量技術資料和重達一百餘磅的新武器重要元件飛往英國。這位勇敢的人物返回波蘭，隨後被德國祕密警察捕獲，1944年8月13日在華沙被處決。

儘管對佩內明德的襲擊迫使我們付出諸多犧牲，但對戰爭整體發展卻產生了顯著而重要的影響。倘若沒有這次空襲以及隨後對法國境內發射點的打擊，希特勒可能早在1944年初便開始用火箭轟炸倫敦。然而，這個進攻實際上被推遲到了九月。此時，位於法國北部的發射地點已經被蒙哥馬利將軍的部隊占領。因此，飛彈只能從荷蘭的臨時基地發射，與倫敦的距離幾乎增加了一倍，精確度也大幅下降。到了秋季，由於戰爭需求，德國的交通線極為擁擠，火箭的運輸工作無法再享有最高優先權。

在其著作《歐洲十字軍》中，艾森豪將軍表達了他的觀點。他指出，「V」武器的研發和使用因佩內明德實驗工廠及其他生產此類武器的地點遭受轟炸而被極大延遲。他還提到：

這種情形似乎極有可能：如果德國人能提前半年完成並部署這些新武器，那麼我們在歐洲的攻勢必將變得極為艱難，甚至可能無法實現。我堅信，若他們成功地運用這些武器達半年之久，尤其是若他們將樸茨茅斯──索斯安普敦地區作為主要攻擊目標之一，那麼「霸王」作戰計畫可能已經被取消。

這顯然是一個誇大的說法。這兩種武器的平均誤差都超過 10 英里。即便德國人能夠每天發射 120 枚，並且假設沒有一枚被擊落，其效果也僅相當於每週在一平方英里內掉落兩到三枚一噸重的炸彈。然而，軍事指揮官認為必須消除「V」武器的威脅，這不僅為了保護平民的生命和財產，也為了防止它對我們進攻行動的干擾。

初秋時節，顯然德國人正在籌劃各項新的攻擊行動，不僅使用火箭，還打算利用無人機對我們發動襲擊。1943 年 9 月 13 日，桑茲先生報告稱：

已有跡象顯示，敵方正計劃將無人機作為對倫敦投擲炸彈的方法。除非這些飛機極其小巧，或能在特定高度和速度下飛行，否則我軍戰鬥機和防空設施足以應付。如果這些無人機的飛行高度和速度超出我方防禦能力，它們實際上可視為飛彈。

我們的對策應該如同處理遠端火箭般，摧毀其生產設施及發射場或機場。

根據我們當時掌握的情況，空軍部科學情報司司長瓊斯博士於 9 月 25 日彙總了一份報告：

我們已經獲取大量情報。儘管其中某些在個人紀錄中常見的疏漏和不實，但它們仍建構出一幅完整的圖景。無論敵方宣傳如何迷惑人心，這幅圖景只能有一個解釋：德國人在佩內明德一直廣泛研究遠端火箭。實驗顯然遇到多種困難，以致導致生產尚未進行。儘管希特勒堅持盡快將火箭投入戰鬥，這個「盡快」可能仍需幾個月。

德國空軍或許正在研發一種用於遠端轟炸的無人機，以參與火箭競賽，這種飛機可能會率先面世。

同時，我們注意到，法國北部正在興建許多形狀怪異的建築群。所有建築的樣式相同，多數似乎指向倫敦。每個建築群包含一個或多個外觀類似雪橇的建築物。後來，從空中拍攝的照片顯示，這些建築類似於佩內明

德附近的結構。有一張照片顯示一架微型飛機接近一個斜坡。由此推測，法國北部的這些所謂「滑雪場」可能用於儲存、安裝和發射小型無人機或飛彈。

暮秋時節，我才向羅斯福總統提出請求，向他闡述了我們長期以來的重大憂慮。儘管我們經常向美國三軍參謀長通報技術情況，但直到10月底，我才藉助我們獨特的私人關係發出這份電報：

前海軍人員致羅斯福總統

1943年10月25日

1. 我需要讓你知悉，在過去的6個月之內，來自多個方面的證據逐漸彙集，顯示德國人正準備使用射程極遠的火箭攻擊英國，尤其是倫敦。這類火箭預計重達六十噸，並能攜帶十噸到二十噸的炸藥。基於此原因，我們對他們的主要實驗站佩內明德進行了襲擊。我們也摧毀了聖奧梅爾附近的瓦當，那裡有一項建築工程正在進行，其目的尚不明確。在加萊海峽和科唐坦半島，至少發現了7個這樣的地點，此外可能還有許多尚未發現的地點。

2. 關於製造這種火箭的可能性，科學家的意見分歧。但是，我個人仍不相信這是無法實現的。我們與貴方人員始終保持緊密聯繫，他們在火箭推進研究方面領先於我們，他們打算將此研究應用於製造比飛機更先進的裝置，並正在盡一切可能進行努力。關注火箭問題的專家委員會認為，德國在11月中旬可能會發動一次猛烈的攻擊，儘管條件尚未成熟且時間不會持久，但在新年期間預計企圖進行一次主要襲擊。德國人透過散布關於新武器的言論來鼓舞他們的軍隊、衛星國及中立國家，自然會獲得一些好處；但他們的襲擊，很可能不如他們所宣稱的那般猛烈。

3. 我們至今一直在密切觀察加萊海峽地區那些不明用途的建築工程，除了瓦當以外，沒有對其進行轟炸，目的是希望獲得更多消息。然而，我

們現在已經決定摧毀那些已知的建築設施。此舉應該相對容易，因為我方轟炸機可在壓倒性優勢的戰鬥機護航下行動。你們的空軍當然可以隨時在各方面支援我們。然而，這樣的襲擊可能無法完全消除敵人的威脅，因為該地區布滿森林和石礦，靠近山邊可以輕易建造隱蔽的隧道。

4. 瓦當的案例頗具趣味。我們對那個地方的破壞極為嚴重，以至於兩天後，德國人在召開了一次會議後，決定徹底放棄那裡。當地有六千名法國工人被迫勞動。他們對空襲極為恐懼，而德國人派來的監工是一隊穿制服的年輕法國人，他們對同胞開槍，其行徑殘忍至極，甚至導致一名德國軍官當場擊斃了其中一個年輕暴徒。一週後，德國人似乎完全推翻了他們之前的決定，工程重新開始。三千多名工人被召回。其餘的則被送往其他不明地點，這進一步證實了我們的判斷。我們在法國北部該地區擁有一個非常有效的情報網路，透過這些來源以及空中偵察和對俘虜的審訊，了解到上述所有情況。

5. 關於這個問題的最新資訊，我相信你會感興趣，因此我派遣了一位空中信使為你送達。

幾天後，他作了如下回應：

羅斯福總統致首相

1943 年 11 月 9 日

關於德國從事火箭製造的活動，我們也獲得了許多情報。最近我收到唯一可能對你有用的情報，涉及火箭製造工廠的地點，據稱這些地方包括卡尼阿弗里德、里希斯哈芬、米次根內特、柏林、庫格拉格佛克、施魏因富特、維也納新城，以及位於維也納以南、通往巴登的公路左側一座孤立工廠。據說，由於負責佩內明德實驗站的沙米爾格姆班斯基中將在轟炸中遇難，火箭的生產已被推遲。這份情報是由一名情報人員透過土耳其傳來的。

科學家及國防委員會成員所掌握的證據和彼此矛盾的觀點，依然處於僵持和極度混亂的狀態。故此，我請求飛機生產大臣斯塔福德・克里普斯爵士，憑藉其特殊的知識和公正的見解，稽核所有關於德國遠端武器的情報，並提出總結報告。他在11月17日提交了報告。

從純實驗的角度來看，可能性的排列似乎是：（1）大型滑翔炸彈；（2）無人機；（3）小型遠端飛彈；（4）大型遠端飛彈。

皇家空軍對佩內明德的轟炸無疑具有重大意義，似乎已經有效阻礙了各種遠端攻擊武器的發展進度。

毫無疑問，德國人正在竭力研發某種遠端武器，而在法國北部，那些用途不明的建築工程，如果無法確定它們的其他功能，確實讓人深感懷疑。在此情形下，我認為我們應做好一切適當的準備工作，以應付敵人可能發起這種襲擊的所有後果，儘管目前尚無跡象表明此事會在新年之前實現。

我們還應該持續進行空中偵察，並在有機會時摧毀相關設施。

這份報告中，顯然存在諸多不確定因素。12月14日，空軍副參謀長博頓利空軍中將指出：

法國北部的「大型發射場」（包括已遭襲的三處）被懷疑與遠端火箭有關。為了保護其中一個發射場的高射炮，部署了56門重型和76門輕型炮。

根據彙集的證據顯示，「滑雪場」實際上是用來發射無人機的。空中偵察的攝影證實，目前已有69處這樣的「滑雪場」，預計最終總數將可達到大約一百處。如果建築速度維持現狀，大約20處的工程應在1944年1月初完工，其餘的將在2月完成。加萊海峽和松姆——塞納地區的發射點目標是倫敦，而瑟堡地區的幾個發射點則以布里斯托爾為目標。

12月18日，與瓊斯博士保持密切聯繫的徹韋爾勛爵向我提交了一份報告，闡述了他對預期飛彈襲擊日期及強度的看法。他推測，轟炸不會

早於 4 月開始，且在襲擊的頭幾天，每日發射量不會超過一百枚；其中約有 25 枚能到達目標 10 英里內。這意味著每日傷亡人數大約在 50 到一百人之間，因此他不支持進行大規模撤退的恐慌反應。他依舊輕視使用大型火箭的可能性。即便這種火箭能被製造出來——在現有技術下似乎不可能——其生產所需工時將比飛彈多出 2、30 倍，而且在他看來，效果也不會更好。

在 1944 年的最初幾個月裡，我們制定了應對飛彈襲擊的策略。我們決定將防禦工事劃分為三個區域——在倫敦外圍布置一個氣球攔截網，在此之外設立高射炮陣地，而高射炮陣地的更外層則是戰鬥機的活動區域。我們還採取措施，敦促美國提供電子高射瞄準器和無線電控制的近接引信，因為這些裝置將在轟炸開始時，使高射炮兵能夠擊落大部分飛彈。

與此同時，英、美空軍持續轟炸法國北部約百處的「滑雪場」。轟炸效果顯著，至 4 月底，空中偵查顯示敵人已經放棄那些區域的建設。然而，我們的滿意並未持續太久，因為發現敵人正在建造一些偽裝更為周密的新型發射場。這些場所雖不如之前精密複雜，但更難以被發現與打擊。無論何地，只要發現這種新場所，我們立即進行轟炸。雖然摧毀了許多地點，但仍有約 40 處未被破壞或發現。敵人正是利用這 40 處發射場，於 6 月發動了火箭襲擊。

自 1943 年 4 月三軍參謀長向我提交備忘錄之日起，至 1944 年 6 月實際襲擊發起為止，歷經了將近 15 個月的時間。在此期間，沒有一日虛度，亦未曾有絲毫懈怠。那些需要耗費數個月才能完成的準備工作，被迅速且不惜代價地大規模展開。當災難最終降臨時，我們能夠迅速反應並將其擊退。儘管我們遭受了重大的生命與財產損失，但對我們的作戰能力或在法國執行的軍事行動並未造成實質性阻礙。整個事件的過程，不僅展示了我們統治機構的高效運作，也證明了所有相關人員的遠見卓識與警覺。

東線戰局陷僵持

1943 年 10 月初，希特勒接受了凱塞林的建議，修改了他對義大利戰略的既定方針。在此之前，他的計畫是將其部隊撤退至羅馬以北，僅固守義大利北部。然而，現在他下令軍隊盡可能向南推進。他選定的防線，被稱為「冬季戰線」，從亞得里亞海沿岸的桑格羅河背後開始，穿過義大利崎嶇的山脊，延伸至西海岸的加里利亞諾河口。義大利的地理特徵——險峻的山脈與湍急的河流——使這條縱深數英里的防線極為穩固。德軍在過去一年中從非洲、西西里島和義大利迅速撤退，此刻欣然轉身反擊。

儘管冬季的到來嚴重阻礙了我們的行動，魁北克會議所做出的主要戰略決策，卻因德國人在義大利戰場的深陷而獲益良多。我們將跨越海峽的進攻置於首位，因此義大利成了次要戰場。希特勒感覺到必須投入大量軍隊來抵抗我們的推進，這雖然有助於我們的主要目標，但並不構成我們在義大利戰役未能取得成功的合理原因。

10 月 12 日，第 5 集團軍重啟攻勢，經過 10 日鏖戰，其下轄的英國第 10 軍與美國第 6 軍成功跨越沃爾土諾河，穩固了陣地，並準備進攻敵軍的下一道屏障——由加里利亞諾河南部一系列高地構成的防線。將敵軍從這些高地驅逐需要額外增加一週的戰鬥。然而，在 11 月的前兩週，第 5 集團軍與「冬季戰線」前哨的敵軍展開了激戰。第 5 集團軍的 6 個師在這條戰線上遇到了與之勢均力敵的德軍，德軍依然如往常般頑強。首次試探性進攻德軍防線並未取得顯著進展。我們的部隊已經鏖戰兩個月，惡劣天氣下部隊急需休整重組。然而，魁北克會議為應付不同局勢而制定的計畫被要求強制執行，地中海戰區的大部分登陸艇被調走。

東線戰局陷僵持

因此，義大利的局勢對我們越發不利。德軍獲得了強大的增援，並且被指示堅守陣地，而非後撤。盟軍則從義大利和地中海戰區撤回了 8 個精銳師，以便在 1944 年用於橫渡海峽的攻勢。我正在集結的或已經調派的另外 4 四個師的兵力無法彌補這個損失。緊隨其後的是一個僵持的局面，經過 8 個月的激烈戰鬥後，局勢仍未緩解。這種情況將在下文中進一步討論。

在我權衡各種情形之際，於 10 月 24 日撥通了亞歷山大將軍的電話：

1. 戰鬥進行之際，為了執行魁北克會議決議，我們的第 50 師和 51 師被調離，這自然令我憂心。對於當前任務，你的部隊戰力如何，我希望能聽到你的看法。第 8 集團軍是否已經完成集結？你曾提到的期限是 24 日。

2. 我正促成在 11 月 15 日左右於非洲某地召開一次聯合參謀長會議。無論如何，屆時我會前往拜訪你，有許多事情要與你分享。願一切順利。

亞歷山大回應說，義大利的德軍師團數量確實引起了他的擔憂。這些師團所帶來的影響，取決於敵人在羅馬南部能夠維持多強的兵力。我們正在竭盡全力，透過空軍的行動來癱瘓德軍的交通線。他迫切希望在義大利增強我們的空軍實力。所有這些行動都需要適當安排時間、勞動力和資源。第 8 集團軍已經集結完畢，並已展開攻勢，在初期階段取得了令人滿意的進展。他表示，「我認為，我們必須非常謹慎地關注局勢。我很高興聽到你很快會來看望我們，非常樂意歡迎你的到來。」

在同一日，艾森豪將軍召集了一次戰區司令會議，邀請亞歷山大對現狀進行概述。由於報告極為重要，艾森豪將其全文轉交給羅斯福總統和我。艾森豪完全同意亞歷山大的觀點，認為報告對當前局勢進行了清晰而準確的分析。

第一部分

第一階段

（1）9月9日，正值「雪崩」戰役發起及義大利停戰協定公布之日，對敵方總體形勢的評估如下：卡拉布里亞地區有兩個師抵擋我方第8集團軍的推進；義大利半島後跟地區駐有1個師；3個師駐紮在羅馬以南陣地，準備在盟軍於薩萊諾灣登陸時投入戰鬥；羅馬附近地區有超過兩個師的兵力，而義大利北部則有9個師。因此，德國在義大利本土可調動的兵力總數約為18個師。我們認為，其中一些師需要在義大利北部應付內部局勢，因為這種局勢，我們預期，將給他們帶來相當大的困難。

（2）我們當然意識到：面對德軍的對抗，在薩萊諾附近發起攻擊是極具風險的。然而，考慮到義大利的局勢，加上在踵形地區派遣有限兵力登陸的機會，以及我們空軍的絕對優勢，這些因素使整體形勢對我們非常有利，因此，我們果斷地進行了冒險行動。此外，大量登陸艇的使用讓我們在海路集結和補充軍隊方面擁有高度的機動性和靈活性。這些登陸艇也使我們能夠執行進一步的兩棲作戰，支持地面推進。事實證明，這種機動性極其寶貴。在第8集團軍沿卡拉布里亞海岸作戰時，第7集團軍在戰爭最初的緊要關頭從西西里島調遣1師增援薩萊諾地區，都充分利用了這種靈活機動性。

（3）當時，雖然我們已經知道登陸艇將在冬季撤回，但撤回的具體數量和日期仍未確定。根據我們原定的計畫，每天預計從地中海各港口集結1,300輛車輛。這個數字意味著可以在年底將20個師的盟軍和戰術空軍運送到義大利，前提是它們能夠獲得裝備並確保補給。同時，我們還計算了未來將使用的登陸艇數量，以確保能夠靈活地支持軍隊的補充，並在必要時，為配合陸地上向羅馬進軍的兩棲作戰行動，提供物質條件。

第二部分

第二階段

（1）今天的局勢已經發生了巨大的變化。南部的盟軍與德軍形成了11

個對 9 個師的對抗，而敵方在更北的地區仍有約 15 個師，總數已知為 24 個，還可能達到 28 個師。假如沒有無法預見的因素進一步減緩軍隊集結速度，我們在義大利本土可調動的軍隊數量預計為：11 月底 13 個師；12 月底 14 至 15 個師；1 月底 16 至 17 個師。我們集結軍隊的速度，從原先估計的每日 1,300 輛車輛，已經減少到約兩週 2,000 輛，導致空軍和陸軍的編組工作延誤。地面部隊集結數量減少，還受到以下決定的影響：盡快將戰略空軍調往福賈地區，不再等待羅馬地區基地的占領。空軍的需求應在年底得到滿足。

（2）登陸艇的數量原本就已經不多，如今又遇上如此嚴苛的削減，導致我們無法在敵人兩翼易受海上迂迴襲擊的弱點上投入大規模兵力。由於公路和鐵路設施遭到破壞，現有絕大多數的登陸艇必須用於軍隊的集結和沿海地區的補給。此外，駁船和拖輪的短缺，再加上敵人對停泊設施的破壞難以迅速修復，登陸艇也被迫用於維持港內交通運輸。

第三階段

（1）對敵人當前狀況的分析顯示，敵方的交通網路足以支持他們在義大利，尤其是北部地區，集結大約 60 個師的兵力，假設他們確實擁有如此規模的兵力。此外，儘管我們的空軍占據上風，敵人仍然有能力在冬季數個月之間堅守陣地。德國人顯然試圖縮短他們在歐洲堡壘周邊的防線，以便組建一支後備軍。這支後備軍可以用於進一步增援他們在義大利的部隊。

（2）相比之下，盟軍的形勢顯得不那麼有利。現有的人力和物力限制了軍隊集結速度的提升。在羅馬南部建立穩定的戰線是不可接受的，因為這座城市的重要性不僅限於其戰略位置，我們還需要足夠的縱深以確保福賈機場和那不勒斯港的安全。因此，在羅馬北部奪取一個穩固的防禦基地變得十分緊迫。此外，我們不能採取純粹的防禦措施，因為這將使主動權落入德國人手中。

第三部分

第四階段

（1）德國人的明顯企圖是想要在羅馬以南保持一道防線，該地形有利於防守，而我們的裝甲和炮兵優勢在此反而無用武之地。即將到來的惡劣天氣將限制我們空軍的活動，目前已是如此。敵軍可能已經相當疲憊，但他們可以從北方調來部隊替換。有跡象顯示，他們正在進行換防。我們既無可輪換的軍隊，也無運輸船舶以實施這類步驟。因此，目前趨勢顯示，我們向羅馬的推進將曠日持久且代價高昂。這是一場「激烈的棒球賽」，我們的地面部隊略占優勢，但敵人有輪換機會，如此抵消；因缺乏足夠的登陸艇，我們無法進行足以加速推進的兩翼包圍之兩棲作戰。存在的風險是，這場「激烈的棒球賽」，即便勝利，可能使我們在羅馬北面處於精疲力竭和實力削弱的狀態。若德國從北方調來新師團反攻，我們將無法維持已占陣地。冬季期間我們空軍的行動，恐怕無法抵消敵人這種性質的打擊；除此之外，我無其他憂慮。

（2）德國對義大利戰場的增援內容，似乎超出其內部形勢或純防禦性需求的必須程度。若足以取勝的機會出現，德國勢必抓住此機會，以期望抵消過去一年德國在各戰線挫敗的影響，並在1944年戰役前提升德軍士氣。在巴爾幹半島和法國可能產生的影響，對我們將特別不利。

第五階段

（1）最終，假如對薩萊諾的初步攻擊成功實現，9月的形勢似乎相當樂觀。在北部，某些德軍師團將面臨棘手的內部安全問題。在南部集結部隊的速度，我們的判斷是：在德軍缺乏後備部隊增援的情況下，到12月底，我們應該能部署20個師來對抗敵人可能擁有的18個師，並且在義大利本土，我們已經具備必要且充分的空軍力量。我們認為，為了包抄敵人的海岸兩翼並維持我們在灘頭的兵力，必須有足夠數量的登陸艇，因為這可能是必需的。

東線戰局陷僵持

（2）總體來看：當前的局勢是，盟軍以11個師在有利於防守的區域，與擁有9個師並隨時可增援的德軍進行正面交戰。到明年1月底，我們的部隊集結將縮減至最多16或17個師，對抗敵人即將擁有的約24個師，而我們缺乏足夠的人力和物力進行超出區域性的兩棲作戰行動。我們可能會長期被困在羅馬以南，難以推進，這將使德國人能夠清理義大利北部的局勢，然後增強他們的南部戰線。如果情況果真如此，主動權很可能會轉移到他們手中。

這無疑是一份深入研究的文件，它涵蓋了我們戰略中的所有重大問題。

我已經向馬歇爾將軍反映了其中若干問題。

首相致馬歇爾將軍（華盛頓）

1943年10月24日

我曾經發給羅斯福總統一封冗長的電報，討論我們在非洲召開會議的迫切需求。我希望他能將該電報轉交給你閱讀。為了因應遙遠的「霸王行動」計畫，我們從即將到來的羅馬會戰中撤出了兩個精銳的師團——第50師和第51師，我對此深有感觸。我們是在履行我們的契約，但我祈求上帝，希望這個行動不會讓我們付出巨大代價。

此刻，我撥通了羅斯福總統的電話：

前海軍人員致羅斯福總統

1943年10月26日

如今你已經詳讀艾森豪的報告，報告中述及我們在義大利所面臨的困境。我們絕不能讓這場重大的義大利戰役陷入停滯。務必竭盡全力奪取羅馬及其北部機場。敵軍如此龐大的兵力調至該戰場，證明我們的戰略選擇無誤。無人能質疑，我們對義大利的打擊已經極大地推動俄國人前進，這是目前唯一能提供的支援途徑。我認為，為了贏得義大利戰役，必須不

惜代價給予艾森豪和亞歷山大所需的一切,而不計較對未來軍事行動的影響。

在你尚未痊癒的感冒期間,我將這些事情帶來打擾,內心實感不安。

馬歇爾將軍於 10 月 27 日回覆稱,他確信艾森豪擁有足夠的兵力在義大利執行任務,而不會面臨過大的風險。他當前的問題在於登陸艇,這個問題將進一步研究。依他之見,在評估義大利局勢時,我們空軍的絕對優勢這個重大有利因素幾乎被忽略了。惡劣的天氣並不一定能夠抵消,或長期抵消對敵方交通線進行密集打擊所帶來的必然結果。

之後,我就地中海登陸艇的問題向羅斯福總統發出呼籲。

前海軍人員致羅斯福總統

1943 年 11 月 4 日

1. 我深感遺憾地通知您,英王陛下政府對在當前緊急時刻將登陸艇從地中海撤離一事,越發感到擔憂。目前我們面臨的情況是,艾森豪將軍的預測表明,如果必須嚴格執行業前的撤離計畫,他無法在 1 月底甚至 2 月底之前占領保護羅馬機場所需的戰線。他進一步指出,為了達到這個令人失望的結果,必須進行耗費巨大且曠日持久的正面攻勢。鑑於英國軍隊在義大利對敵作戰中占據相當大的比例,且傷亡更為嚴重,再加上我們在美國總司令麾下服役的明確立場,我們有權要求美國盟友認真考慮我們的誠懇建議。

2. 因此,戰時內閣正式要求我向美國參謀長聯席會議提出請求,必須考慮英國參謀長委員會的需求。我們非常遺憾,事情已經迫在眉睫,無法再拖延三個星期,等到下次參謀會議時再討論,因為那樣會導致登陸艇在此期間撤走或停用,嚴重影響義大利戰役。

3. 我想特別指出,鑑於各方的巨大努力,我們有充分的信心,到「霸王」作戰計畫的實施日期,聯合王國將能夠額外生產 75 艘坦克登陸艇。

東線戰局陷僵持

收到他的回覆後，我頓感如釋重負。

羅斯福總統致首相

1943 年 11 月 6 日

聯合三軍參謀長委員會今日已經批准艾森豪的請求，允許他將本應儘早撤回聯合王國的 68 艘坦克登陸艇，延長使用至 12 月 15 日。

依我之見，此舉應已達到他的基本訴求。

我立刻向亞歷山大通報了此事。他的回應如下：

亞歷山大將軍致首相

1943 年 11 月 9 日

坦克登陸艇暫時不撤離，這對我的計畫非常有利，我對此深表感謝。然而，12 月 15 日的期限無法讓我完成所有計畫，我在給帝國總參謀長的電報中已經指出了這一點。

首相致亞歷山大將軍

1943 年 11 月 9 日

你應當在坦克登陸艇可使用至 1 月 15 日的前提下擬訂另一份作戰計畫。我相信，這將在我們的會議上獲得一致同意。

我再次撥通了我們駐莫斯科大使的電話，通話內容如下：

首相致函阿奇博爾德・克拉克・克爾爵士

1943 年 11 月 9 日

……俄國戰場上天氣特別明朗，而在義大利則是傾盆大雨。雖然我們用於正面進攻的部隊兵力並不比敵人強多少，但一直奮力作戰。然而，由於天氣原因，這場正面進攻的速度不得不減緩……

我的目標始終如一，即繼續堅持並大力推進義大利戰役，盡量吸引更

多的德軍師團到該戰場並加以牽制。我欣慰地宣布，聯合參謀長委員會現已達成共識，決定在 12 月 15 日之前不撤走登陸艇。因此，我們可以在義大利的整個戰鬥行動中投入更強大的力量。我期望國內能透過持續的巨大努力製造更多的登陸艇，以彌補因推遲調回其他登陸艇而導致的短缺。

德軍一半的兵力駐紮在義大利北部和伊斯特里亞半島，距離我們的前線約三百英里。部分部隊已經從這半數兵力中撤回俄國南部。這些部隊之所以能夠撤回，並非因為我們前線作戰不力，而是由於義大利北部的義大利人採取了默許的態度，降低了內部安全的威脅。我們對伊斯梅將軍對德軍實力的評估毫不懷疑。他提到那裡有 6 個德國裝甲師，其中一半在我們的戰場上作戰。現在證實，德軍在羅馬南面的作戰部署已有 10 個師，我們以 12 或 13 個師的稍大兵力與之抗衡。在多山地帶進行持續的正面攻勢，這些兵力並不算顯著的優勢。

我致函布魯克將軍，信中寫道：

首相致帝國總參謀長

1943 年 11 月 16 日

波蘭人應當前往前線作戰，這已成為當務之急。儘管這些年他們投入了大量的準備和物資，但實際行動卻未見成效。義大利戰場同樣急需增援，計畫是在紐西蘭部隊撤離後立即派遣波蘭人前往。此刻不宜更改他們的編制。最好是派遣人數不足的兩個師去試試。他們仍將稱為波蘭軍，我們必須從其他管道招募兵員……

我認為，與其費盡心力地解散這些編制，不如優先使用駐紮在英國的波蘭裝甲師，因為近期該師沒有作戰任務。然而，我相信，如果波蘭軍隊在公共矚目下與德軍交戰，這可能會促使史達林提供更多的波蘭兵源。我計劃在我們會面時討論這個問題。蘇聯政府對這支波蘭軍隊持懷疑態度，擔心其養精蓄銳是為了日後對抗俄國，保護波蘭的利益。然而，如果這支軍隊投入對德作戰，這種疑慮將會消除。同時，我不支持對現有編制進行任何變動。

東線戰局陷僵持

此時，盟軍的重型轟炸機編隊正在福賈機場集結，目標是轟炸那些超出本土空軍中隊航程的德國東部工業設施。重轟炸機隊的各種需求對我們有限的航運資源造成了巨大壓力，因此我越發不安。在我看來，這些需求與當時的整體局勢是不相稱且無關的。

首相致函伊斯梅將軍，轉呈三軍參謀長委員會

1943 年 11 月 17 日

為了在義大利建立戰略空軍而犧牲了攻占羅馬戰役的利益，這顯然是完全錯誤的。儘管對德國的戰略轟炸極為重要，但它不應該優先於這次戰役，因為此戰役必須在我們的計劃中占據首位。主要的戰術需求與戰略政策相比，必須始終享有優先權。直到最近我才意識到，由於與這次戰役無關的大批戰略空軍部隊的前調，陸軍的集結受到了阻礙。這種做法實際上違背了所有正統的軍事原則，而且在常識上也顯得錯誤。

一週後，我再次提到：

空軍急於搶占先機所引發的重大障礙，確實已經對陸軍行動構成了妨礙。

第 8 集團軍在經過一系列戰鬥後，逐步向前推進，接近駐有德軍 4 個師的桑格羅河。為了保持戰略主動，亞歷山大將軍計劃讓第 8 集團軍渡河並突破「冬季戰線」，隨後盡力推進至佩斯卡拉 —— 阿韋察諾公路，以威脅羅馬，並擾亂敵人在西海岸的交通。我軍已經在桑格羅河對岸建立了橋頭堡，但敵人的主要防禦工事位於對面的高地上。由於天氣惡劣，連綿陰雨和道路泥濘，河水暴漲，進攻被推遲至 11 月 28 日才開始。當天，第 78 師、第 8 印度師和新到的紐西蘭師發起攻勢，取得了顯著進展。經過一週的激烈戰鬥後，他們在桑格羅河對岸 10 英里處穩住了陣地。到 12 月 20 日，加拿大部隊已經逼近奧托納，但直到聖誕節後三天，經過極為激烈的戰鬥，才將奧托納城內的敵人清除。這是首次大規模的巷戰，並從中獲得

了寶貴的經驗。然而，敵人仍頑強抵抗，並從義大利北部調來增援。在 12 月期間，第 8 集團軍取得了一些進展，但未能攻下任何主要目標，隨後因冬季氣候，活躍的軍事行動暫告一段落。

在克拉克將軍的指揮下，美國第 5 集團軍沿著道路艱難地向卡西諾推進，並襲擊了德軍主要陣地的前哨防禦工事。敵人在俯瞰公路的兩側山上，設下了堅固的陣地。12 月 2 日，英國第 10 軍和美國第 2 軍向公路西側的險峻卡西諾高地發起攻擊，經過頑強的戰鬥，一個星期之後終於清除了敵人。在公路東側，美國第 2 軍和第 6 軍——後者現今包括摩洛哥第 2 師——也進行了同樣激烈的戰鬥。直至新年伊始，敵人才被擊退，第 5 集團軍沿加里利亞諾河及其支流拉皮多河全面展開陣線，面對卡西諾高地和聞名的修道院。

在這些陸地戰鬥中，陸軍得到了戰術空軍的全力支援，而戰略空軍則在敵軍後方實施了多次成功的打擊，尤其是在都靈的一次襲擊中，美國的空中堡壘摧毀了一座關鍵的滾珠軸承廠。相比之下，德國空軍的作戰能力顯得較為有限。白天，他們的戰鬥機和戰鬥轟炸機很少出動。儘管他們的遠端重型轟炸機對那不勒斯進行了 6、7 次襲擊，但效果微乎其微。然而，12 月 2 日，他們對巴里港進行了極具破壞性的突襲，導致 1 艘軍火船被擊中，另有 16 艘船被炸沉，並損失了三萬噸貨物。

在冬季，德國人無意爭奪義大利的制空權，因此他們大幅削減了空軍的力量。

英國發起的空中攻勢迫使敵人從地中海和俄羅斯撤回所有可召回的飛機。駐義大利的遠端轟炸機已經全部撤離，用於對英國的「報復」行動，以及次年春季的「小型閃電戰」。

基於先前所述的原因，我曾將義大利戰役稱為第三戰場。在此戰場上，德國派遣了 20 個精銳師團。此外，由於對襲擊的恐懼，德國在巴爾

東線戰局陷僵持

幹半島駐紮了防禦部隊，總計將近40個師團，以抵禦來自地中海盟軍的壓力。儘管我們在西北歐的第二戰場尚未全面執行，但其威脅卻是不可忽視的。敵軍為此至少準備了30個師團，並在進攻日期臨近時，增至60個師。我們自英國發起的戰略轟炸，迫使敵軍回調大量兵力和物資以保衛本土。這些行動對俄國人的第一戰場（他們有充分理由這樣稱呼）的貢獻不可小覷。

在本章結束之前，我應該進行一個總結。

在此期間，西方國家在戰爭中的策略協調受到限制，無法有效執行，主要是因為缺乏用於運輸各種車輛的坦克登陸艇，而非缺少專門用於運送坦克的登陸艇。對於當時負責軍務的人們來說，「坦克登陸艇」這幾個字，深深地烙印在他們的心中。我們已經以強大兵力進入義大利。若我們在那裡的陸軍得不到支援，很可能會被完全孤立，進而給予希特勒自法國陷落以來的最大勝利；另一方面，毫無疑問，1944年的「霸王」作戰計畫勢在必行。我的最大請求不過是在必要時推遲兩個月──即從1944年5月某日延至7月某日。如此便能解決登陸艇的問題。這些登陸艇本可在1943年深秋的冬季風暴來臨前不必調回英國，而在1944年初春再回去。然而，若執意堅持5月的進攻日期，並將其定在為5月1日，那麼位於義大利的盟軍似乎面臨無可挽回的危險。若將部分專為「霸王」作戰計畫準備的登陸艇留在地中海過冬，義大利戰役的勝利將毫無困難。地中海戰區仍有大批部隊未投入戰鬥：3、4個法國師團，兩、三個美國師團，英國或英國指揮的部隊至少有4個師（包括波蘭軍）。阻礙這些師團前往義大利參戰的關鍵是登陸艇；而阻礙我們獲得登陸艇的主要原因，則是堅持早日要將登陸艇調回英國的觀點。

讀過本章所引用電報的讀者，不應因某些字句的誤解而誤以為——

（1）我計劃放棄「霸王」作戰；

（2）我打算削弱「霸王」作戰的主力；

（3）我意圖將巴爾幹半島的部隊用於發動戰役。

這些全屬無稽之談。我從未有過此類想法。從「霸王」作戰計畫 5 月 1 日的規定日期算起，只要給我 6 至 8 週的準備時間，我就能在地中海有效地使用登陸艇數月，將真正有力的部隊投入義大利戰場，不僅能占領羅馬，還能迫使德國人從俄國戰場或諾曼第戰場，或兩者中撤出大量師團。這些問題曾在華盛頓討論過，但我的主張所涉及的問題其重要性未得到足夠重視。

我們很快將會看到，我所要求的一切最終都得到了滿足。登陸艇不僅得以保留以維持地中海的運輸，還可以延期使用於 1 月的安齊奧戰役。而且這並未對 6 月 6 日成功發動「霸王」作戰計畫造成任何阻礙。然而，實際情況是，我們為了獲得這些短暫的周轉期並防止忽視一個廣大戰場以嚴格遵守開闢新戰場的日期，進行了長期對抗與爭論，結果導致義大利戰役既漫長又不盡如人意。

東線戰局陷僵持

北極船團再啟航

　　1942 年底，在北極海域，英國驅逐艦護航的運輸船隊活躍地向俄國北部航行。正如前文所述，此舉曾引發德軍最高統帥部的緊張，導致負責海軍事務的雷德爾海軍上將被撤職。在 1943 年 1 月至 3 月間，即晝夜幾乎全黑的月分中，兩批運輸船隊啟航，一批有 42 艘，另一批有 6 艘，各自獨立航行，最終有 40 艘抵達目的地。同一時期，從俄國港口安全返航的船隻共有 36 艘，損失了 5 艘。白晝的恢復，使敵方更易襲擊運輸船隊。德國艦隊的殘餘力量，包括「提爾皮茨」號，當下集中在挪威水域，對大部分航線構成持續性威脅。此外，大西洋局勢仍舊不變，依然是海戰中的決定性戰場，同時，至 1943 年 3 月，與德國潛艇的戰鬥已至危急緊要關頭。我們的驅逐艦承受的壓力已經超出可忍受範圍。3 月，運輸船隊被迫推遲啟程，海軍部在 4 月建議，我也同意，即透過此航線向俄國輸送物資應暫停，直至秋季黑暗期開始。

　　我們對於作出這個決定深感遺憾，因為當時俄國戰場上正在進行重大交戰，這種交戰已成為 1943 年戰役的象徵。隨著春雪的消融，雙方都在積蓄力量，準備展開一場空前的大戰。俄國在陸軍和空軍等領域，現在都占據了優勢；德國人想獲得最終勝利，已經沒有太大希望。然而，他們卻率先發動了攻擊。由於俄國人在庫爾斯克的突出陣地，深入德軍的戰線，構成了巨大的威脅，因此德國人決定從南北兩個方向夾擊，意圖將其突出部剪除。俄國人預見了德國的這個策略，早已做好準備，嚴陣以待。因此，德軍在 7 月 5 日展開進攻時，他們面臨的是敵方固守在防禦嚴密的工事中。北方的進攻取得了些微進展，但兩週後即被擊退。在南方，德軍起

初取得了較大的成功，深入俄軍戰線 15 英里。隨後，俄方大型的反攻展開，到 7 月 23 日，俄軍的戰線已經完全恢復原樣。德軍的攻勢至此徹底失敗。他們未能獲得任何好處來彌補巨大的損失。他們曾寄希望於新型「虎」式坦克，但這種坦克卻大量被俄軍炮兵摧毀。

德軍因為在俄國戰役中的損耗殆盡，加之二流盟軍的加入削弱了其戰鬥力。無視千里戰線其他區域的安全，德軍將力量集中於庫爾斯克。如今，面對俄軍的猛烈攻勢，德軍已經呈現難以招架的態勢。在庫爾斯克戰役激烈進行、德軍後備力量被牽制之際，7 月 12 日，俄軍對奧廖爾附近的德軍突出部發起首輪攻擊。經過猛烈炮擊的先前階段後，俄軍主攻北側突出部，同時在東側展開輔助攻勢。儘管守軍頑強抵抗，俄軍迅速實現突破，德軍的據點被兩翼包抄後逐一遭受拔除。反攻被擊退，德軍在俄軍優勢兵力與武器壓迫下徹底敗北。8 月 5 日，俄軍攻占奧廖爾，至 18 日，德軍深入 50 英里的突出部已被完全削平。

俄軍的第二次大規模攻勢於 8 月 3 日展開，當時奧廖爾的戰鬥仍在激烈進行之中。此時，德軍在哈爾科夫一帶的突出陣地遭到襲擊。哈爾科夫作為重要的交通樞紐，扼守通往烏克蘭和頓內茨克工業區的關鍵通道，因此其防禦工事較為堅固。這次攻勢的重心仍是突出陣地的北側，一路兵力直撲南方，直取哈爾科夫本身，另一路則攻擊西南陣地，威脅德軍的後方。在短短 48 小時內，進攻深入敵軍防線，有些地區推進了 30 英里，並占領了別爾哥羅德。至 8 月 11 日，哈爾科夫三面受俄軍威脅，俄軍除了從東面展開攻勢，同時在西北 50 英里處也迅速推進。當天，希特勒命令不惜一切代價堅守哈爾科夫。德軍駐防部隊頑強抵抗，直至 8 月 23 日，整座城市方才被俄軍攻占。

在短短兩個月內，庫爾斯克、奧廖爾和哈爾科夫三場戰役的連番失利，彰顯了德軍在東線的全面潰敗。無論在哪個戰場，他們都未能取得勝利。

儘管俄軍的計畫規模龐大，卻始終在其資源承受範圍內運作。俄軍不僅在陸地上展現出不凡的軍事優勢，空中戰力也顯現出顯著提升，德國在東線戰場約有兩千五百架飛機，面對的是數量至少翻倍的俄國機群。此時，德國空軍的力量已經達到巔峰，飛機總數約六千架，但能夠用於支援這場決定性戰役的卻不到一半，這充分說明了地中海行動和以英國為基地的盟軍轟炸機日益增強的作戰力度對俄國的戰略價值。尤其是在戰鬥機方面，德軍顯得捉襟見肘。儘管在東線已經處於不利地位，9月時他們仍被迫削減該線的兵力，以加強西線的防禦。至冬季，德國戰鬥機總數的四分之三已都部署於西線。俄軍迅速且持續的攻勢令德軍無法有效利用空軍力量加以配合。空軍部隊頻繁從一個戰區調至另一個，以應對新的危機，但無論他們轉移到哪裡，都會在其後方留下空隙，使得俄國空軍展現出壓倒性的優勢。

1943年9月，德軍從莫斯科方向沿其南部戰線撤退至黑海沿岸。俄軍則迅速推進，奮力追擊。在北方的關鍵區域，俄軍從維亞茲馬突進，於9月25日重新奪回斯摩稜斯克。德軍試圖在聶伯河構築第二道防線，但至10月初，俄軍已經在基輔北方及南方的佩列亞斯拉夫和克列緬丘格兩地成功渡河。10月25日，俄軍進一步南下，占領了聶伯城。除了聶伯河口附近，德軍在西岸的防線幾乎全線崩潰。通往克里米亞的陸路彼列科普被俄軍控制，駐紮在克里米亞的德軍因此被切斷退路。基輔兩翼被包圍，於11月6日易手，俄軍俘獲大量德軍，並推進至科羅斯堅和日托米爾。然而，德軍強大的裝甲部隊對俄軍側翼發動反攻，收復了這兩個城鎮，戰線在此暫時穩定。北方的俄軍在11月底重新控制戈梅利，並在聶伯河上游的莫吉廖夫兩側渡河。

至12月，經過長達三個月的追擊，德軍在俄國中部和南部已經被迫撤退超過二百英里。因無法堅守聶伯河防線，德軍在前方毫無屏障，極易

遭受冬季戰役的打擊，而憑藉以往的慘痛教訓，他們深知對手在這方面技藝高超。這正是 1943 年俄軍的輝煌成就。

蘇聯政府對於運輸船隊的暫時停航採取了一種批評的態度，這在情理之中，因為蘇聯軍隊急切地期待運輸船隊的抵達。9 月 21 日晚，莫洛托夫先生召見我們駐莫斯科大使，要求恢復運輸船隊的航行。他指出，義大利艦隊已經被消滅，德國的潛艇也已經放棄北大西洋而轉向南面航線。波斯鐵路無法運輸足夠的物資供應。蘇聯在過去三個月裡進行了全面的攻勢，但他們在 1943 年收到的軍需補給還不到前一年的三分之一。因此，蘇聯政府「堅決要求」運輸船隊必須迅速恢復航行，並希望英王陛下政府在接下來的幾天內採取一切必要的措施。

儘管對於這些意見有諸多可議之處，但我已於 9 月 25 日將此問題提交給海軍部及其他相關部門。

首相致函外交大臣、生產大臣、戰時運輸大臣、伊斯梅將軍轉三軍參謀長委員會，以及代理第一海務大臣。

1943 年 9 月 25 日

若屬人力可及之事，我們有義務重新啟動北極航道，根據月相變化，自 11 月下旬啟動。我們應在 11 月、12 月、1 月、2 月和 3 月，進行五次試航。此計畫應由海軍部和戰時運輸部制定。我相信此事可行。

由於俄國人要求重新恢復這些運輸船隊，我們有理由向他們提出一個明確的要求，那就是改善我們駐俄國北部工作人員的待遇。

海軍部對運輸船隊的最初回應讓我感到失望。

首相致函外交大臣、海軍大臣、伊斯梅將軍轉呈三軍參謀長委員會，及其他相關人員

1943 年 9 月 27 日

駛往俄國北部的運輸船隊

這樣的答覆無法令人接受。為何 11 月的運輸船隊數量不足？即將於 12 月 8 日啟航的船隊情況也是如此。在「霸王」作戰計畫實施之前，我們必須確保至少派出五次滿編船隊。我不同意那種認為大西洋或地中海局勢會如我們以前派遣船隊時那般緊張的觀點。當然，我不打算與史達林元帥達成正式協定，我們也必須為不可預見的事件做好準備，但我認為，11 月、12 月、1 月、2 月和 3 月，每個月都應派出一次滿編船隊。

我計劃於星期二晚 10 點召開一次參謀會議，討論這個問題。

在 9 月 29 日晚上的會議中，我們面臨一個令人振奮的新進展。由於我方小型潛艇的大膽且英勇的攻擊，「提爾皮茨」號戰鬥艦失去了作戰能力。在參與行動的 6 艘潛艇中，兩艘成功突破敵人的精心防禦。其指揮官卡梅倫上尉（皇家海軍後備役）和普萊斯上尉（皇家海軍現役）被德國人救起後成為戰俘，後來獲得維多利亞十字勳章。事後，空中偵察顯示，戰鬥艦受損嚴重，需進船塢修復才能重新加入戰鬥。同時，德艦「盧佐夫」號已經駛往波羅的海。因此，我們在北極海水域爭取到一個可能持續數個月的喘息之機。於是，我向外交大臣遞交了一份備忘錄：

運輸船隊恢復航行的難題事實上已經圓滿解決。在我致電史達林討論此事之前，請你列出我們人員在俄國北部遭到的不公待遇，以便我能將這兩個問題結合起來，以最佳方式向他提出。我希望今晚起草這份電報。

艾登先生所陳述的情形極為嚴峻，因此我致電史達林如下：

北極船團再啟航

首相致史達林總理

1943 年 10 月 1 日

1. 我已經收到關於重新派遣運輸船隊前往俄國北部的請求。我與所有同事都非常期待竭盡所能，協助您所領導的英勇軍隊。因此，我不打算回應莫洛托夫先生電報中提出的可辯論之處。自從 1941 年 6 月 22 日起，我們一直不顧本身的沉重負擔，努力幫助你們抵禦希特勒匪軍的殘酷侵略，以保衛你們的國家。此外，我們也始終承認並公開宣告，你們所取得的輝煌勝利和對德軍的致命打擊，為我們帶來了巨大的利益。

2. 4 天以來，我與海軍部共同制定了一項計畫，目的在重新派遣運輸船隊至俄國北部。這個計畫面臨諸多挑戰。首先，大西洋戰役再度爆發。德國潛艇已經採用新型聲波引爆魚雷攻擊我們，特別是針對正在搜索潛艇的護航艦隻，這種魚雷的確有效。其次，我們在地中海的局勢極為緊張，需在 11 月底前於義大利集結約六十萬軍隊，同時還要充分利用義大利軍隊在愛琴海島嶼和巴爾幹半島崩潰的形勢。第三，我們在對日戰爭中必須承擔應有的責任，美國對該戰場抱持極大熱情，若我們態度冷淡，美國人將感到憤怒。

3. 儘管存在上述諸多挑戰，我很高興地告知您，我們計劃在今年 11 月、12 月以及明年 1 月、2 月期間派出 4 支運輸船隊前往俄國北部，每支船隊約由 35 艘英、美船隻所組成。為適應航行需求，每支船隊可能會分兩次啟程。第一支船隊預計於 11 月 12 日離開英國，10 天後抵達俄國北部；後續的船隊大約每隔 28 天啟航一次。我們計劃在 10 月底之前盡可能撤回目前停留在俄國北部的商船，其餘船隻將與返航的護航艦隊一起返回。

若我們協助他們的努力未見成效，蘇聯可能再度指責我們未遵守承諾。為避免此種情形，我補充了一段論述以堅守我們的立場。

4. 然而，我必須強調，以上措施並非契約或合約，而是一項展現我們嚴肅承諾的宣言。在此基礎上，我已經下令採取必要行動，派遣 4 組由 35 艘船隻組成的運輸船隊。

隨後，我詳細闡述了我方人員在俄國北部所遭受的各種不公平對待。

5. 然而，外交部和海軍部要求我提醒你，確實希望你能親自留意，我們在俄國北部所面臨的種種困難局勢。

6. 為了重新部署運輸船隊，我們必須加強自今年3月以來已經精簡的俄國北部所在機構。目前的海軍人員編制，即便是按當前需求而言，仍然不足，因為調回國的人員沒有得到替換。你們的民政部門對於我方人員前往俄國北部，甚至對於那些早該輪換的人員替換，均拒絕核發簽證。莫洛托夫先生曾大力要求英王陛下政府同意，英國在俄國北部的軍事人員數量不得超過蘇聯在英國的軍事及貿易代表團人員的數量。我們無法接受這項建議，因為他們的職能完全不同，且軍事行動所需的人數無法以如此不切實際的方式來限制。此外，正如我們已經告知蘇聯政府的，執行由我們負責的軍事行動所需人員，必須由我們自行決定。艾登先生已經保證，我們將嚴格控制人數到最低限度。

7. 因此，我不得不請求您同意，立即為當前急需增添的人員發放簽證，並請您確保，今後當我們因向俄國北部輸送援助而申請時，不再拒絕簽證。我必須強調，目前駐紮在蘇聯北部的大約170名海軍人員中，已有150多人本應在幾個月前輪換，但蘇聯方面始終拒絕核發簽證。這些人員無法適應當地氣候及其他條件，所以健康狀況不佳，因此我們迫切需要將他們輪換回來，不容再拖延。

8. 我們還計劃派遣一支小型醫療隊前往阿爾漢格爾斯克，貴國的主管部門已經表示同意，但尚未核發必要的簽證。請記住，我們可能會有大量傷員。

9. 關於我方軍事人員和海員目前在俄國北部的狀況，我也必須請求你協助改善。這些人員顯然是為了我們的共同利益，正在從事對敵作戰，並且他們主要負責將盟國的物資運送到貴國。他們的身分與前往俄國的普通人截然不同，我深信你會認同這一點。然而，他們卻受到了貴國當局的限

239

制，在我看來，這些限制，對於盟國派去執行與蘇聯有極大利益之軍事行動的人員來說，是不合適的。限制情況如下：

（1）除非透過蘇聯小船運送，並有蘇聯官員在場且每次都需要檢查文件，否則英國軍艦和商船上的任何人員不得登陸。

（2）英國軍艦上的任何人員，包括負責的英國海軍將領，若未事先通知蘇聯當局，不得靠近英國商船。

（3）英國軍官和士兵若想離船登岸，或在岸上兩個英國駐地之間通行，必須獲得特別通行證。然而，這種通行證常常被拖延發放，導致正在進行的工作被耽誤。

（4）這支作戰部隊的軍需品、行李或郵件，若無蘇聯官員在場，不得登岸，且所有軍需品和郵件的運輸必須經過各項檢查手續。

（5）私人信件必須接受檢查；然而，我們認為，作戰部隊的郵件檢查應由英國軍事當局負責。

10. 這些限制的規定，使我方官兵對英、蘇關係產生了負面的觀感。如果英國議會知曉此事，英、蘇關係將遭受嚴重損害。這些手續的不利影響，極大地阻礙了我方人員有效履行職責，並且已經多次嚴重妨礙緊急和重要工作的進行。我們沒有對在英國的蘇聯人員施加這種限制。

11. 我們已向莫洛托夫先生建議，關於我方軍人及運輸船隊海員違反蘇聯法律的案件，應由英國軍事當局處理。毫無疑問，存在少數此類案件，至少部分原因是由於俄國北部的工作條件極為艱辛。

12. 我確信，史達林先生，您將以友好的態度尋求解決這些困難的方法，以便我們能夠竭盡所能互相協助，推進我們的共同事業。

考量到我們目前的努力，這些要求並不算過分。然而，幾乎有長達兩週的時間沒有收到任何回覆。

經過長時間的籌備，三大盟國的外長會議即將在莫斯科拉開帷幕。下

一章將詳細討論會議的進展。艾登先生於10月9日搭乘飛機前往與會。他的行程將途經開羅和德黑蘭，在這兩個地方他有許多事務需要處理，預計將於10月18日上午抵達莫斯科。期間，我將負責外交部的工作。

首相致函阿奇博爾德・克拉克・克爾爵士（駐莫斯科）

1943年10月12日

關於恢復北極運輸船隊的事宜，我在10月1日已經發出一封詳盡的電報，但迄今未收到任何回覆。若運輸船隊的往返日期自11月12日開始，那麼，我們就人員問題所提出的要求，需儘早獲得答覆。數十名無線電報務員和通訊人員——運輸船隊的安全仰賴於他們的工作——以及約150名替換需回國人員的接班者，計劃於10月21日乘驅逐艦從聯合王國出發。因此，請敦促他們盡快回覆。同時，我們正籌備派遣運輸船隊，希望蘇聯方面仍然需要它們。

次日，我接到了史達林的回電。

史達林總理致首相

1943年10月13日

1. 我收到你在10月1日的電報，了解到你計劃在11月、12月、明年1月和2月透過北方航線向蘇聯派遣四批運輸船隊。然而，由於你的宣告，這份電報的意義被削弱了；你聲稱派遣北方運輸船隊的計畫既非義務，也非協定，而僅僅是一個可以隨時被英國方面推翻的宣告，而不考慮這種行為對前線蘇軍可能造成的影響。我必須表明，我無法接受這種處理問題的態度。英國政府向蘇聯提供的軍備和其他軍用物資應被視為義務，而非其他。這項義務是經由我們兩國間的專門協定，由英國政府對蘇聯承擔的，蘇聯已經連續第三年肩負起對抗盟國共同敵人希特勒德國的重任。

此外，不容忽視的事實是，北方路線是盟軍以最短時間將軍事物資運送至蘇、德戰場的捷徑；若未能充分利用該途徑，向蘇聯提供適量供應物

資的計畫將無法實現。正如我早前在信中所述，並且經驗也已經證明，經波斯港口運送至蘇聯的軍火和軍需物資，無論如何都無法在數量上彌補未通過北方路線運輸的那些物資。

順便提及，今年經由北方路線運送的軍需物資因某種原因，相較於去年收到的物資數量，大幅減少。這導致蘇聯無法實現既定為軍隊提供軍事供應的計畫，同時也違反了英、蘇關於軍事供應的協定。因此，目前在蘇聯軍隊全力以赴滿足前線需求以戰勝共同敵人時，不能允許蘇軍的供給依賴於英國方面的單方面決定。對上述問題持這種態度，只會讓人認為英國政府拒絕履行其承諾，並對蘇聯構成某種威脅。

2. 關於您提及莫洛托夫先生宣告中的爭議問題，我必須指出，我未能找到任何支持此類評論的依據。我認為，蘇聯方面為解決軍事代表團人員簽證問題而提出的互惠和平等原則是合理且公正的。至於聲稱英國軍事代表團與蘇聯軍事使團職責不同，以及英國軍事代表團的人員配備只能由英國政府決定，我覺得這種說法缺乏說服力。蘇聯人民外交委員會在之前的一些備忘錄中，已經就此問題詳盡闡述。

3. 關於增加英國駐紮在蘇聯北部的軍事人員一事，我認為沒有必要。蘇聯方面多次指出，目前駐紮在那裡的一些英國軍事人員大多沒有被充分利用，數個月以來無所事事。舉個例子，由於沒有必要，我們曾多次建議撤銷英國在阿爾漢格爾斯克港口的基地，直到最近英國才同意撤銷。此外，還有一些令人遺憾的事件：某些英國軍事人員表現出我們無法容忍的行為，他們多次試圖收買蘇聯公民為他們收集情報。這種侮辱蘇聯公民的行為自然引發了一些事件，導致了不愉快的糾紛。

4. 關於你提到的北方港口存在的某些手續和限制的問題，如果考慮到蘇聯當前的戰爭狀態，就必須承認，這些手續和限制在前線及其附近地區是不可避免的。我還可以補充一點，這些措施同樣適用於英國人和其他外國人，也適用於蘇聯公民。然而蘇聯當局在這方面，已經給予英國軍人和

海員許多特權,關於這些特權,早在今年3月就已經通知了英國大使館。因此,你提到的許多手續和限制基於不確切的消息。

5. 關於對英國軍事人員進行檢查和控告的問題,我並不反對在互惠條件下,由英國當局自行負責檢查北方港口英國人員的私人信件;並且,如果英國軍事人員犯下輕微違法行為,在不涉及法院起訴的情況下,交由適當的軍事當局研究處理。

艾登先生在啟程前往莫斯科的路上,已經從開羅出發前往德黑蘭,因此,我發給他如下電報:

首相致外交大臣(德黑蘭)

1943年10月15日

我們的電報關於運輸船隊的內容發出後,如今收到了這樣一封無禮的回電。我將我草擬的答覆寄給你。由於你即將抵達那裡,我授權你根據情況處理。關於海軍輪換人員和通訊人員的問題,我認為我們不應妥協。如果能夠解除這些船隊的負擔,並將我們的人員從俄國北部撤回,我們會感到非常輕鬆。如果這是他們真實的意圖和願望,我們應該盡力滿足他們。

以下是我的回覆草稿:

首相致史達林總理

1943年10月15日

1. 英王陛下政府無法在不考慮海上軍事局勢的前提下,保證派遣我們提及的四批運輸船隊。然而,若蘇聯政府對接收船隊運送的物資予以重視,我們將盡全力執行,不惜冒重大損失與犧牲來完成此項任務。然而,我無法承諾超出能力範圍的事情,英王陛下政府對於派遣部隊執行任何特定作戰行動的實際可行性,必須保留自行判斷的權利。

2. 這四支運輸船隊的來回航行,將對皇家海軍造成極大的壓力,勢必需要從反潛戰中抽調急需的驅逐艦隊,還得動用護送部隊和其他重要運

輸船的艦艇。此外，這也會使艦隊的主要艦艇面臨嚴重的風險。如果蘇聯政府對派遣運輸船隊一事不感興趣，英王陛下政府非常願意擺脫這項艱鉅任務。

3. 值得特別指出的是，英國政府曾請求對駐紮在蘇聯北部的數百名英國軍事人員進行輪換，並略微增加其數量，尤其是派遣涉及運輸船隊安全的通訊人員。然而，這些請求遭到了拒絕，進而形成了一個難以克服的障礙。英王陛下政府非常願意從俄國北部撤回其少量軍事人員，並且一旦確認蘇聯政府不願在英國政府認為必要的合理條件下接收運輸船隊，將立即執行撤回。

我向羅斯福總統陳述了這個問題：

前海軍人員致羅斯福總統

1943 年 10 月 16 日

1. 關於派遣船隊前往俄國一事，我已經收到約大叔的電報。你可能會感到驚訝，因為我們正為他不辭辛勞、竭盡全力。我已經草擬覆電，並交由安東尼酌情處理。

2. 我傾向於，或至少希望，這封電報是由蘇共領導機構而非史達林本人發出的，因為起草這封電報竟然耗時 12 天。蘇共領導層深信，透過恐嚇能得到一切，但我堅定地認為，讓他們意識到情況未必總是如此，是具有重要意義的。

此時，艾登先生已抵達莫斯科。

首相致外交大臣

1943 年 10 月 18 日

你已經抵達現場處理船隊運輸問題，這無疑是理想的安排。今天下午 3 點，我將會見蘇聯大使，並計劃將史達林那封無禮的電報退還給他，同時解釋，由於此事將由你在莫斯科解決，因此我不願接受這封電報。我所

擬定的答覆，你無需遞交，最多將其視為一個指導原則。

此外，首批運輸船隊正在集結，計劃於11月12日啟航。船隻正在裝載貨物，干擾該任務是不明智的，尤其是因為這將涉及到美國，他們是在我們的建議下派船參與的。然而，我希望你在與史達林進行私下交流時可以強調：首先，這四個運輸船隊及其140艘船所載有裝運物資的重要性，以及為確保必要護航我們付出的巨大努力；其次，我們請求改善我方駐俄國北部人員的待遇；第三，我們當然希望能卸下這些運輸船隊的任務，並從俄國北部撤回我方人員；第四，你可以糾正他的誤解，澄清我並非不願意簽訂任何合約或協定，其中甚至包含威脅意圖；我僅希望保留最終判斷的權利，即從軍事角度評估派出運輸船隊的行動是否可行，或在考慮大西洋整體局勢後是否可以嘗試而不被指責為不守信用。我必須堅持保留這個權利……

我對你參與這種枯燥的會議深表同情，真希望能陪伴在你身旁。對於英國在這些問題上的堅定立場，你可以完全信任。我非常期望你能讓他們立刻感受到我們對友誼的誠意，以及在一些核心問題上的堅定決心。祝你萬事如意。

同日，我邀請了蘇聯大使前來拜訪。這是我首次會見古塞夫先生（接替麥斯基成為駐英大使），他傳達了史達林元帥和莫洛托夫先生的問候。我則告訴他，他在加拿大期間聲譽良好。寒暄過後，我們簡短地談及莫斯科會議和第二戰場。我向他解釋，此類軍事行動不容隨意，因此我一直在籌劃召開一次英、俄軍事專家會議，以便深入研究事實和資料，這是所有行動的基礎，沒有這些基礎，討論將毫無意義。我誠懇地告訴他，我們懷著極大的期望，希望與俄國合作並保持友好關係，我們如何預見它在戰後應在世界上占據重要地位，我們歡迎這種局面，並努力促進它與美國的良好關係。我還表示，如果能夠安排，我渴望與史達林元帥會晤，並促成英、美、蘇三國政府領袖會議，這對世界的未來發展意義重大。

隨即，我將話題轉向史達林關於運輸船隊的電報。我簡要陳述：這封電報對目前局勢毫無幫助，反而令我倍感困擾；我擔心，任何回覆都可能使情況惡化；如今我方的外交大臣已經抵莫斯科，我希望他能在當地解決這個問題，因此，我不願意接收這封電報。於是，我將一個信封還給蘇聯大使。古塞夫打開信封查看內容，認出正是那封電報，便表示他是奉命將其交給我的。我接著說「我不打算接受」，同時起身，以友好的方式表示我們的談話已經結束。我走向門口，將門打開。我們在門口又聊了幾句，內容是關於近期邀請他來共進午餐，以及請他與邱吉爾夫人商討她所募集的俄國基金事宜。我告訴他基金總額已達四百萬英鎊。我沒有給古塞夫先生任何機會，讓他再次提出運輸船隊問題，或企圖將電報退回給我，隨即鞠躬送他出門。

　　戰時內閣同意我拒絕史達林的電報。這確實是一次不同尋常的外交事件，正如我後來得知的那樣，它給蘇聯政府留下了深刻的印象。事實上，莫洛托夫在交談中多次提及此事。甚至在這件事還未向莫斯科報告之前，蘇聯方面已經產生了一些疑慮。10月19日，艾登先生在電報中提到，莫洛托夫曾拜訪英國大使館，並表示他的政府非常重視運輸船隊，一直急切期盼它們的起程及抵達。北方路線是將物資送往前線最短且最快的線路。此時，俄軍在前線面臨艱難時期，必須突破德軍的冬季防線。莫洛托夫承諾將向史達林說明所有情況，並安排會談。

　　艾登先生接著表示：

　　兩名英國商船的水手因在俄國北部襲擊一名當地共產黨領導人，最近被判處重刑，他們的情況引起了我的關注。除非這兩名英國水手被釋放並交由我方海軍當局，以便遣送回國，否則我不願意同意恢復運輸船隊，我們的大使也認同我的看法……我相信，如果我們讓這兩名水手在蘇聯的監獄中受苦，而同時對未來運輸船隊的英國海員所面臨的風險視而不見，這

必然會引發與你我相同的強烈反感。我想親自向史達林或莫洛托夫提出請求，看看能得到什麼結果。

這場關鍵的會談定於 10 月 21 日進行。與此同時，為了增強艾登的籌碼，並基於他的提議，我決定暫緩讓英國驅逐艦啟航，因為恢復運輸船隊的首要行動便是派遣驅逐艦。

外交大臣致首相

1943 年 10 月 22 日

昨夜，我與史達林及莫洛托夫會晤。陛下的英王大使與我同行，雙方探討了廣泛議題，會議歷時兩個小時又 15 分鐘。

在初步的寒暄之後，我便提出了關於運輸船隊的議題。我表示，這些運輸船隊對於皇家海軍增添了極大的壓力。每批運輸船隊的航行都構成了重大的海軍作戰行動，通常需要 4 艘巡洋艦和 12 艘驅逐艦進行直接護衛，此外，整個本土艦隊也需要出動掩護。為了獲得所需的護航艦隻，我們不得不削減在大西洋的海軍力量。雖然我們在反潛艇戰中的形勢較之前有所改善，但戰鬥依然激烈，雙方力量實際上相差無幾。此時，我向史達林展示了一份圖表，該圖表列出了過去三年中參戰的德國潛艇數量，顯示潛艇數量仍然接近最高峰。我們之所以不打算承諾一定派遣四批運輸船隊，是因為不希望在戰事突變而使我們無法派遣四批運輸船隊時受到指責。然而，我們的誠摯願望是這些運輸船隊能夠如期啟航。我還告訴史達林，您本人為了必要的安排付出了艱辛努力，您已經發來電報，預計我們能運送大約 140 艘船的物資，總計約八十六萬噸。如果運輸船隊要恢復航行，我們迫切希望立即開始。我們在此基礎上，已經部署了我們的海軍力量，希望利用德艦「提爾皮茨」號無法活動的時機進行。我們所提出的海軍人員需求已經壓縮到最低限度，我們堅持這個數字，此外還有一些次要的要求，希望在達成大體協定後向莫洛托夫提出。

史達林認可我所描述的潛艇戰狀況。他指出，他與你的分歧並不在於船隊復航的難度，而在於我們是否有責任這樣做。你曾暗示，每次派遣運輸船隊都是一種饋贈。史達林認為這種說法並不準確地反映現實。根據他的理解，我們有責任努力交付這些物資。然而，在收到他的答覆後，你非常憤怒，並拒絕接受。我回應稱，我們從未暗示派遣運輸船隊是恩惠或慈善。你始終堅定地努力將這些物資交付給盟國，但正如我已經解釋的原因，你無法保證完成一系列可能無法實現的軍事行動。史達林應對盟友的誠意充滿信心，因此你的不悅並不令人驚訝。這位元帥表示，他並無意冒犯。

經過進一步商談，史達林表示無法同意增加我方人員數量。目前已有大量水兵在俄國北部港口無所事事，導致與當地海員發生摩擦。俄方認為他們能夠自行承擔運輸船隊任務。我回應稱，此舉不可行。史達林指出，若我方人員初始能以平等態度對待俄國人民，便不會出現任何摩擦；若能保持平等態度，便可增派人員。經過一番爭論後，決定由莫洛托夫與我於次日會晤，屆時我將提出我方要求，嘗試達成共識。

運輸船隊的恢復計畫就此敲定。第一批船隻在11月啟航，第二批則於12月出發。這兩批船隊共計72艘船，均安全抵達目的地；與此同時，返航的空船也順利歸來。

12月出航的運輸船隊，觸發了一場令人滿意的海戰。因為德艦「提爾皮茨」號已經失去作戰能力，「沙恩霍斯特」號成為敵人在挪威北部海域唯一的重型戰艦。1943年聖誕節夜晚，它與5艘驅逐艦從阿爾滕峽灣突襲而出，在熊島南方約50英里的海域襲擊了運輸船隊。運輸船隊的護航力量經過增強後，擁有14艘驅逐艦，再加上3艘巡洋艦進行掩護。本土艦隊總司令弗雷澤海軍上將所乘的旗艦「約克公爵」號，與巡洋艦「牙買加」號及4艘驅逐艦，當時正在西南方向的海域上。

「沙恩霍斯特」號兩度嘗試襲擊運輸船隊。每次都遭到護航的巡洋艦

和驅逐艦的攔截與迎戰。在交火中,「沙恩霍斯特」號與英國巡洋艦「諾福克」號皆被炮火擊中,但戰鬥並未分出勝負,德艦隨即中止戰鬥,向南撤退,我方巡洋艦緊隨其後,並報告其動向。而德國的幾艘驅逐艦始終未被發現,亦未參與戰鬥。此時,本土艦隊總司令乘旗艦以最快速度穿越洶湧的海洋逼近。下午 4 時 17 分,在北極黃昏的最後餘暉已經消散之際,「約克公爵」號利用雷達在約 23 英里範圍內探測到敵蹤。然而,直到下午 4 時 50 分,「約克公爵」號在相距一萬二千碼的海面上用照明彈開火之前,「沙恩霍斯特」號才意識到即將面臨毀滅性打擊。同時,弗雷澤海軍上將派遣 4 艘驅逐艦前去伺機攻擊。其中,「斯托德」號配備了挪威皇家海軍人員。「沙恩霍斯特」號慌忙轉向東逃。在追擊過程中,數次被炮彈擊中,但憑藉較快的速度逐漸拉開距離。然而,下午 6 時 20 分,其速度明顯下降,我方驅逐艦得以從兩翼逼近。大約在下午 7 時,它們全力展開攻勢,4 枚魚雷命中敵艦,我方僅 1 艘驅逐艦遭炮彈擊中。

「沙恩霍斯特」號調轉方向,試圖擊退我方驅逐艦,這使得「約克公爵」號能夠迅速接近至約一萬碼的距離,對其重新開火並給予毀滅性打擊。在短短半小時內,我方戰鬥艦與敵方受損戰鬥巡洋艦之間的不對等交鋒便告結束。「約克公爵」號將剩餘任務交由巡洋艦和驅逐艦完成。「沙恩霍斯特」號不久後沉沒,艦上包括貝海軍少將在內的 1,970 名官兵隨艦一同沉沒,我們僅救起 36 人。

儘管「提爾皮茨」號的命運被延遲了近一年,但「沙恩霍斯特」號的沉沒不僅消除了對北極運輸船隊的最大威脅,也使本土艦隊獲得了新的行動自由。我們不再需要隨時準備防止德國重型軍艦在它們選定的時刻突然進入大西洋。這是一個令人欣慰的重要成就。

1944 年 4 月,跡象顯示「提爾皮茨」號已修復,準備駛向波羅的海某個港口重新裝備。我方航空母艦「勝利」號與「狂暴」號的飛機使用重型炸

彈對其展開攻擊，再次使其癱瘓。隨後，皇家空軍從俄國北部基地起飛，繼續對其進行襲擊，進一步加重了其損傷。因此，「提爾皮茨」號被轉移至特羅姆瑟峽灣，該處比之前地點更接近英國兩百英里，且位於我們本土基地重轟炸機的航程範圍內。德國人當下已經放棄將該戰艦駛回本國維修的念頭，不再視其為遠洋作戰艦艇。11月12日，皇家空軍派遣29架特製「蘭卡斯特」轟炸機，包括以摧毀默訥水壩聞名的第617中隊，攜帶總重達一萬二千磅的炸彈，對「提爾皮茨」號進行決定性打擊。轟炸機從蘇格蘭基地飛行兩千英里，天氣晴朗，三枚炸彈命中目標。「提爾皮茨」號在停泊處被炸翻，1,900名船員大多遇難。我們僅損失一架轟炸機，但機組人員均獲救。

英國的重型軍艦從此已經全部能夠自由部署至遠東地區。

莫斯科外長會議

此刻有必要回顧過去,以便將外交事件的發展與敘述相結合。自魁北克會議以來,我們不斷向史達林提議召開三國領袖會議。早在魁北克會議期間,我已經收到他的覆電,其內容如下:

史達林總理致首相(在魁北克)

1943 年 8 月 10 日

我剛從前線歸來,已經閱讀了 8 月 7 日英國政府的電報。

我完全贊同,召開三國政府領袖峰會是必需的。在與美國總統確認會議地點和時間後,應抓住機會立即進行。

同時我必須告知你,非常抱歉,在當前蘇、德戰線的局勢下,我甚至無法離開工作職位和前線哪怕短短一週。儘管我們在前線最近取得了一些勝利,然而蘇聯軍隊及其統帥部仍需對敵方可能採取的新行動保持高度警惕並加強兵力。因此,我必須比平時更加頻繁地前往各條戰線視察我方情況。在這樣的情況下,我無法訪問斯卡帕灣或其他任何遙遠地點,與你和美國總統會晤。

然而,為了不延誤對我們三國共同關注議題的討論,最好召開一次由三國代表負責的會議,我們可以在近期就會議的時間和地點達成一致。

除此之外,我們需先就待討論的問題及待通過提案的草案達成共識。若無法提前實現這一點,會議難以取得具體成果。

藉此良機,我向英國政府及英、美聯軍致以祝賀,因其在西西里島戰役中取得輝煌勝利,此勝利已導致墨索里尼的垮臺,並使其團夥瓦解。

這是俄方首次同意在三國盟友間召開任何級別的會議。我在將以下電

莫斯科外長會議

報發給艾登並要求他轉交莫斯科時說道:「再次收到熊先生的直接電報,我感到非常高興。請將我的回電轉交給他,內容根據你的意見撰寫。」

與羅斯福總統商議後,我們共同起草了一封電報,發送給史達林。

首相與羅斯福總統(在魁北克)致函史達林總理

1943 年 8 月 19 日

1. 我們二人已經率領參謀團隊抵達此地,預計將召開為期約 10 天的會議。我們完全理解你有充分的理由留在前線,你親臨戰場的存在為戰爭帶來了如此多的勝利。然而,我們仍然想再次強調我們三人共同參與一次會議的重要性。我們認為,阿爾漢格爾斯克或阿斯特拉罕都不適合,但我們願意與相關官員一起前往費爾班克斯(位於阿拉斯加),以便與您共同全面審視局勢。看來目前是召開會議的絕佳時機,同時也是戰爭的轉捩點。我們熱切希望你能重新考慮這個問題。英國首相在大西洋這一側逗留的時間將根據需要決定。

2. 倘若這場極為必要的三國領袖會議確實無法召開,我們贊成你的觀點,應在不久的將來舉行外長級會議。此會議將屬於探討性質,因為最終的決定必然需要由我們各自的政府來做出。

史達林回覆道:

1943 年 8 月 25 日

我已經接到你們於 8 月 19 日的共同來電。

關於我們三人召開會議的重要性,我完全贊同你和羅斯福先生的觀點。同時,我懇請你們理解我當前的情形,目前我軍正與希特勒的主力進行極為緊張的戰鬥,不僅沒有從我們的前線撤回任何師團,希特勒反而在蘇、德戰場上不斷增派新的師團。在如此關鍵的時刻,依據全體同事的意見,我無法離開戰場前往費爾班克斯這樣遙遠的地方,否則我們的作戰行動將會受到影響。正如我先前所言,若前線情況並非如今這般,費爾班克斯無疑

是我們召開會議的理想地點。

對於我們三國代表，尤其是外交代表的會議，我同意你們的看法：宜盡快召開。然而，這次會議不應僅限於討論，而應具備實際籌備的性質，以便會後我們的政府能夠對緊迫問題作出明確決策。

首相致史達林總理

1943年9月5日

1. 關於外長會議事宜。我收到了你8月25日的來電，感到非常欣慰。你在電報中同意蘇聯、美國和英國的外交事務負責人盡快召開會議。若莫洛托夫先生能夠出席，我們將派艾登先生參加。

2. 當然，即便會議由上述人員構成，也無法替代相關政府的權力。我們非常渴望了解你對未來的期望，同時也會告知你我們已經形成的看法。到那時，我們的政府必須做出決策，我希望我們能在某地親自見面。如有需要，我願意前往莫斯科。

3. 政治代表或許需要軍事顧問的支持。我打算派遣一位將級軍官，黑斯廷斯·伊斯梅爵士，他是我在參謀長委員會的私人代表，負責國防祕書廳的事務。他能夠在會議中提供有關軍事問題的論據、事實和資料。我相信美國也會派遣相應職位的軍官出席。我認為在外長會議上，目前這些安排已經足夠了。

4. 然而，若你希望探討為何我們尚未跨越海峽攻打法國，或為何無法提前以超出當前建議的兵力規模進攻法國等技術細節，我樂意接受你派遣一支由陸軍和海軍將領組成的專門代表團，前往倫敦或華盛頓，或兩地均可。屆時，我們將盡可能詳細地向他們闡明我們的人力物力狀況和策略意圖，並與他們一起深入討論。我確實希望你能夠聽到這些說明，而且你完全有權知悉這些消息。

5. 我們傾向於認為，英國是居中位置的理想會晤地點，儘管或許選擇

倫敦以外的地方更為適宜。我已經向美國總統建議此方案，但他尚未給予最終答覆。若你同意在英國會晤，我將非常樂意得到你對此提議的支持。

6. 我期望我們能在10月初安排外長會議。

史達林總理致首相

1943年9月8日

你建議將三國政府代表會議安排在10月初，我認為這是可行的。至於會議地點，我建議選在莫斯科。關鍵在於，我們應當事先就議程達成一致，並商定各項提案，以便在議題中處理我們三國政府共同關心的問題。正如我以往所堅持的，為了確保會議取得成功，這樣的準備是必要的；這次會議應為三國未來的一致決策奠定基礎。至於會議組織的其他方面，我認為在達成一致意見時不會有太大困難。

關於三國政府領袖親自會晤一事，我已經致函總統，指出我也在全力推動此會晤儘早實現。他關於會晤時間提出在11月至12月的建議，我認為是可行的，但會晤地點最好選在三國均有代表機構的國家，例如波斯。我唯一的保留意見是：會議的具體日期需根據蘇德戰場的局勢作出調整。在蘇、德戰場上，雙方共有超過五百個師參與交戰，這種情況下，幾乎每天都需要蘇聯最高統帥部的直接監督。

9月10日，我回覆了史達林總理的提議：

首相致史達林總理

對於外交部代表的會晤事宜，我們尊重您認為應在莫斯科舉行的看法。因此，我們的外交大臣艾登先生將於10月初前往莫斯科，他將帶領適當的顧問團隊同行。

有關議程。英王陛下政府宣布其願意與盟國蘇聯和美國商討任何議題。近期內我們將向您提交我們的看法，但我們尤其希望了解您所關注的主要議題。

在我看來，這次外交代表會議是召開三國政府領袖會議之前極為重要且必不可少的預備會議。我認為領袖會議有可能在11月15日至12月15日之間舉行，同時也感到非常欣慰。幾個月來，我一直向你表示，為了參加這樣的會議，無論地點、時間或風險，我都願意赴會。因此，我準備前往德黑蘭，除非你認為還有比波斯更合適的地點。我個人認為塞普勒斯或喀土穆可能更為理想，但我仍然尊重你的看法。史達林元帥，我願意告訴你，所有聯合國家都非常期待我們三人的會議，這不僅可以決定結束戰爭的最佳和最快方法，還可以決定關於戰後世界未來的良好發展方向：使英、美和俄羅斯的民族能夠對人類做出持久的貢獻。

後來，從魁北克返回倫敦後，我為同事們草擬了一份備忘錄，內容涉及即將召開的外長會議上需審議的一般要點，該會議的籌備工作已然就緒。

首相為外交大臣即將參與的會議撰寫了一份備忘錄。

1943年10月11日

1. 大不列顛並不尋求任何領土或特別利益作為參與這場戰爭的回報；其參戰是為了履行職責並捍衛國際法。

2. 我們極力倡導成立國際聯盟體系，其中應包含一個歐洲委員會、一個國際法庭，以及一支有能力執行其裁決的武裝部隊。在可能延長的休戰期內，我們認為三大國，即英聯邦和英帝國、美國與蘇聯，連同中國，應該保持聯合和充分武裝，以確保停戰條件的執行，並能夠在全球建立一個永久的和平機制。

3. 我們主張，曾在大戰中遭受納粹或法西斯武力占領的國家和民族，應擁有完整主權得以參與和平會議，所有涉及最終領土割讓的問題，必須在會議上解決，並且要適當關注相關國家人民的利益。

4. 我們重申大西洋憲章的原則，注意到俄國加入時是依據1941年6

月22日的邊界。我們也注意到德國在1914年和1939年發動兩次侵略戰爭前的俄國歷史邊界。

5. 我們理應對波蘭和俄國之間達成的任何協定表示歡迎，只要這些協定能夠保證建立一個強大且獨立的波蘭，同時為俄國的西部邊界提供必要的安全保障。

6. 我們堅定地認為，納粹主義和法西斯主義必須在其發源地，即侵略國家內部被完全根除。我們同樣主張，應在這些國家建立民主政府，基於人民在合理且穩定的環境中自由表達意願的基礎。這些主張不應排除使用軍事和外交手段，或與潛在的臨時政府建立連繫，這樣我們能夠實現主要目標，同時將屠殺，特別是對盟軍的屠殺，降至最低。

7. 我們拒絕承認德國或義大利在納粹或法西斯統治期間獲得的任何領土擴張，並主張德國未來的政權結構及其作為德意志國家組成部分的普魯士地位，應遵循西方三大國共同決定的政策。

8. 我們下定決心運用所有必要的手段，阻止犯罪國家以武力威脅歐洲和平，不僅要解除其武裝，還要長期監管其境內的一切戰爭機構或組織。

9. 我們並不打算讓歐洲國家大家庭中的任何成員處於從屬或受制約的位置，除非是出於全球需求和安全的絕對必要。

10. 我們宣告，我們將毫不動搖地運用勝利所授予三大國的權威，以促進全球福祉和人類發展的事業。

莫斯科三國外長會議在我們複雜的事務中造成了極為重要的作用。羅斯福總統曾希望年邁的赫爾先生能免受長途飛行至莫斯科的勞累，因此提議在倫敦召開會議，但史達林拒絕更改地點。然而，赫爾先生並未因此退縮。這位經驗豐富的外交家在身體狀況不佳的情況下進行首次空中旅行，確實是一個勇敢的舉動。

在這次會議於莫斯科召開之前，三國的外長間已經進行了多次電文交

流。美方提出四項建議，其中包含一份四大國宣言，內容涉及戰後對德國及其他歐洲敵國的處理。我方則提出不下於十二項建議，包括對土耳其的共同政策、在波斯實施的共同政策、蘇聯與波蘭的關係，以及波蘭的一般政策。俄國人僅提出了一項建議，即「討論如何縮短對德國及其歐洲盟國作戰的時間」。儘管這顯然是個軍事問題，而非政治問題，但從一開始就很明顯，他們在此問題得到徹底解決前，不願討論其他任何議題，因此我認為應讓伊斯梅將軍加入我們的代表團。第一次正式會議於10月19日下午舉行。莫洛托夫先生如同下議院議長被推上主席臺時那樣做了一番推辭後，被選為主席，對此，他和他的代表團顯然感到滿意。隨後，議程獲得通過。這些準備程序結束後，莫洛托夫將下列蘇聯建議交給大家傳閱：

1. 英國與美國政府應於1943年採取緊急措施，確保其軍隊對法國北部的進攻；此舉與蘇軍在蘇、德戰線對德軍主力的強力打擊相結合，將迅速瓦解德國的軍事戰略地位，並決定性地縮短戰爭。

2. 在此議題上，蘇聯政府認為有必要澄清：1943年6月初，邱吉爾先生與羅斯福先生發表關於英、美軍隊將於1944年春季攻打法國北部的宣告，是否依然有效。

3. 三大國應向土耳其政府提出建議：土耳其應當立刻參戰。

4. 三大國應提議瑞典：為盟國提供空軍基地，以支持對德國的戰爭。

莫洛托夫詢問，赫爾先生和艾登先生是否願意在研究這些建議後，於後續安排的祕密會議上進行討論。對此，他們迅速表示同意。

艾登先生向我彙報了會議的進展，我立刻向他表達了我的看法。

首相致艾登先生（在莫斯科）

1943年10月20日

1. 我們目前對1944年的計畫似乎容易出現顯著缺陷。計劃於5月將

15個美國師和12個英國師派往法國，並在義大利戰線部署6個美國師和16個英國師。除非德軍崩潰，否則，由於希特勒掌控著全球最便利的交通樞紐，他至少能夠集結4、50個師來對抗上述任何一支部隊，同時還能牽制另一支。他可以在巴爾幹半島損失不大時，迅速撤退到薩瓦河和多瑙河，進而在不削弱其俄國戰線的情況下，獲得所需的所有部隊。這是戰爭中最基本的命題之一。我們對義大利和英吉利海峽兩個戰場的兵力部署，從未依據戰略需要決定，而是由形勢變化、航運可能性以及英、美之間的主觀妥協決定。不論是在義大利集結的軍隊，還是計劃於5月橫渡英吉利海峽的軍隊，都未能滿足實際需求，而在兩個戰場之間實際可調動的部隊僅有7、8個師。我決心重新評估這個情況。

2. 若由我掌控局勢，我絕不會從地中海撤軍，也不會將部隊從義大利狹長的靴形地帶推進至波河流域。我的策略是在較窄的前線與敵軍進行激烈交戰，同時在巴爾幹半島和法國南部煽動動亂。在德軍未崩潰的情況下，我認為我們在橫渡英吉利海峽之時所需的兵力，至少應在60天內集結40個師，除非義大利前線已經與敵軍展開激烈戰鬥。我不認同美國的觀點，即我們的本土空軍能夠摧毀戰區內或戰區通道上的一切。我們尚無此類經驗。這些僅供你個人思考，現階段不宜公開。然而，這些情況顯示出我們對5月「霸王」作戰計畫的承諾，如同對律師契約的義務般危險。如此一來，我們可能會放棄義大利前線及在巴爾幹半島的成就，但另一方面，在渡過海峽30或40天後，我們可能仍然沒有足夠的兵力保全自己。

3. 你應該設法弄清俄國人對巴爾幹半島的真實態度是什麼。我們試圖透過愛琴海發起攻勢，使土耳其捲入戰爭，打通達達尼爾海峽和伊斯坦堡海峽，以便英國的海軍艦艇和商船能夠協助俄軍前進，並最終在多瑙河沿岸為他們提供強而有力的支援，這些行動對他們是否有吸引力？他們對我們打通黑海，為盟國的戰艦與補給，以及盟國的軍隊包括土耳其軍隊在內開闢道路，到底會有多大興趣？他們對我們從右翼進行的迂迴行動是否感

興趣？或者，他們仍然只是希望我們進攻法國？——他們認為，英國持續的兵力集結，無論如何總會把大量的德軍牽制在西線。也許由於政治原因，俄國人不願我們實施大規模的巴爾幹策略。另一方面，他們希望土耳其參戰，是為了表明他們對東南戰場感興趣。

4. 我依然堅信，在愛琴海取得立足點極為重要，因此應當攻占羅得島，重新占領科斯島，堅守萊羅斯島，並在這些海域建立強大的海、空軍優勢。俄國人是否對我們堅守萊羅斯島的努力以及攻占羅得島的計畫表示支持？他們是否理解這樣做對土耳其的影響，以及這將如何為海軍進入黑海鋪平道路？以上各點僅供你個人思考。

10月21日，在莫斯科召開了一場會議，討論蘇聯的提議，英方由艾登先生、英國大使阿奇博爾德·克拉克·克爾爵士、斯特朗先生和伊斯梅將軍出席；美方由赫爾先生、哈里曼大使和迪恩少將出席；俄方由莫洛托夫先生、伏羅希洛夫元帥、維辛斯基先生和李維諾夫先生出席。會議伊始，伊斯梅代表英、美代表團發言，依據魁北克會議的決議，強調發動橫渡英吉利海峽攻勢時所面臨的條件限制。

在隨後的討論中，我方代表清晰地表達了立場，計畫實際上未有任何改變，且若所預定的條件達成，我方願意繼續進行。俄方當時似乎對此表示滿意。莫洛托夫表示，蘇聯政府將仔細研究伊斯梅將軍的發言，並希望在未來的會議中進一步討論。

艾登先生繼續討論土耳其問題，指出我們目前無法提供所需的有效支持。至於聯合與土耳其交涉的事宜，應留待未來解決。此外，還提到了俄國關於瑞典的建議。瑞典顯然將要求俄國對芬蘭作出保證，而這是俄國人不願意談論的議題。

當天晚上，艾登拜訪了史達林，他們進行了超過兩個小時的廣泛討論。正如讀者所知，北極運輸船隊的問題是最為重要的。談話隨後轉向了規劃

中的盟國政府三方領袖會議。史達林堅持會議應在德黑蘭召開。

整體而言,對話似乎進展得相當順利。

艾登先生此時已經接收到我於 10 月 20 日發出的電報,並表達了他的看法。他指出,俄國人堅定而盲目地堅持要求我們在法國北部發起進攻。他們最關心的是會議能否對此作出決策。他們不斷詢問:自 5 月分的華盛頓會議後,羅斯福總統與我曾與史達林商定於 1944 年初春進攻法國,這個計畫是否有變,以及此軍事行動何時啟動。

關於第一點,他向他們承諾沒有任何變動,但強調需要具備三個條件,才能使這次遠征有勝利的機會。關於第二點,我們認為,最好不預設具體的日期,但艾登先生向他們保證,所有準備工作都在進行中,以便在春季天氣改善後發起進攻。

在回覆來電時,我如此答道:

首相致外交大臣(在莫斯科)

1943 年 10 月 23 日

1. 如果我們強迫土耳其參戰,它將堅持要求空中支援等條件,而提供此類支援無疑會對我們在義大利的主要戰役產生不利影響。然而,倘若土耳其在經歷非交戰狀態後自行參戰,我們便無需承擔相同義務,同時還能獲得巨大收益。顯然,時機的把握很重要,而這取決於駐紮在保加利亞和色雷斯敵軍的侵略力度。我們將獲得的好處包括,給予俄國的補給、我們的戰艦以及其他部隊能夠進入黑海。這便是我所稱的「對俄國進行有力的援助」。土耳其採取此種行動並非不可能,尤其是如果德軍在巴爾幹半島損失不大時迅速撤至多瑙河和薩瓦河,可能性更高。

2. 芬蘭與瑞典。若能促使瑞典參與戰爭,將會帶來顯著的益處。我們並不認為,德軍具備大規模入侵瑞典的能力。我們應該爭取到一個新的盟國以及一支人數雖少但卻精銳的陸軍。我們在挪威的收穫,將產生深遠的

影響。各種重要設施將提供給俄國空軍。對我們而言，從東英吉利起飛去轟炸德國的效果，比從瑞典起飛要顯著得多，因為在瑞典，一切物資都需空運且條件簡陋。從英國飛往德國各地的距離，正好與從瑞典飛往德國各地的距離相等。事實上，憑藉英國現有的便利條件，加上我們希望在羅馬北面獲得的便利，我們能夠向德國的任何地區派遣重型轟炸機進行轟炸。

3. 對我個人而言，我希望土耳其能自動參戰，瑞典亦是如此。我並不認為這兩個國家之中的任何一個會遭到侵略，而每增加一個新的敵人，只會加速希特勒的崩潰。但我建議，首要任務是明確我們與俄國人到底需要什麼，以及什麼對我們雙方最有利，然後作為第二步，應立刻考慮未來所需的策略。請嘗試一下，並告知我情況。

兩天之後，我再次發出了一封電報。

首相致外交大臣

1943 年 10 月 25 日

經過深思熟慮，我堅信，對於俄國希望土耳其和瑞典自願成為共同交戰國或實際盟國的企圖，我們不應加以阻礙。我們不應給予俄國人藉機挑起爭端的可能，也不應將自己置於僅僅製造麻煩的位置。我們應在原則上給予認可，讓困難自然顯現，因為在討論具體方式時，困難必然會出現。然而，這些困難很可能被克服或適當調整。無論如何，我們不應在一開始就對所有事情持吹毛求疵的態度。

此前的一章之中提到過艾森豪將軍發來一封關鍵電報，向我報告亞歷山大將軍對義大利戰役的評估。現在，我收到了這封電報。我轉交給艾登，並請他呈交史達林閱覽。我在電報中補充了以下幾點：

1943 年 10 月 26 日

1. 我們面臨的風險源於將地中海的精銳部隊和關鍵的登陸艇調往 7 個月後的「霸王」行動。這種做法是戰爭被律師式合約支配的結果，這些協

定雖然在數個月之前認真制定，但現在卻不顧戰局變化仍堅持執行。如果你認為合適，應讓他知道：在我負責期間，我不會因為5月的英吉利海峽進攻而忽視義大利戰役，以免造成災難。義大利戰役極為重要且有效，吸引了大量德軍後備力量參戰。我們必須支持並堅持這場戰役直至勝利。我們將全力支持「霸王」計畫，但如果為了短期政治利益而在戰場上失敗，那是無益的。

2. 因此，你必須闡明，關於5月「霸王」戰役的承諾，由於受限於特定條件，必需根據義大利戰役的緊迫需求進行調整。我正在與羅斯福總統討論此事，但就英國軍隊而言，此時絕不會放棄義大利戰役，我的這個決心無論如何都不會動搖。艾森豪和亞歷山大必須獲得贏下這場戰爭所需的一切資源，儘管這可能會影響未來的軍事行動。實際上，這確實可能影響「霸王」作戰計畫的執行日期。

三日之後，我對此問題發表了最終看法：

首相致艾登先生（在莫斯科）

1943年10月29日

我們顯然不會放棄「霸王」計畫，它依舊是我們1944年的核心軍事行動。為了確保羅馬戰役不出現挫折，必須將登陸艇留在地中海，這可能會稍微推遲進攻時間，可能延至7月，因為小型登陸艇在冬季無法穿越比斯開灣，需待春季才能航行。然而，這種推遲意味著：一旦發起進攻，打擊會更加猛烈，同時對德國的全面轟炸不會迅速減弱。我們也隨時準備抓住並利用德軍崩潰的機會。這些論點在你討論時可能會有幫助。

當晚，英國大使與伊斯梅陪同艾登先生前往克里姆林宮。莫洛托夫和史達林在場。艾登在會見開始時，將艾森豪關於義大利戰局的電報俄文譯文交給史達林，史達林大聲讀給莫洛托夫聽。讀完後，他表情毫無失望。他說，根據俄方情報，羅馬以南英、美有12個師對抗6個德國師，波河

地區還有 6 個德國師，但他承認亞歷山大將軍可能擁有更準確的情報。艾登表示，我迫切希望史達林了解義大利戰局的最新報告，並且要他知道，我對此事不僅焦慮，還堅定地主張大力支援義大利戰役，直至勝利為止，無論這對「霸王」作戰計畫有何影響。他還指出，盟國目前面臨重要決策，因此更加需要盡快舉行三國政府領袖會議。

史達林微笑著表示，若師團數量不足，三國政府領袖會議也無法憑空創造出師團。接著，他直接詢問，剛才所讀電報是否意味著「霸王」作戰計畫將被延期。艾登答道，在英美聯合參謀長委員會進行詳盡稽核並作出改善局勢的決策之前，他無法確定，但必須面對這個可能性。他引用我電文中的一段，強調我們決心「對『霸王』作戰計畫全力以赴」，然而，「若僅為暫時的政治滿足，而準備在戰場上失敗，則無益。」此計畫面臨兩大挑戰：首先是登陸艇，其次是在 11 月初將 7 個經過戰鬥考驗的師團運往聯合王國，作為「霸王」戰役的先遣部隊。或許，關於運送這些師團的計畫需要延期，但這是否會影響「霸王」作戰計畫的實施日期，以及影響的程度，目前尚無法評估。

史達林接著將話題轉向整體戰略問題。他認為有兩種策略可供選擇：一是在羅馬以北採取防禦姿態，將所有其他精銳部隊用於「霸王」計畫；另一種是通過義大利進攻德國。

艾登先生表示，首個策略完全符合我們的意圖。據他所知，我們無意跨越比薩──里米尼一線。這樣的防線足以讓我們占領羅馬北部的縱深區域，並對南歐的空軍基地實施轟炸。史達林顯然認同我們的判斷，並指出跨越阿爾卑斯山極為困難，而且這正是德軍所希望的，他們希望在此地與我們交戰。攻占羅馬之後，英國的聲望自然會顯著提升，使我們能夠在義大利採取防禦態勢。

稍後，話題轉向了其他可能的進攻點。艾登先生提到，在實施「霸

王」行動的同時，我們或許能夠在法國南部進行牽制性攻擊。倘若我們能以兩個師的兵力占據一個橋頭堡，便可調動在北非訓練並裝備好的若干法國師投入戰鬥。史達林對此表示贊同，認為這是個絕妙的策略，因為這樣能夠進一步分散希特勒的兵力。這與他在俄國戰線上採用的戰術相似，但問題在於，我們是否擁有足夠的登陸艇？

接著，他又問道：「『霸王』計畫究竟是推遲一個月，還是兩個月？」艾登先生回應，他無法對此做出解答。他明確指出，我們會盡一切努力，在「霸王」戰役有合理勝算的最早時機發動襲擊，並特別希望三國領袖能儘早會面。史達林對此表示完全贊同，但提到羅斯福對於前往德黑蘭有些猶豫。當艾登提議哈巴尼亞作為會面地點時，他和莫洛托夫都堅決反對。史達林說，只要有機會繼續削弱希特勒的力量，他本人就無法遠行。最近，德軍從法國和比利時調動了一些坦克師到蘇聯前線，但缺乏裝備和物資。重要的是，不要給希特勒喘息的機會；他主動指出，德軍只是因為擔心我們發起攻勢，才不敢調動駐守西線的 40 個師，否則蘇聯軍隊就不會取得已有的勝利。蘇聯充分了解我們為共同事業作出的貢獻。

艾登先生表示，史達林元帥深知英國首相與他同樣渴望打擊希特勒。史達林對此完全贊同，但突然大笑道，他往往把捷徑留給自己，而將艱難的任務交給俄國人。艾登不同意這種看法，並指出我們海軍在執行任務時面臨的各種困難，以及我們最近在驅逐艦方面遭受的重大損失。史達林恢復了嚴肅的態度，說他的人很少談論我方海軍的作戰行動，但他理解他們的困難。

「整個會談，」艾登先生透過電話告訴我，「進行得異常順利。史達林似乎非常滿意，當晚無論涉及哪個問題，都沒有對產生的結果有任何指責，對我們面臨的實際困難也沒有表現出忽視。這或許只是初步反應，他日後的想法可能會有所不同；但關鍵在於，他主動承認我們在西線牽制了

40個德軍師，因而做出了貢獻。此外，他在談到我方海軍作戰的種種困難及所需的登陸艇時所表現出的同情態度，似乎表明他不再認為跨海作戰是個簡單的問題。然而，顯而易見的是，他希望我們盡一切努力儘早執行『霸王』作戰計畫；而且，他對我們所言的信任，在我看來，是非常顯著的。」

在會議期間，許多跡象顯示，蘇聯政府誠摯地希望與英、美兩國維持永久的友好關係。在我們預見可能出現困難的許多問題上，他們與我們達成了一致。史達林對我們的問題表示理解，至今回憶起來，我們均未感到任何不適當之處。艾登先生說道：「莫洛托夫在多次場合中，尤其是在今天的軍事問題最後一次會議擔任主席時，展現了這種精神。儘管他對昨晚我與他及史達林談話的結果顯然感到失望，並且對我們未能以令他滿意的方式支持蘇聯關於土耳其和瑞典問題的提案也感到失望，但他在處理事務時，明顯地希望避免令我們任何一方感到為難。今晚，我收到他的通知，說我們兩名被拘禁的水兵已經獲得寬恕，這是友好的表示。」

「俄國代表們進一步表達了他們希望打開英、俄關係新篇章的意願。你就運輸船隊所持的立場給他們留下了深刻印象。今晚，莫洛托夫和一些同事將首次出席我方大使館的宴會。米高揚負責向他們持續提供情報，今晚他特別熱情地讚揚你在恢復這些運輸船隊中發揮的個人作用。」

「在此情形下，我急切地希望在會議結束時以某種明確的方式表達我們的友好關係。我確信，若能向他們透露一些關於他們希望分得義大利艦隊部分艦隻的正面消息，其心理影響將遠超過這些艦隻的實際價值，無論其價值如何。英國大使與哈里曼對此意見完全贊同。若在我離開蘇聯前無法給出明確答覆，那麼至少若能告訴莫洛托夫先生，我們原則上同意蘇聯政府應獲得部分繳獲的義大利艦隻，並且他們的要求是合理的，這將對我有極大的幫助。具體的安排，包括移交日期，可以隨後決定。若你能如此

協助我,我確信,其成果將不僅證明你的立場是正確的。我懇請你給予支持。」

我立刻向他傳達了戰時內閣對義大利艦隊的看法。

首相致外交大臣

1943 年 10 月 29 日

……原則上,我們願意認可俄國有權獲得義大利艦隊的一部分艦艇,然而,我們認為這支艦隊將在對日戰爭中發揮作用,我們正計劃為「利特里奧」級及其他艦艇安裝熱帶裝置,以便在戰爭的後期階段使用。如果俄國希望在太平洋部署一支分艦隊,那是一個值得關注的事件,我們希望在會面時對此計畫進行討論……

5. 當下唯一可能將義大利艦隻移交給俄國的地點是阿爾漢格爾斯克和莫曼斯克。然而,義大利的軍艦並不適合在北極海活動,並且目前需要在船塢中維修數個月。我們必須小心,不要因為直接將艦隻移交給俄國而影響與義大利的合作。義大利在海上高舉反德旗幟,這點極為重要。義大利人在塔蘭托的船塢中為我們進行關鍵工作,我們不希望因為艦隻移交給俄國而導致義大利人拒絕合作。如果他們意識到,從德軍手中逃出的艦隻將被移交給外國海軍,我們無法完全保證他們不會鑿沉其中幾艘。目前,他們正為我們進行大量工作。義大利潛艇正在將軍需物資運送至萊羅斯。義大利 7 艘完好的驅逐艦正在護送地方運輸船隊。他們的巡洋艦也在運輸軍隊和軍需物資。因此,在任何情況下,我們必須對這個事項嚴格保密,直到我們能夠採取措施防止產生不良影響。一旦義大利艦隊開始被分配,法國、南斯拉夫和希臘將會提出要求,而他們的要求也是合理的。

6. 基於以上種種原因,最好暫緩討論此問題,待「尤里卡」(德黑蘭)會議時再作商議。

7. 誠然,我們已經獲得一些義大利商船,但相較於我們需要滿足被占

領地區和義大利的最低日常運輸需求而言，這個數量仍顯不足。所以經過權衡，我方的船舶噸位實際上非常有限，特別是因為大多數義大利艦船更適合進行地方性運輸。

8. 赫爾先生是否已經將此請求通報給他的政府？我們必須達成共識。我希望，若「尤里卡」會議能如期召開，最好在會上討論這些問題。

當日我再次撥通外交大臣的電話。

1. 如果美方同意，你可以告知莫洛托夫，我們原則上同意蘇聯政府分得部分被俘義大利艦隻，他們要求的數量也屬合理。我預料，他們所需的戰鬥艦並非「利特里奧」級。在確定移交具體方法和日期時，必須考慮軍事行動，並謹慎處理相關資訊，以免失去義大利的支持，這一點極為重要。當然，我們希望將這支艦隊中的最新艦隻用於對日作戰。俄國人必然會理解，我們不該讓對日作戰受到影響。同時，我們認為，英國在戰後應獲得兩艘「利特里奧」級軍艦，首先，因為在整個對義戰爭中，我們承擔了最大的任務；其次，因為我們的海軍在主力艦方面遭受了重大損失；最後，為了集中力量滿足當前戰爭需求，我們已經停止了議會批准的長期戰鬥艦建造計畫。

2. 需要特別保密，僅供你個人思考，或許可以探討一下：假如俄國在希特勒崩潰後承擔對日作戰的責任，一項重要計畫可能得以實施，該計畫的一部分可能包括以下情況：在我們控制的某個太平洋基地，可能會組建一支懸掛蘇聯旗幟、由俄國水兵配備的強大海軍部隊，這支艦隊將在戰爭最後階段參戰。不過，我希望我在這封電報開頭對你的贊同能解決你的難題。

我已經撰寫了一份關於德國戰爭罪犯的宣言初稿，目的在為即將召開的三國政府領袖會議提供討論依據。

莫斯科外長會議

首相致羅斯福總統和史達林總理

1943年10月12日

請評估以下文件，是否適合由我們三人聯名發表：

英國、美國和蘇聯（如果有其他更合適的排列方式，我們願意排在最後）已經從多個方面獲得了關於希特勒軍隊在那些曾經遭受蹂躪而如今正逐步被解放的國家中所犯下的暴行、屠殺及無情實施集體死刑的證據。納粹統治下的暴行並不是什麼新鮮事，所有在他們控制下的人民或地區都經歷了由恐怖手段導致極端惡劣統治所帶來的痛苦。新的局勢是：許多地區目前正被解放國家的軍隊從中解救，而處於敗退中的希特勒匪徒和德國士兵在絕望中加劇了他們殘酷無情的暴行。

根據上述內容，三大盟國代表32個聯合國的利益，鄭重宣布，並透過以下宣告發出嚴厲警告：

在允許德國可能建立的任何政府實施停戰之際，所有曾負責或主動參與上述暴行、屠殺或執行集體死刑的德國軍官和納粹黨員，須被遣返回他們犯下罪行的國家，以便依據這些被解放國家及其建立的自由政府之法律進行審判和懲罰。應依據所有這些國家所收到盡可能詳盡的材料，編制這些人的名單，特別是在蘇聯占領區、波蘭、捷克斯洛伐克、南斯拉夫、希臘（包括克里特島及其他島嶼）、挪威、丹麥、荷蘭、比利時、盧森堡、法國和義大利。因此，那些曾參與大量槍殺義大利軍官，或處決法國、荷蘭、比利時或挪威的人質，或克里特島的農民；或曾參與屠殺波蘭人民，或在現已被敵人掃蕩乾淨的蘇聯領土內殺戮人民的德國人，須知：無論代價多高，他們都將被遣返回犯罪地點，並在當地由曾受其迫害的人民進行審判。讓那些至今未染指無辜者鮮血的人明白：切勿自陷罪人之列，因為三個盟國必將追蹤他們至天涯海角，必將他們交給控訴者，以伸張正義。

此項宣言對主要罪魁的案件並無影響，他們所犯下的罪行不限於某一特定地區。

羅斯福

史達林

邱吉爾

　　如果我們三人簽署這項宣言或類似文件（措辭我不拘泥於細節），我相信會讓某些惡徒心驚膽顫，害怕被列入屠殺者的名單；他們已經意識到，打擊即將降臨到自己頭上。我們了解這樣的情況：過去我們曾表示要對德國人在波蘭的暴行進行報復，這種威脅曾經緩解了波蘭人民所遭受的殘酷待遇。敵人使用恐怖手段，毫無疑問地加重了我軍的負擔。許多德國人，如果知道他們將被押解到他們犯罪的國家接受審判，或許就在犯罪的地點受審，可能會因此增加心理壓力。我強烈推薦就地審判的原則，因為它可能對敵人的恐怖行為造成抑制作用。英國內閣支持這個原則和政策。

　　這個宣言稿在經過細微修改後被採納並簽署。

　　三國外長每日按時召開會議，討論範圍極為廣泛。其協定記錄在11月3日擬定的一份祕密議定書中。協定的重要性在於增設一個合作機構，即刻設立。依據協定，我們決定在倫敦成立一個歐洲諮詢委員會，以便在希特勒政權瀕臨崩潰時，處理德國及歐洲大陸的問題。正是這個機構制定了將德國劃分為若干占領區的初步計畫，這種安排後來引發了嚴重問題。關於這方面的情況，將在適當時候進一步說明。關於義大利事務，將設立另一個諮詢委員會，其中包括俄國代表。關於軸心國之衛星國的任何和平試探，我們將互相交換情報。美國希望在此次莫斯科會議上簽署一項包括中國在內的四大國宣言，宣布四大國保證「對它們分別作戰的軸心國家」採取聯合行動。10月30日，該宣言簽署。最後，艾登先生就俄國與英國商定對土耳其採取聯合行動一事，起草了一份議定書，並於11月2日簽署。

　　我們對這些成果感到十分滿意。這次會議解決了多個摩擦問題，採取了實施進一步合作的具體步驟，為三大盟國政府領袖儘早會晤鋪平了道

路，同時部分緩解了過去與蘇聯共事時不斷加劇的僵局。

　　出席此次會議的代表們，無論是在會議中還是會外，都感受到較以往更加濃厚的友好氛圍。一位受俄國政府委託的著名畫家，把這次會議的討論實況繪製成一幅畫作。他已經對英、美代表團的成員進行了初步的素描。我們不清楚這幅畫是否已經完成，但至今尚未公開。

籌備三國領袖會談

我們急需為「霸王」行動，即1944年跨越英吉利海峽反攻歐洲的計畫，尋找一位最高指揮官。這個問題直接影響戰爭中的軍事行動，並引發諸多人事上重要而微妙的考慮。在魁北克會議上，我同意羅斯福總統的建議——由一位美國將領指揮「霸王」行動計畫。我也將這個決定告訴了布魯克將軍，因此前曾提議由他擔任此職。隨後，我從羅斯福總統處得知，他打算選擇馬歇爾將軍，我們對此深感滿意。然而，在魁北克與開羅會議之間，我察覺到羅斯福總統尚未對馬歇爾做出最終決定。在這個關鍵問題未決之前，其他安排自然無法進行。同時，美國媒體謠言四起，預計在倫敦也會引發議會反應。海軍上將萊希在其書中提到美國內部存在一些相互矛盾的觀點。他寫道：「民眾普遍認為羅斯福會任命馬歇爾為最高指揮官。媒體中有人強烈反對，指責此舉是對馬歇爾的『明升暗降』，稱羅斯福意圖將他從高位調至低位，這是對馬歇爾的陰謀。另一方面，有報導稱美國參謀長聯席會議認為，最高指揮部的職位對馬歇爾而言是一次晉升，他們對此感到嫉妒。」

我們雙方就此問題展開了相當深入的討論。我迫切希望從各個角度強調馬歇爾將軍的地位，但前提是不影響美國參謀長聯席會議及英美聯合參謀長委員會的職權。9月底，我向霍普金斯發去了電報，闡明了這個意圖。

首相致哈里・霍普金斯先生

1943年9月26日

報刊紛紛熱議馬歇爾將擔任西線所有軍隊最高統帥一事。根據我們的會談，我了解到，他將負責指揮「霸王」戰役。然而，未來他不僅僅是一

個戰區的指揮官。除了他的特定指揮職責,他可以像我們一樣,全面掌握對德戰爭的整體局勢,就如同迪爾在華盛頓的聯合三軍參謀長委員會中能了解全部戰局一樣。我們非常歡迎他經常與我們的參謀長們一起開會,並願意向他提供作戰的全貌。然而,我曾明確表示,我們的參謀長們更需要自行聚集,從英國的角度考慮我們的形勢,正如你們的參謀長們在華盛頓所做的那樣。他不必考慮「霸王」戰役之外的決策。我們所有的聯合作戰行動和全球策略,必須由華盛頓聯合參謀長委員會掌控,並且聯合參謀長委員會應遵從各國政府領袖的指令。這種看法是否有不妥之處,望告知。

幾天後,我直接致函羅斯福總統。

1943 年 10 月 1 日

1. 以目前的方式,將我們最高指揮部的重要變動公諸於眾,令我感到相當不安。迄今為止,此地尚未有任何披露,然而在美國,幾乎每天都有關於馬歇爾的報導。本月 12 日(星期二),議會開會時,我難免會被質詢。此外,若不同時宣布馬歇爾被任命為駐英總指揮官及亞歷山大接任地中海戰區指揮官的命令,我實在感到困難。現今已經謠言四起,而今天報紙上刊載史汀生那種四平八穩、小心謹慎的談話,更是推波助瀾。這種談話給人一種神祕的感覺,彷彿要隱瞞什麼。這對居心叵測者而言,是一個造謠生事的絕佳機會。然而,只要把我們做出的明確決定公布出去,一切謠傳自會煙消雲散。無論如何,我希望你設法促成我們同時公布這兩項調動命令,並宣告一旦軍事形勢允許,便立即付諸實行。

2. 此外,請您考慮因此產生的其他任命將帶給我的困難。例如,據我所知,馬歇爾希望蒙哥馬利擔任他的副手,換句話說,就是在他的指揮下領導「霸王」戰役中的英國遠征軍。這意味著我需要將柏哲德將軍從他目前的本土指揮官職位上調離。現在剛好有一個機會,因為原任伊拉克及波斯戰區總指揮官的波納爾將軍正準備隨蒙巴頓前往印度擔任參謀長一職,我可以安排柏哲德前往伊拉克和波斯戰區。讓這些指揮官職位長期空缺,

實在不利且難以處理。

3. 據悉，一些美國報紙已經開始刻薄地抨擊蒙巴頓。來自美國的電訊將他形容為「英國的小貴族和花花公子」，並聲稱「他取代了戰場老將麥克阿瑟的合法地位」，這些言論對蒙巴頓產生了很大影響。這些評論使得印度戰區的指揮權顯得尤為重要，這無疑會促使日本在那裡的力量增強，而我們已經收到相關情報。據悉，許多記者正從美國啟程前往德里或試圖前往德里，他們中間廣泛流傳著即將爆發戰爭的猜測。實際上，由於洪水和雨季的影響，新年之前不可能採取決定性的行動。然而，如果我們對此公開表態，日本就會感到如釋重負。想到記者們蜂擁至德里，胡亂猜測，令人不快。因此，若能盡量減少對該地區的爭論和關注，我們的戰鬥勝算將更大。

4. 在此情境下，我認為直接闡明我們在各個戰場上所做出的決策，包括指揮官、參謀長及一、兩位主要軍官在內的決定，是極為有益的。若你同意，我可以起草一個宣告供你審閱。

總統羅斯福在回信中提到：

羅斯福總統致首相

1943 年 10 月 5 日

此地的新聞界，以赫斯特 —— 麥考密克系統的報刊為首，對馬歇爾的職位問題大肆渲染。其他報紙也在此事之上熱炒了幾天，但如今幾乎沉寂無聲。依我之見，若我們被迫就軍事指揮問題公開宣告，那便是讓新聞界掌控了戰爭。因此，我希望在事情未完全成熟之前，我們保持沉默。也許未來的局勢（絕非政敵在報紙上的批評），會迫使我們比我預期更早地公布聯合宣言，但目前，我深切希望我們保持沉默。我同意你的看法，在合適的時機，我們必須就指揮官問題發表詳盡宣告。我完全理解你在國內的困境，但我認為，不能因難以任命其他戰區的次要指揮官，就必須公布馬歇爾的重要任命。

籌備三國領袖會談

關於蒙巴頓的問題，我會盡力處理。我知道有些報紙對他不夠尊重。然而，總體而言，他沒有受到實質性的傷害。在美國，輿論顯然支持他的任命。我贊同你的觀點，無論在國內還是國際上，我們不應讓民眾對這次緬甸戰役過於樂觀。然而，人們對蒙巴頓的看法非常準確，認為無論他被委以何種任務，他都會全力以赴。

我非常渴望你能認可，現階段無需對馬歇爾的任命事宜進行宣告。

美國的猶豫不決令我陷入困境。因此，我於10月17日致電羅斯福總統：「依我看，當前局勢越發急需我們對最高統帥部做出決策。除非德國此時崩潰，否則1944年的戰役將成為迄今為止我們面臨的最危險戰役。就我個人而言，我對這次戰役的成功與否，比起1941年、1942年或1943年的戰役更為擔憂。」

差不多兩週之後我才收到回信，但事情依舊沒有定論。

羅斯福總統致首相

1943年10月30日

「霸王」戰役的籌備工作似乎已經進入僅剩指揮官任命的階段。你應了解，我無法立刻使馬歇爾脫身。然而，我仍希望準備工作能按「四分儀」會議上商定的進度推進，日期仍定為5月1日。我建議你考慮先任命「霸王」戰役的英國方面副總指揮官，他理應獲得將來馬歇爾所需的支持，進而順利進行工作。如果允許我提名，我建議委任迪爾、波特爾或布魯克。

直到11月初，我們才了解到，羅斯福總統和他的顧問們希望「霸王」戰役的最高指揮官也負責地中海的指揮。羅斯福總統的設想是，讓馬歇爾統領兩大戰場，在一個戰場駐紮，同時兼顧另一個。我估計，他們計畫以直布羅陀作為指揮總部。我認為有必要立即表達英國的立場。但在這個階段，我認為不宜直接與羅斯福總統交換意見，我覺得應通知陸軍元帥約翰·迪爾爵士，讓他與美國參謀長聯席會議主席萊希海軍上將進行商談。

首相致迪爾陸軍元帥（華盛頓）

1943 年 11 月 8 日

　　你必須明確告知萊希海軍上將，我們絕對不能接受讓一名美國總司令同時指揮「霸王」戰役和地中海戰場的提議。這種安排違背了偉大盟國之間保持平等地位的原則。我不同意將兩個指揮部合併，由一名總指揮來統率。如此一來，他將凌駕於聯合參謀長委員會之上，而美國總統作為總司令和首相作為戰時內閣的代表，根據憲法所享有的軍隊調動權力也會受到影響。顯然，我無法為這樣的安排負責。在突尼西亞、西西里島和義大利，我們雖然在美國將軍的指揮下忠誠作戰，但一直以大約 2.5 對 1 的比例參與戰鬥並承擔傷亡。對於這個事實，我們之前成功地防止國內產生任何異議。如果現在我再提出上述建議，必然會引起軒然大波。然而，只要我繼續留在現職，這種情況就不會發生。你可以酌情將這些情況告知霍普金斯先生。

　　翌日，迪爾與萊希會晤，明確傳達了我對統一「霸王」戰役與地中海指揮權的立場。萊希雖感失望，卻無可奈何，他表示：「若這是首相的看法，那也無話可說。」迪爾還拜訪了霍普金斯。據他所述，霍普金斯也「感到失望」。迪爾說道：「無論如何，霍普金斯與萊希已經明白，試圖讓你改變意見是徒勞無功的，我也希望他們不要再嘗試。」

　　在前文中我已經提到，在魁北克會議期間，我曾參觀了城塞、白宮和海德公園。回國後，我立即著手考慮繼英、美會談之後必然召開的三國領袖會談。原則上，大家一致認為此次會談是迫在眉睫的，然而，未曾親歷此事的人，難以想像為了確定「三大廠」首次會晤的時間、地點及條件，耗費了多少心力，面臨了何等複雜的局面。我將整個過程記錄下來，因為這段經歷至少可以算作外交上的一大奇聞。

　　我首先致函史達林。我知道他支持選擇德黑蘭作為會議地點。

籌備三國領袖會談

首相致史達林總理

1943 年 9 月 25 日

1. 我一直在思考關於我們於德黑蘭召開政府領袖會議的事宜。在這個治安相對寬鬆的區域，我們務必妥善安排好安全措施。因此，我提出一個建議供您考慮：我將在開羅負責住宿和安全等方面的籌備工作，這些活動儘管會採取周密的保密措施，但仍可能被發現。然後，大約在會議前兩到三天，我們將英、俄各一旅部隊部署在德黑蘭某個合適區域（包括機場）周圍，形成一個絕對安全的警戒圈，直至會談結束……這樣，我們就能有效地矇蔽各國新聞記者，以及那些實際上可能不歡迎我們的麻煩人物。

2. 此外，我建議我們採用「開羅三」一詞，而不使用德黑蘭的名稱（此地點絕不能洩漏）；同時建議將「尤里卡」作為會議的密碼代號，據說「尤里卡」源於古希臘文。如果你有其他建議，請告知我，以便我們向羅斯福總統提出。目前，我尚未就此事與他商討。

史達林的回答極為直接。

史達林總理致邱吉爾首相

1943 年 10 月 3 日

我對你計劃在開羅進行假準備以迷惑敵人的想法沒有異議。關於你提議在我們開會前幾天，在「開羅三」地區部署英、俄軍各一旅的建議，我認為不妥，因為這會引起不必要的轟動，並暴露我們的準備。我建議我們各自攜帶一定數量的警衛人員。我認為這足以確保我們的安全……

實際上，後來在會議期間，部署了一個嚴密的警戒圈，而出動的軍隊和警察部隊，特別是來自俄羅斯的，竟然達到了數千人之多。

由於我不清楚羅斯福總統的安全顧問是否同意他前往德黑蘭，我便建議了其他幾個地點。其中一個是位於哈巴尼亞空軍教練學校附近的沙漠營地，這裡曾在 1941 年經歷過一次輝煌的防衛戰。在此地，我們絕對不會

受到任何干擾，而且安全無虞，羅斯福總統可以在數小時內從開羅順利飛抵。因此，我發了電報給他，向其提出這個建議。

前海軍人員致羅斯福總統

1943年10月14日

我對「尤里卡」萌生了一個新構思。我已讓艾登（他正動身前往莫斯科）與約大叔接觸，探探他的態度，如果他同意，會立即通知你。在沙漠中有一處地點，我暫時稱之為「塞普勒斯」，其真實名稱是哈巴尼亞。從開羅前往那裡，比去「開羅三」要更為便捷，對約大叔而言，路程也僅略遠一點。我們可以搭建三個帳篷，全然處於絕對隱祕和安全的環境中。我正準備探討可能達成三位一體協定的前景，以研究會議的細節。請查閱《聖經・馬太福音》第十七章第四節。

羅斯福總統致首相

1943年10月15日

我終於將以下消息傳遞給了約大叔。我認為你的建議極佳。

聖彼得有時確實獲得神靈的指引。我對三個帳篷的概念十分欣賞。未來還可以為你的老友蔣再增設一個帳篷。

關於我前往德黑蘭的事宜，已經變得十分緊迫，因此，我認為應當坦率告知你，由於憲法上的緣由，我無法冒此風險。美國國會即將開會。新法案和決議提交後，我必須簽署，並在10天內將其文字送回國會。這些事務不能透過無線電或電報處理。德黑蘭距離過遠，無法確保我履行憲法職責。飛機需越過崇山峻嶺——去時向東，返程向西——這可能導致難以克服的延誤。而根據我們的經驗，無論是去程還是返程，班機常常延遲三至四天……

在諸多方面，開羅都展現出其獨特的魅力。據我所知，在金字塔附近

籌備三國領袖會談

坐落著一家旅館和幾棟別墅，它們能夠與外界實現完全隔絕。

據傳，曾為義大利屬地的厄利垂亞，其首都阿斯瑪拉擁有出色的建築群，並配有一座全天開放的機場。

另外，我們可以在地中海東部的一座港口召開會議，每人租用一艘船……另一個建議是在巴格達附近……

無論如何，我主張將新聞記者徹底排除在會場之外，並在整個區域周圍設立警戒區，以確保我們不受任何干擾。

我極為看重你與邱吉爾將與我進行的私密會晤，因為未來世界的希望在相當程度上依賴於此。

我們在整個前線逐步掌控主動權，這令我們全體深感振奮。

首相致羅斯福總統

1943 年 10 月 16 日

我完全贊成你發送給約大叔有關「尤里卡」的消息。他是如何回應的，請告知。

然而，史達林仍然堅決選擇德黑蘭作為會議地點。

羅斯福總統致首相

1943 年 10 月 21 日

昨夜，我接獲了約大叔的回電，其內容如下：

「……很遺憾，你所提議替代德黑蘭的地點，對我而言皆不適宜。根據蘇聯軍隊今年夏秋兩季的作戰狀況，顯然戰鬥會從夏季延續至冬季，並且可以看出，我們的部隊能夠持續對德軍保持攻勢。我的同事們一致認為，這些軍事行動需要我與指揮部維持緊密聯繫，並且需要最高指揮部每天公布指示。德黑蘭的條件較為理想，因為那裡有直通莫斯科的無線電或電話，而其他地點則不具備這種條件。我的同事們因此堅持選擇德黑蘭作

為會議地點。」

「我接受你的提議，暫時將會議日期定在 11 月 20 日或 25 日，同時，我也認為不應邀請新聞界的代表參與。我期望，隨著赫爾先生已經安全抵達莫斯科並親自參與，莫斯科會議能夠取得顯著的成果。」

羅斯福總統即刻給予了回應。

今日接獲你關於會議問題的電報，我深感失望。你所陳述的理由我完全明白：最高指揮部需要每日公布指令，而你必須與指揮部保持個人聯繫——這種方式確實取得了優良效果……

我希望你能理解，在我們這個憲政體制下的美國政府中，存在一些極為重要的事務，這些事務已經成為我無法更改的職責。根據我們的憲法，總統必須在法案通過後的 10 天內進行處理。也就是說，在這 10 天之內，總統需要將收到的法案連同書面批准或否決意見返還國會。正如我之前對你提到的，我無法透過電報或無線電來處理法案。德黑蘭之所以不便，原因在於通往這個城市的航線穿越崇山峻嶺，通訊常常會中斷幾天。這是雙重冒險——首先，飛機從華盛頓傳送公文存在危險；其次，將公文送回國會的班機也可能中斷。我不得不遺憾地指出，作為國家領袖，我無法前往無法履行憲法職責的地方。如果透過接力班機將公文傳送至波斯灣東部的平原，我還可以承擔這種飛行風險；但讓飛機攜帶公文越過山脈，進入位於盆地的德黑蘭，進而導致延誤，我無法承擔這個責任。因此，我非常遺憾地告知你，我不能前往德黑蘭，而我的政府成員和立法機構領導人都與我持相同意見。

總統羅斯福提議將巴士拉作為會議地點。

我根本不考慮這樣的狀況：為了參與會談，我從美國啟程，需要旅行六千英里，而你從俄國出發，僅需六百英里。如果我不必領導一個有著一百五十年歷史的立憲政府，我會樂意走 10 倍的路程去見你……我請你

籌備三國領袖會談

考慮，我對美國政府以及維持美國的整體戰爭努力，負有重大責任。

此前，我曾向你表達過我的看法，我們三人的會晤具有非凡的重要性，不僅對我們當代的民眾極為重要，也對後世能否在和平的世界中生活產生重大影響。如果僅僅因為相隔幾百英里，你、我和邱吉爾未能會面，我們的後代將視此為一場悲劇。

艾登先生當下仍然滯留於莫斯科，竭盡全力尋求史達林的同意，以便確定一個令羅斯福總統滿意的會議地點和時間。然而，史達林顯然堅持選擇德黑蘭作為會議地點。儘管尚未確定能否說服羅斯福總統前往德黑蘭參加會議，我已經開始考慮在該地舉行會議的計畫。

我將思緒集中在即將舉行的會談中若干重大議題上。在我看來，英國參謀長委員會與美國參謀長聯席會議之間，以及羅斯福總統和我之間，必須就「霸王」行動計畫的策略及其對地中海戰事的影響達成基本共識。我們兩國的所有海外武裝力量都將參與其中，而在「霸王」計畫實施時，英國軍隊的規模將是駐義大利美軍的兩倍，及地中海其他地區美軍的三倍。顯然，在邀請蘇聯政治或軍事代表參與之前，我們必須取得某種明確的相互理解。

因此，我向羅斯福總統提交了這個方案。

首相致羅斯福總統

1943 年 10 月 22 日

1. 我們需要充足的時間來分析當前莫斯科會議的結果，並且我認為，還需評估我們正在籌劃的下一次會議。如果在莫斯科會議尚未結束或在我們尚未深入研究其結果之前就召開會議，可能會在俄國引發對我們不利的反應。

2. 聯合計劃的工作人員正在制定一個全面戰勝日本的計畫。重要的是，這個計畫必須在三國會議之前完成，以便雙方的參謀長能夠進行研究。

3. 艾森豪與太平洋戰區的指揮官所提出的計畫綱要，將在11月1日提交，該計畫系根據魁北克會議批准的戰役制定，我們需在聯合會議之前予以適當考慮⋯⋯

綜上所述，羅斯福總統是支持我的立場的，只是對我所設制的程序安排持有異議。此時，美國政府內部正醞釀著一股強烈的輿論潮流；有些人似乎為了獲取俄國的信任，不惜犧牲英、美之間的作戰合作。因此，我重申了自己的觀點。我認為最重要的是，在我們與俄國人展開會談之前，無論是關於「霸王」行動中懸而未決的問題，還是關於最高統帥的議題，我們都需要達成清晰而一致的理解。

前海軍人員致羅斯福總統

1943年10月23日

1. 假如美、英雙方能夠在沒有俄國軍隊參與的情況下，於1944年展開的重大軍事行動中實現緊密合作，那麼就無須再去麻煩俄國。此外，若我們無法就美、英作戰協同達成共識，我認為即便能夠安排會談，與史達林的對話也沒有必要。

2. 若你的參謀人員能在11月15日之前參加會議，我將非常滿意。我希望，在我們於18或19日抵達前，參謀人員能一起工作幾天，然後我們共同出席「尤里卡」會議。目前，我尚不清楚會議日期是否定在11月20日或25日。據我推測，「尤里卡」會議不會超過三、四天，且技術人員的參與不會很多。

3. 自魁北克會議揭幕至11月15日，已經過去90日。在此期間，一系列重大事件發生：墨索里尼下臺；義大利宣布投降；其海軍已經歸順；我方順利進入義大利，並正向羅馬推進，勝利指日可待；德軍在義大利及波河流域集結了25個或更多個師團。這些皆為最近發生之事。

4. 過去，美國和英國各自作出妥協，達成折中方案，最終確定了「霸

王」戰役的執行日期。我們在義大利集結的軍隊,以及為5月執行「霸王」戰役所準備的部隊,就其任務而言,力量都不夠強大,這個觀點可以透過辯論加以澄清。

　　5. 英國參謀長委員會,我的同事們和我一致認為,重新評估這些情況是必要的;我們在兩個戰場的指揮官也應當確定下來,使他們參與分析。根據魁北克會議的決議,我們已經計劃將兩個精銳師團,即目前駐紮在西西里島的第50師和第51師調回英國。然而,這將導致他們無法參與即將到來的義大利戰役,並且在未來7個月內都無法作戰,只有在某些假設條件滿足後才能重新投入戰鬥。11月初,我們必須做出決定,將登陸艇從地中海調回以參與「霸王」行動。這將對地中海的作戰產生嚴重影響。然而,在幾個月內,這些登陸艇無法對其他地區的戰局產生作用。我們遵循了魁北克會議的協定,但我們認為,在變化莫測的戰爭環境中,不應對協定進行僵化的解讀,而應重新考慮。

　　6. 就我個人的觀點而言,假如我們在1944年的戰役中犯下嚴重錯誤,希特勒可能會趁機反撲。據傳,有人曾竊聽到德國戰俘馮・托馬將軍說:「我們唯一的希望就是,他們在我們可以用陸軍應付的地方發起進攻。」這表明,在軍事部署上,我們必須謹慎且具有前瞻性,精確協調兩個戰場的作戰行動,並為兩個作戰計畫,特別是「霸王」計畫,集結最強大的兵力。我並不懷疑在現有條件下,我們能夠成功登陸並展開兵力。然而,我深切擔憂的是軍隊的集結問題,以及從第13天到第16天可能出現的局勢變化。我認為,執行「霸王」戰役的指揮官必須對大量美國人員進入聯合王國的問題,以及如何組織戰鬥單位,進行詳細研究。

　　我期望兩國能夠在都滿意的情況下,解決正、副統帥的人選問題,然後再決定非常重要的次一級指揮官。我重申對馬歇爾將軍的高度信任,若他負責執行「霸王」作戰計畫,我們英國將不遺餘力地提供所有人力和物力的支持。親愛的朋友,我們正在進行一項前所未有的重要任務,但我尚

未確信我們已經採取足夠的措施確保這場戰役的成功。目前我感到心中忐忑，無論是思考問題還是行動，都缺乏必要的決斷力。因此，我希望能盡快召開會議。

7. 艾森豪與太平洋戰場的指揮官所準備的計畫定於11月1日提交。根據你對該計畫所提出的所有意見，11月15日召開會議是合適的。我不清楚，你認為聯合計畫人員制定戰勝日本的長期作戰全面計畫，以及我們雙方參謀長研究這項計畫需要多長時間。我認為，我上面提到更為緊迫的問題，不應因研究長期對日作戰計畫而被延誤。當然，針對日本的戰爭也應全力以赴地推進。

8. 我希望你同樣認為有足夠的理由召開英、美會議，但在收到約大叔的回覆之前，我們無法做出最終決定。如果德黑蘭會議無法舉行，我們就更需要根據莫斯科外長會議所得的資料進行討論。我預計艾登將在本月底前啟程回國，而我自己則準備在11月第一週後隨時動身。

9. 目前，萊羅斯仍在我們的掌握之中，我相信你也會和我一樣感到釋然。「狗也會撿食主人桌上掉落的碎屑。」

在我提出上述建議後，羅斯福總統發來了一封電報。從電報內容看，他尚未決定是否同意前往德黑蘭。

羅斯福總統致首相

1943年10月25日

感染流行性感冒，確實令人頭痛。麥金太爾表示，我需要進行一次海上航行。

尚未收到大叔的消息。

倘若他堅持己見，我們便各自率少數隨員在北非，甚至在金字塔旁舉行會議，待會議接近尾聲時，再邀蔣介石加入共談兩、三天，如何？同時，我們還可請求約大叔派莫洛托夫出席你我的會議。我們提議11月20

籌備三國領袖會談

日為會議日期。

兩天後，他對我關於召開聯合參謀長委員會預備會議的建議發表了看法。

羅斯福總統致首相

1943 年 10 月 27 日

目前在莫斯科進行的會談似乎確實象徵著英、俄、美三國合作的開始，這將導致希特勒的提前失敗……

他提議將以下電報遞交給史達林：

迄今為止，我們已將英美聯合軍事參謀會議的結果告知你。或許你認為，派遣一位俄國軍事代表參與這些會議為佳，以便聆聽英、美聯合作戰的討論，並記錄會議決策。他可以依據你的指示發表看法或提供建議。如此，你和參謀部便能與這些會議保持緊密聯繫，及時獲取報告……

讓俄國人參與此次會議的提議讓我極為震驚。

前海軍人員致羅斯福總統

1943 年 10 月 27 日

1. 我和你一樣，對莫斯科會議的成功進展感到非常高興，並期待我們能妥善安排「尤里卡」。

2. 我反對邀請俄國軍事代表參加我們的聯合參謀長會議。除非俄國代表能講英語，否則，時間的浪費是無法忍受的。據我所知，沒有真正高級的俄國軍官能說英語。這樣的代表，只會根據上級指示發言，自己沒有發言權。他們只關心盡快開闢第二戰場，並阻止其他方面的討論。既然他們從未告知我們自己部隊的調動，我認為我們也不應對他們開放便利之門，因為這樣可能導致他們派觀察員參加我們未來的所有會議，使我們之間的討論陷入癱瘓。我們不久將調動六、七十萬英、美軍隊和空軍人員到義大

利,並正在準備龐大的「霸王」作戰計畫。在這些作戰計畫中,沒有俄國士兵參與。而從另一方面來說,我們的整體命運卻依賴於這些作戰計畫。

我認為,我們坐在一起討論我們兩國各自的軍事部署,是我們基本的重要權利。迄今為止,我們的合作一直非常成功,然而,如今我察覺到1944年危機四伏。我們之間可能會出現嚴重分歧,或許會誤入歧途。另一方面,我們可能再次採取妥協方案,但結果可能是兩頭落空。唯一的希望寄託在我們與高級參謀人員之間已經建立的深厚友誼上。如果這一點被破壞,我對近期的未來將感到絕望⋯⋯不妨說,英國參謀長們和我的觀點完全一致。我必須再補充一句,我對1944年的戰役比任何一次與我有關的戰役都更為焦慮。

羅斯福總統仍未確定是否前往德黑蘭參加會議,美國政界的某些人士對他施加了相當大的壓力,並引用美國憲法中對他職位的規定作為依據。我完全理解他的困境。

首相致羅斯福總統

1943年10月30日

根據您的建議,我將在11月20日於開羅與您會面,如果您同意,我將負責安排您在各方面的安全與舒適——這是我們作為東道主的責任。有人借給凱西一棟漂亮的別墅,我親自考察過,保證各方面都適合您。它距離金字塔一、兩英里,四周被樹林環繞,與外界完全隔絕。從機場到那裡,車程僅需20分鐘,中途不會經過任何城鎮。英國軍隊可以組成防護圈來保衛整個區域。我們還可以一起進行幾次有趣的沙漠短途旅行。我毫不懷疑,凱西一定會非常樂意讓您使用這座別墅。我自己可能會住在開羅的英國大使館,距離約20分鐘車程。當然,我們也可以安排我們兩人都住在金字塔附近。我相信你們的柯克先生也有一棟精緻的房子。開羅擁有各種方便參謀人員食宿及辦公的條件,他們可以隨時方便地到您的別墅。由於我掌握全局,我認為這是一個絕佳的計畫。如果您喜歡此計畫,我將

籌備三國領袖會談

立即開始各項準備工作，您可以派遣一名官員前來，以便使所有安排更符合您的期望……

此刻，我們的計畫初現端倪。

羅斯福總統致首相

1943 年 10 月 31 日

赫爾從莫斯科動身，需要兩天才能返回這裡。我在離開之前必須見到他，我想你會同意這一點。我原本計劃在抵達開羅前，在北非逗留三天。不過，我可以在回國時，處理一些有關北非和義大利的事務。因此，我將在抵達港口後，立刻搭乘飛機前往開羅，仍期望能在 20 日到達。但若風大天氣惡劣，我可能要到 22 日才能抵達開羅。我預計會一直乘船到奧蘭。

非常感謝你為我們在開羅的安排，我們欣然接受。如果遇到任何障礙，我們可以在亞歷山大港會面，參謀人員住在岸上，我們則待在各自的軍艦上。

我正準備發送電報給蔣介石，通知他在 11 月 25 日於開羅附近與我們會晤。

首相致羅斯福總統

1943 年 10 月 31 日

11 月 20 日過後，「六分儀」行動的所有準備工作將可完成，沃登上校會在約定地點等待 Q 海軍上將和天國之人。參謀人員的食宿安排沒有問題。

艾登告知我，若想讓史達林改變他將德黑蘭設為會址的提議，幾乎毫無可能。因此，我竭盡全力為會議的召開做好準備。

首相致伊斯梅將軍（莫斯科）

1943 年 11 月 1 日

據稱，三國未能在「開羅三」（德黑蘭）召開會議的原因在於，從開羅飛越山峰至「開羅三」的途中，可能會導致航程通訊中斷，使得文件無法在憲法規定的時間內送達 Q 海軍上將（羅斯福總統）。請調查當地的氣象狀況，並確認德黑蘭與敘利亞之間是否有公路連接，汽車在兩地之間傳送文件需要多少時間（文件到達山區南部後即可透過飛機傳送）。如果我能讓 Q 海軍上將相信文件傳送不會中斷，我們的原計畫或許仍可執行。

於是，我設法進行最後一次靈活嘗試，即安排羅斯福總統與我各自乘坐軍艦在奧蘭會晤，而雙方的參謀人員則在馬爾他島進行為期 4 天的預備性磋商，然而此計畫未能實現。羅斯福總統已經決定乘坐他的軍艦出發。他此時建議，在與俄國人和中國人進行任何接觸之前（他曾熱心地促請他們參加開羅會議），聯合參謀長委員會需要先行召開會議。然而，該委員會最早能夠召開的日期是 11 月 22 日。美方建議中國代表團在當天抵達，而他們一到達，勢必會參與我們的討論。此外，我間接獲悉，羅斯福總統同時還邀請莫洛托夫前往開羅。因此，我向羅斯福總統發出如下電文：

首相致羅斯福總統

1943 年 11 月 11 日

1. 我們之間似乎出現了一個極為不幸的誤解。根據你發來的電報，我原以為在俄國人或中國人參加會議之前，英、美參謀人員會進行「多次會談」。然而，現在我從克拉克・克爾大使那裡得知，11 月 9 日，美國駐莫斯科大使將你的一封信交給了史達林，邀請莫洛托夫先生攜一名軍事代表於 11 月 22 日抵達開羅。然而，11 月 22 日是參謀人員能夠開會的首日。因此，我請求推遲莫洛托夫及其軍事代表到達開羅的日期，最早在 11 月 25 日到達。

籌備三國領袖會談

2. 此外，我還聽克拉克·克爾大使提到，你計劃在 11 月 26 日前往德黑蘭，這讓我感到高興。我認為若你能直接告訴我，那就更好了。

我希望將事情分為三個階段進行：首先，英、美在開羅基本達成協定；接著，在德黑蘭舉行三國政府領袖會議；最後，回到開羅後，就印度戰場和印度洋戰爭這純屬英、美事務的緊迫議題展開討論。我們的時間非常有限，在必須對整體戰局的重要問題做出至少暫時性決定之際，我不希望把時間浪費在相對次要的議題上。此外，在蘇聯尚未對日本宣戰之前，似乎不適合正式邀請他們與中國政府一同參會。

11 日我致函史達林：「透過三方間的通訊來解決問題非常困難，尤其是在人員處於海上或空中行動時。」幸運的是，一些困難相互抵消了。

羅斯福總統致首相

1943 年 11 月 12 日

我剛剛得知約大叔即將前往德黑蘭⋯⋯我立刻發電報給他，表示我已經將此地的憲法事務妥善安排，因此，我可以動身去德黑蘭，與他進行一次短期會晤，並告知他我對此感到非常高興。然而，即便如此，我仍懷疑他是否能如約抵達德黑蘭。他剛發來的電報確認了此事，所以我認為，現在可以確定我們將在 11 月 27 日至 30 日之間會面。問題就此解決，我想我們都能感到滿意。

關於開羅會議，我始終認為——我知道你也一直持有類似的觀點——使約大叔感到我們在軍事行動上形成聯盟來對抗他，是一個重大的失誤。正如你所知，英、美參謀長在開羅的預備會議期間，將進行討論和計畫制定。事實僅此而已。莫洛托夫及一位俄國軍事代表出席開羅會議，對你我都不會有任何不利。這樣一來，他們就不會覺得我們在迴避他們。他們沒有參謀人員，也沒有計畫人員參與會議。我們還是讓他們正式參與吧。

5 小時前，我才接到約大叔宣布前往德黑蘭的電報。毫無疑問，莫洛

托夫和軍事代表將在 11 月 27 日至 30 日之間隨我們返回德黑蘭，待我們與約大叔的會談結束後，他們將與我們一起返回開羅。除了首次陪同莫洛托夫到開羅的那位代表外，可能還會有其他軍事人員同行。

依我之見，遵循這個流程乃是必須。我向你保證，一切將毫無阻礙。

我即將啟程，預祝我們此行一切順利。

首相致羅斯福總統

1943 年 11 月 12 日

1. 得知你已經妥善解決憲法問題，我們的會議現已能夠召開，我感到非常欣慰。如此一來，事情便向前邁進了一大步。

2. 然而，三軍參謀長對你安排的軍事會談感到困惑，我同樣心生疑慮。從上次電文中，我原以為英、美參謀人員會在俄國人和中國人加入會議前進行「多次會談」。鑑於我們需要解決的問題的嚴重性，我仍認為多次會談是絕對必要的。我不反對你我在與約大叔會談前與莫洛托夫會晤，但一開始就讓蘇聯軍事觀察員出席會引發嚴重尷尬。英王陛下政府不能放棄與您和您的將領就我們混合軍隊的重大問題進行詳盡而坦率討論的權利。我方的三軍參謀長必須進行密切會談，我們當然不能允許蘇聯觀察員參與這些會談，而不讓他參與又容易得罪他，但我們不拒絕他參加我建議在適當時候召開的正式三國參謀會議。

最終，因為總統邀請蔣介石，這個危險得以消除。史達林無論如何不願因為與日本三個敵國舉行四國會議而損害他與日本的關係，因此，關於蘇聯派代表參與開羅會議的所有問題均被否決。這使我們感到如釋重負，但也帶來了嚴重的不便，並且我們後來為此付出了代價。

籌備三國領袖會談

史達林致邱吉爾首相

1943 年 11 月 12 日

儘管我曾致函羅斯福總統,告知莫洛托夫先生將在 11 月 22 日抵達開羅,但現在不得不遺憾地通知,由於某些重要原因,莫洛托夫先生無法前往開羅。他可能會在 11 月底前往德黑蘭,並將與我一同抵達。同行的還有幾位軍事人員。

三國政府領袖專屬的會議應在德黑蘭召開,依據此前達成的協定。任何其他國家的代表都應被嚴格禁止參與這次會議。

我預祝你與中國就遠東事務召開的會議取得圓滿成功。

如此一來,我們的計畫便最終敲定,於是我們踏上了旅途。

再度前往開羅

　　1943 年 11 月 12 日下午，我與同僚及下屬搭乘「聲威」號從普利茅斯出發，此次旅程將讓我離開英國超過兩個月。同行者包括美國大使懷南特先生、第一海務大臣坎寧安海軍上將、伊斯梅將軍及國防部其他官員。我身體狀況不佳，原本就患有重感冒和喉嚨痛，後來因接種傷寒和瘧疾疫苗，病情加劇，數日臥床不起。內閣同僚們表示關切，提議我的女兒薩拉隨行，我欣然同意。薩拉在空軍服役，目前擔任我的副官。我們順利穿越比斯開灣，經過直布羅陀海峽時，我得以來到甲板。16 日我們在阿爾及爾短暫停留，我與喬治將軍進行了長時間的對話，討論法國在非洲的狀況。入夜時分，我們繼續航向馬爾他，17 日抵達該島。

　　在此地，我與艾森豪和亞歷山大兩位將軍以及其他重要人物相會。突尼西亞戰役結束後，我曾建議國王授予亞歷山大將軍「北非綬帶」榮譽，綬帶上標有 1 和 8 兩個字碼，象徵在北非戰役中勝利的兩個英國集團軍。鑒於艾森豪是最高統帥，因此理應授予他同樣的榮譽。經過徵詢國王的意見，獲得了批准。我非常榮幸地將這極為光榮的綬帶授予兩位統帥。當我為他們別上綬帶時，他們感到意外且非常高興。抵達馬爾他時，我因感冒和發燒而病重，但仍能支撐出席馬爾他總督在其戰時官邸舉行的晚宴。總督原有的官邸因遭轟炸而無法居住。

　　在馬爾他期間，我儘管持續處理各類事務，卻不得不臥床休息，只在一次參謀會議和最終視察滿目瘡痍的海軍工廠時起床。在那裡，所有職員和工人們聚集在一起，熱情地歡迎我。11 月 19 日午夜，我們繼續航行，前往亞歷山大港。

再度前往開羅

我收到羅斯福總統的電報，他的安全事務顧問們認為在開羅召開會議過於危險。他們擔心德國會從希臘和羅得島發動空襲，因此建議將會議改至喀土穆。顯然，這並非羅斯福本人的意見，因為他從不考慮個人安危。喀土穆不具備足夠條件安置我們帶來的約五百名官員，因此，我指示伊斯梅調查馬爾他的設施。他報告稱，由於空襲的破壞，馬爾他的居住條件無法容納我們這樣龐大的一群人，而且設施非常簡陋。因此，我決定堅持在開羅，因為那裡的一切安排都已妥當。英國在亞歷山大駐有8個空軍中隊，若德國飛機來襲，它們必然會被截擊和消滅。在金字塔附近我們準備居住的隔離區，有一個步兵旅以上的兵力守衛，且附近有五百多門高射炮警戒。因此，我向載送羅斯福總統橫渡太平洋的「依阿華」號戰艦發去無線電報：

首相致羅斯福總統

1943年11月21日

請閱讀《約翰福音》第十四章第一至第四節。

在發出電報後，我重新仔細閱讀了《約翰福音》的這些章節，心中不免有些憂慮，擔心此舉是否會無意間顯得對神聖事物的輕慢，或是讓人覺得我的決策過於武斷，進而引起不悅。然而，羅斯福總統消除了所有反對聲音，因此我們的計畫依然如故。最終，德國的飛機從未接近金字塔數百英里之內。

11月21日清晨，「聲威」號抵達亞歷山大港，我隨即飛往金字塔附近的沙漠機場。在此地，凱西先生慷慨地將他那座舒適的別墅供我自由使用。我們的住處周圍，是廣袤的卡塞林森林，森林中散布著來自世界各地富豪的奢華住宅和花園。蔣介石與夫人已經在半英里外安頓下來，居住得安全舒適。羅斯福總統則住在距開羅約3英里，美國柯克大使的寬敞別墅裡。次日清晨，我前往沙漠機場迎接從奧蘭乘「聖牛」號飛機抵達的羅斯

福,並與他同車前往別墅。

隨行的參謀迅速集結。會議總部及英、美三軍參謀長的聚集點設在金字塔對面的米納大旅館,距我住處僅半英里。整個區域充斥著軍隊與高射炮,所有通道均有嚴密警戒。各級人員迅速投入工作,處理大量需要決策和調整的事務。

我們對蔣介石到來的擔憂,現在終於變成現實。關於中國那些冗長、複雜和瑣碎的狀況,嚴重擾亂了英、美參謀長的會談。此外,正如接下來所述,羅斯福總統由於對印度——中國戰場的過度關注,不久便與蔣介石進行了數次長時間的祕密會談。我們曾希望能建議蔣介石夫婦參觀金字塔並稍作消遣,待我們從德黑蘭返回再議,但這個希望未能實現。結果,中國事務在開羅會議上被優先討論,而非最後處理。無論我如何爭辯,羅斯福總統仍然承諾中國在未來幾個月內在孟加拉灣進行一次大規模的兩棲作戰行動。這個計畫無論與我的土耳其計畫還是愛琴海計畫相比,都會更多地占用「霸王」作戰計畫所需的登陸艇和坦克登陸艇,而目前這些艦艇的短缺已經嚴重影響了行動。此外,孟加拉灣的作戰計畫也必定會嚴重干擾我們在義大利進行的大規模戰役。11月29日,我書面通知三軍參謀長:「首相希望將下列事實記錄在案,即他明確拒絕蔣介石關於要我們在緬甸進行陸地戰役的同時,負責發動一次兩棲作戰的請求。」然而,直到我們從德黑蘭返回開羅後,我才終於說服羅斯福總統收回他的承諾。即便如此,仍然出現了許多錯綜複雜的問題。這些情況不久將要談到。

自然,我得利用這個機會前往蔣介石的別墅拜訪他,他與夫人住在那裡,生活舒適。這是我首次與蔣介石會面。他的冷靜、嚴謹以及富有行動力的性格令我印象深刻。此時,他的權威與聲望正達到巔峰。在美國人眼中,他是全球舉足輕重的力量,是「新亞洲」的一名「鬥士」。美國各界人士普遍認為,在戰爭勝利後,他將成為世界第四個大國的領袖。後來,許

再度前往開羅

多當初持有這些觀點的人都改變了看法。當時，我並不贊同對蔣介石的實力或中國未來貢獻的過高評估。

我與蔣介石夫人展開了一次極為愉悅的對話。我察覺她是一位極其卓越且頗具魅力的人物。我向她表示，當我們同時身處美國時，竟未能見面，這讓我感到非常遺憾。我們達成共識，未來不應讓繁瑣的禮節阻礙我們的交流。在羅斯福總統的別墅會晤時，有一次羅斯福總統邀請我們合影，儘管許多曾崇拜蔣介石夫婦的人如今視他們為邪惡腐敗的反動角色，我仍然願意將這張照片珍藏留念。

在飛往開羅的途中，我草擬了一份文件，實質上是對薩勒諾勝利後兩個月間地中海戰役指揮不當的指控。我將此文件提交給參謀長委員會，他們原則上表示贊同，但同時提出了一些具體意見。最終修訂後的全文如下：

1. 自阿拉曼戰役及北非登陸以來，英、美軍隊於各大前線幾乎連連告捷。毋庸置疑，我們的指揮策略，即透過兩國政府領袖領導下的聯合參謀長委員會進行的指揮，使戰地司令官們取得了輝煌的勝利和顯著的成果。在盟軍歷史中，從未有過如此協調與互信，不僅在最高指揮層面，在戰地指揮官與部隊之間亦是如此。自阿拉曼戰役至那不勒斯戰役及義大利兵力部署的聯合作戰行動，皆稱得上是極其妥當且成功的。

2. 然而，隨後的局勢出現了轉折。我們未能妥善把握，某種程度上，甚至被自己的勝利局面遠遠拋在後頭。在英、美的參謀中，產生了一些意見上的分歧，主要集中在側重點而非原則上。我們不應因取得的勝利而止步不前，應當分別和共同進行深入的自我檢討，以便改進工作方式並持續提升工作品質。

3. 自從 9 月在義大利成功登陸並布署部隊以來，地中海戰爭的進展未能令人滿意。我們在義大利的軍隊集結和推進，必須承認是相當緩慢的，

儘管惡劣天氣也帶來了影響。在前線，我們對敵人並未取得顯著優勢。許多師團在登陸後連續作戰，沒有任何輪換機會。同時，英國最精銳的師團中，駐紮在西西里島、接近戰場的第50和第51師，最初被解除裝備，隨後又被撤回英國。我們始終未能實施從東海岸或西海岸的兩棲突擊戰術，以協助我們的部隊推進到預期目標。一些急需的登陸艇已被調回國內，途中因天氣惡劣遭受嚴重損失。其他大量登陸艇也被撤回，準備安排返回國內。這些命令現在雖然已經推遲至12月15日執行，但這個日期對地中海戰役的目標毫無意義。除了協助將車輛運送上岸，登陸艇在10月和11月期間並未被使用。同時，在義大利建立策略空軍也妨礙了對前線的增援。因此，整個陸地戰役顯得鬆散無力。想在1943年攻下羅馬已經無望……

4. 與此同時，我們面臨的另一個問題在於，我們未能採取任何實質性行動來支援南斯拉夫和阿爾巴尼亞的游擊隊及愛國者。這些游擊隊牽制的德軍師數量，已經達到英、美軍隊合計牽制的總數。迄今，他們僅依靠空投補給維持。我們在亞得里亞海口已經掌握海、空優勢超過兩個月，但至今沒有任何船隻將補給運送到游擊隊控制的港口。相反，德軍有計畫地將游擊隊驅逐出這些港口，並已控制了整個達爾馬提亞海岸。我們無法阻止德軍奪取科孚島和阿爾戈斯托利昂，他們現今已經實質控制這些島嶼。因此，德軍已經克服了因為義大利崩潰和倒戈所帶來的困難，並對南歐鄰近的愛國力量部隊進行猛烈掃蕩，切斷了他們與海上的連繫。

5. 這個局面的成因是什麼？乃是由於我們在地中海設制了一條虛構的界線，此線使艾森豪將軍的部隊不再對達爾馬提亞海岸和巴爾幹半島負有任何責任。這些區域被劃歸給中東司令部的威爾遜將軍，然而，後者並未擁有所需的部隊。結果是，一個司令部擁有部隊卻無責任，另一個司令部有責任卻無部隊。這顯然不是一個理想的安排。

6. 最不幸的莫過於多德卡尼斯群島和愛琴海。義大利剛剛投降後，我們在義大利的同意下，迅速占領了它控制的若干島嶼，其中最重要的兩個

是科斯島和勒羅斯島。我們嘗試奪取羅得島，但未果，這個島顯然是愛琴海的關鍵。希特勒很快意識到，那個輕易落入我們手中的、嚴密設防的勒羅斯島在海戰和政治上的重要性。因此，他頑強地親自負責扭轉愛琴海的局勢。德國原本可用於義大利戰爭的大部分空軍，被調往愛琴海戰場，同時安排了臨時海上運輸。10月初，德軍準備向勒羅斯島和科斯島發動攻勢已經顯然迫在眉睫；10月4日，我們僅有一個營駐守的科斯島重新被德軍占領。勒羅斯島，儘管進行了出人意料的持久防禦，最終也在11月16日陷落。英國在整個戰役中損失了約五千人，而敵人則獲得了自從阿拉曼戰役以來的首次勝利。所有這些戰鬥顯然不屬於北非最高司令部的職權範圍⋯⋯

7. 目前，德國軍隊已經全面掌控愛琴海東部。儘管他們在義大利上空處於劣勢，他們仍然果斷削減那裡的空軍力量，將足以主宰愛琴海的空中力量轉移至愛琴海戰場。儘管美、英兩國在地中海的空軍前線力量超過四千架飛機——實際上相當於德國空軍的全部力量——然而，德國人在愛琴海戰場上，仍能重新運用我們缺乏空軍力量時所用的所有策略，並利用「斯圖卡」俯衝轟炸機摧毀我方最精銳部隊的抵抗，以及炸沉和炸毀我們的船隻⋯⋯

8. 這些不幸的情形是由於兩個原因引起的。第一個原因已經提到，即在地中海東部和西部之間，人為地設立了一條界線，導致西部的指揮官們不再對東部的重大利益承擔任何責任。第二個原因顯然是由於「霸王」作戰計畫的陰影。魁北克會議的決策是在義大利崩潰的後果顯現之前作出的，也是在義大利艦隊投降和我們成功登陸歐洲大陸之前。然而，這些決策直到兩週前仍然被頑固地維持。我們無法在更早的時間召開會議。目前，我們面臨的局勢是「霸王」計畫的既定日期繼續對地中海戰役構成障礙和削弱；巴爾幹半島的局勢將進一步惡化；同時，德國人仍然牢牢掌控著愛琴海。為了一個預期在5月進行的戰役，我們必須接受所有這些局限；這個預期到時很可能無法實現，而且如果我們在地中海的壓力減弱，它就肯定無法實現。

9. 當前軍中普遍知曉，為了在春季於另一地點發動戰役，將盡量按照需要從地中海戰場抽調人力和物資。我們不能忽視這個情況，因為它對整個地中海戰役的士氣和鬥志產生了瓦解和削弱的影響。軍隊和登陸艇正在撤離這個戰場，軍事機構也被命令準備回國，這些事實本身就具有破壞性。我們希望集中力量攻擊敵人的強烈願望已經受到了損害，而在過去，這種願望曾經使我們從阿拉曼一路戰鬥至此，並在突尼西亞戰役中立於不敗之地。然而，現在我們只有在地中海才能與敵人周旋，同時能夠利用數量優勢壓倒他們。但是，在未來幾個月中唯一能夠採取行動的地中海戰場上，我們卻將戰鬥放慢下來，這確實是援助俄國人的一種奇怪方式。

開羅會議（代號「六分儀」）的首次全體會議於 11 月 23 日星期二在羅斯福總統的別墅召開。會議目的是向蔣介石及中國代表團簡要介紹聯合參謀長委員會於魁北克會議上制定的東南亞作戰計畫草案。蒙巴頓海軍上將及其隨行人員已經從印度飛抵。他首先講述了先前接到的計畫內容，並將在 1944 年於東南亞戰場實施。隨後，我補充了有關海軍的整體情況。鑒於義大利艦隊投降及其他有利於海軍的事態進展，不久將在印度洋建立一支英國艦隊。最終，這支艦隊將擁有不少於 5 艘現代化主力艦、4 艘重型裝甲巡洋艦和 12 艘輔助運輸艦。蔣介石插話，認為緬甸戰役的勝利依賴於印度洋的海軍力量，並需要海軍行動與陸地作戰的同步配合。我指出，陸地戰役與孟加拉灣的艦隊行動並無必要連繫。我們的主要艦隊基地能在距離陸軍戰場兩千至三千英里外發揮制海權影響。因此，這些戰役與西西里島戰役不同，後者中英國艦隊能緊密支援陸軍作戰。

此次會議時間簡短，決定由蔣介石與聯合參謀長委員會進一步商討具體細節。

次日，羅斯福總統主持了我們聯合參謀長委員會的第二次會議，商討歐洲與地中海的作戰計畫，中國代表團未出席。我們需要在啟程去德黑蘭之前，審視這兩個戰場的關聯並交流看法。羅斯福總統率先發言，討論了

在地中海當前可採取的任何行動，包括土耳其參戰對「霸王」計畫的潛在影響。

在發言中，我提到，「霸王」作戰計畫依然是當前的首要任務。然而，此戰役不應粗暴地否定地中海的其他活動。尤其在登陸艇的運用上，更需保持靈活性。亞歷山大將軍曾要求將登陸艇參加「霸王」戰役的日期從12月中旬推遲至1月中旬。在英國和加拿大，已經下令額外建造八十艘坦克登陸艇。我們應力求超越這個目標。或許，美、英兩國參謀之間的爭論只涉及兩國資源的十分之一（未計算太平洋力量）。毫無疑問，必定存在某種程度的調整空間。我仍然希望消除任何關於我們削弱或冷漠對待「霸王」計畫的想法，或企圖退出此戰役。恰恰相反，我們準備全力以赴。總體而言，我認為我所倡導的策略是：在1月分占領羅馬，2月分占領羅得島；恢復對南斯拉夫的物資供應，解決司令部安排問題，並根據與土耳其交涉的結果打通愛琴海；在上述地中海政策的框架內，加速「霸王」作戰計畫的一切準備工作。

這正是我在德黑蘭會議之前所秉持立場的真實紀錄。

艾登先生在莫斯科的會議結束後返回英國，此時，他從英國趕來與我們會合。他的到來對我極為有益。他與伊斯梅將軍在莫斯科會議後返回英國途中，於開羅會見了土耳其外交部長及其他土耳其官員。在這些會談中，艾登先生強調我們急需安納托利亞西南部的空軍基地。他解釋說，由於德國在空中的優勢，我們在勒羅斯島和薩摩斯島的軍事局勢岌岌可危。最終，這兩個島嶼均失守。艾登先生也詳細闡述了土耳其參戰的潛在益處。首先，這將迫使保加利亞集中軍隊在邊境，進而迫使德國調動相當於10個師的兵力來替代希臘和南斯拉夫境內的保加利亞軍隊。其次，可能對一個具有決定性意義的目標——普洛耶什蒂進行攻擊。此外，還可以切斷土耳其向德國運送鉻的供應。最後，道義上的利益也不容忽視。土

耳其參戰可能加速德國及其附庸國的崩潰。然而，這些論點未能說服土耳其代表團。最終，他們表示如果提供安納托利亞的基地，就等同於介入戰爭，而一旦介入，他們無法阻止德國對君士坦丁堡、安哥拉和士麥拿的報復。我們曾經承諾提供足夠的戰鬥機以應付德國可能的空襲，並保證由於德軍兵力短缺，無法進攻土耳其。儘管如此，他們仍心存疑慮。會談的唯一成果是，土耳其代表團答應向其政府報告，土耳其人親歷愛琴海局勢的發展，因此對於他們的謹慎態度，我們無法苛責。

因為我一直沒有再收到關於「霸王」計畫和地中海戰役聯合司令部的消息，我便認為英國的立場已經被採納。然而，在 11 月 25 日，我們停留在開羅時，美國參謀長聯席會議透過正式備忘錄，向我們提出成立最高統帥部的建議。這表明，羅斯福總統與美國最高司令部強烈主張必須任命一位最高統帥，以指揮盟軍在地中海和大西洋對德作戰。他們仍希望設立西北歐作戰司令官與地中海盟軍司令官，並在二者之上設立最高統帥，負責策劃和指揮這兩個戰場的行動，並在必要時調動軍隊跨越戰場。我們必須牢記，當時我們不僅在陸、海、空軍各個方面擁有巨大優勢，並將在未來數月繼續保持這個優勢，此外，由於亞歷山大和蒙哥馬利在突尼西亞和非洲沙漠的勝利，我們的聲譽也非常高。

美國的備忘錄立刻引發了英國三軍參謀長的強烈反對。他們和我都撰寫了書面意見。英國三軍參謀長的回應如下：

關於英、美對德作戰的三軍指揮問題
英國參謀長委員會的備忘錄

1943 年 11 月 25 日

英國參謀長委員會對美國參謀長聯席會議提出的建議進行了深入研究，該建議是「立即任命一名最高統帥，負責指揮盟軍在地中海和大西洋

的所有對德作戰行動」。這項建議涉及重大的政治問題，顯然需要美、英兩國政府進行最嚴肅的考慮。

儘管如此，英國參謀長委員會必須馬上表態：從軍事角度來看，他們完全不贊成這項提議。他們將在以下各節中闡述理由。

總體戰不僅僅是軍事力量的問題，即使是按照「軍事」這個詞的最廣泛定義來說也是如此。幾乎所有重大的戰爭問題都涉及政治、經濟、工業和內政的內容。因此，對德作戰的最高指揮官顯然必須在幾乎所有重要問題上與美國和英國政府磋商。換句話說，實際上他只能在較小的、嚴格來說屬於軍事範疇的問題上做出決定，而無需請示最高當局，比如將一、兩個師、若干空軍中隊或幾十艘登陸艇從一個戰線調到另一個戰線。因此，他在整個指揮鏈中將成為一個額外且多餘的環節。

福煦元帥在上次大戰中所獲的地位，與目前考慮給予對德戰爭最高統帥的地位，並無真正相似之處。福煦僅負責西方和義大利戰場的指揮，他的許可權並未延及薩洛尼卡、巴勒斯坦及美索不達米亞戰場。根據當前擬議安排，最高統帥不僅有權指揮「霸王」行動和義大利戰場，也將掌控巴爾幹及土耳其戰場（若此戰場開闢）。盟國政府賦予一名軍人的職責必須受到某些限制，而目前擬議的職權範圍，顯然大大超出了這些限制。

美國參謀長聯席會議建議，這位最高統帥的決定「可以由聯合參謀長委員會推翻」。若這種新安排的主要目的是確保快速決策，那麼上述附帶條件反而可能導致不幸的後果。未來勢必會出現這樣的情況：最高統帥發出命令，軍隊按命令列動，但聯合參謀長委員會立即推翻命令，這將造成混亂。此外，還可能出現英國參謀長委員會同意最高統帥的決定，而美國參謀長聯席會議完全不同意的情況。如此一來，該如何處理呢？另一方面，從軍事角度來看，聯合參謀長委員會或許會全力支持最高統帥的決定，但發現相關政府並不準備批准。在此情形下，又該怎麼辦呢？

若這位最高統帥欲行使實質上的指揮權，他必須在前所未有的規模

上，將情報、計畫及後勤等各方面的所有人員集中起來，這些人員將構成戰區司令官與聯合參謀長委員會之間的一個龐大緩衝隊伍⋯⋯

如果這個曾經讓我們安然度過前兩年的可靠機構在一些小問題上出現了失誤，那麼，最好的做法是對其進行檢查，找出提高效率和調整的方法，而不是開始一個全新的試驗，因為這種試驗只會在整個指揮鏈中增加一個多餘且不必要的環節，並且必然導致幻滅和失望。

這些論點贏得了美國三軍參謀長的支持。他們意識到，這些建議實質上意味著削弱聯合參謀長委員會的指揮權，因為這位最高統帥將在相當程度上取而代之。因此，他們決定從參謀人員的議程中刪除這個議題，認為此問題應由政府領袖來解決。

我極為贊成參謀長委員會的文件，次日便撰寫了一份備忘錄，進一步闡述這些觀點。

關於對德全面作戰最高統帥問題
首相兼國防大臣的備忘錄

1943 年 11 月 26 日

1. 自薩勒諾戰役以來，指揮作戰中遇到的各種困難和缺陷，皆因兩國參謀人員及政府之間的意見分歧所致。我們無法理解委任一位最高統帥如何能夠解決這些分歧，因為該統帥受聯合參謀長委員會的指揮，其決定可被委員會推翻。這些分歧既是軍事性的，也是政治性的，必然仍需透過現行方法，即在聯合參謀長委員會及兩國政府領袖之間進行協商來解決。因此，這位最高統帥，除了被讚譽為世界大戰的英雄外，實際上會發現自己的職權活動空間極為有限：一方面受限於只能用現行方法處理政策和戰略等主要決策，另一方面又受制於兩個主要地區司令官的職權範圍。

2. 上述情況顯然不足以證明：僅因宣布任命「擊敗德國的最高統帥」

就必然能實現所有期望,或必須建立各種機構。

3. 反之,若這位最高統帥確實擁有最終決策權,則聯合參謀長委員會的職責將被其替代,進而導致兩國政府與最高統帥之間迅速陷入緊張關係。撇開人選不談,我深感懷疑是否能找到這樣一位將領,他能對當前由兩國政府領袖在聯合參謀長委員會幫助下處理的複雜事務作出決策。

4. 在地位平等的盟國之間,一個應盡量遵循的原則是,任何戰場的指揮權應歸屬於已經在該戰場部署或計劃部署最大兵力的盟國。依據此原則,地中海的指揮權無疑應由英國掌握,而「霸王」戰役的指揮權則應由美國負責。

5. 倘若將這兩個司令部整合在一起,由一位最高統帥掌管指揮,那麼,到1944年5月,英國對德作戰的軍力顯然超過美國。因此,最高統帥似乎理應由英國將領擔任。作為英王陛下政府的領袖,我對將這樣一個可能引發不快的責任交給英國將領感到不安;另一方面,倘若不考慮哪一方的軍力優勢,卻將此最高統帥職位給予美國將領,同時他又主張將全力集中於「霸王」戰役,而忽視我們在地中海戰役中受到的損失,英王陛下政府將難以接受。因此,這位最高統帥,無論是英國人還是美國人,都會陷入無能為力的境地。他在全球面前承載指揮之責,而其命令卻被此政府或彼政府撤銷,唯一的出路便是辭職。這將對我們兩國政府至今保持的和諧而愉快的關係,造成最嚴峻的危機。

6. 我不明白為何現行的方法不應繼續下去,尤其是如果能根據建議對其進行一些小的改進。在現有的安排下,一位美國指揮官將領導大規模的英吉利海峽渡海戰役,而一位英國指揮官將負責地中海戰役,他們在行動上互相協調。至於兵力的分配,則由隸屬於兩國政府領袖的聯合參謀長委員會來負責……同時,也應當安排聯合參謀長委員會更頻繁地召開會議,而各自的參謀長委員會主席在可能的情況下,每月用一週時間,輪流訪問倫敦和華盛頓。

在啟程前往德黑蘭之前，我親自將這份備忘錄交給羅斯福總統；至於在德黑蘭會議期間他會作何答覆，我並不知曉。我從私人管道獲悉，美國三軍參謀長已經充分意識到，可能出現的權力衝突涉及我們的聯合參謀機構和新任最高統帥；在權衡我們的論點後，他們已經不再堅持原有計畫。無論在正式或非正式場合，羅斯福總統及其親近人士與我們接觸時始終未再提及此問題，我們始終保持友好關係。因此，我推測馬歇爾將擔任「霸王」戰役的指揮，而艾森豪將軍會回到華盛頓接替他的職位；而我作為英王陛下政府的代表，有責任選定地中海戰場的指揮官。當時，我毫無疑問地認為，這位指揮官應當是已經在義大利作戰的亞歷山大。於是，在我們返回開羅之前，這個問題暫時被擱置。

11月25日，正值感恩節，這是美國人民生活中的一大盛事。按慣例，美國軍隊的每位士兵在這一天都應享用火雞，而在1943年，大多數士兵的確如此。運往開羅供給美軍參謀人員的大批火雞，是由羅斯福總統乘軍艦帶來的。羅斯福先生邀請我到他的別墅共進晚餐。他說道：「讓我們辦一次家庭聚餐。」因此，薩拉也被邀請，此外，還有羅斯福總統非常喜愛的「湯米」（湯普森海軍中校）。羅斯福總統的賓客包括他的私人顧問，他的兒子埃利奧特，女婿伯蒂格少校，哈里·霍普金斯及其子羅伯特。我們在輕鬆愉快的氣氛中享用了一頓豐盛的晚餐。兩隻大火雞在隆重的儀式下被送入。羅斯福總統高高坐在椅子上，以高超的技巧，不知疲倦地為大家切火雞。我們共有20多人，因此切火雞耗時甚久；那些先獲分者已經吃完，而羅斯福總統尚未給自己切一份。我看見他把一盤盤堆滿的雞肉分給大家，擔心他自己會一無所得。然而，他計算得極為精準，最終，當兩副雞骨架被撤走時，我看到他開始享用自己的那一份，才放下心來。哈里見我略顯焦慮，便說：「我們還有許多備用的火雞。」席間，大家致辭表達了真摯而親切的友誼。在那兩個小時之中，我們將一切憂慮拋諸

腦後。我從未見過羅斯福總統如此歡愉。晚餐後，眾人便移步到我們曾多次開會的大廳。舞曲——由留聲機唱片播放——開始響起。薩拉是唯一在場的女性，她已經被邀請下場跳舞，因此我與沃森「老爹」（羅斯福的親信、舊友和副官）共舞，他的首長坐在沙發上觀賞，十分開心。這個歡樂的夜晚，以及羅斯福總統切火雞的情景，是我在開羅停留期間最愉快的經歷，也留下最深刻的印象。

所有棘手的挑戰終於得到了解決。美國憲法、羅斯福的健康狀況、史達林的固執以及前往巴士拉的旅程和貫穿波斯的鐵路問題，都已被克服，因為召開三國會議的迫切性無可替代，除了飛往德黑蘭，其他方案皆告失敗。因此，我們於 11 月 27 日黎明從開羅搭乘飛機起飛，前往經過深思熟慮後選定的會議地點。沿途天氣極為晴朗，我們依不同航線在不同時間起飛，也都順利抵達了目的地。

德黑蘭會議開幕

我無法稱讚在我抵達德黑蘭之後相關方面所做的接待安排。英國公使親自駕車迎接我，我們從機場一路駛向公使館。當我們接近德黑蘭市區時，在至少 3 英里的路上，每隔 50 碼就有一名波斯騎兵駐守。這無疑是在向不法之徒宣告某個重要人物即將到達，並指明了經過的路線。騎兵雖能指示路線，卻無法提供實質的安全保障。我們前方一百碼處，有一輛警衛車開道，預示著我們的到來。車輛行駛速度極慢。不久，眾多民眾湧入騎兵間的空隙；環顧四周，只見少數步行警察。在接近德黑蘭市中心時，人群密集至四、五層。他們態度友好卻顯得拘謹，擠至距離我的車僅相隔幾尺之遠。事前沒有採取任何防護措施，以防止攜帶手槍或炸彈的刺客發動攻擊。當我們到達通往公使館的拐角時，道路已經被圍觀的群眾堵得水洩不通；我們在擁擠且目瞪口呆的波斯人群中停留了三、四分鐘。倘若事先的安排就是要我們冒險，不讓我們祕密安全到達，也不給予有效護送，那麼眼前的情景就是最完美的策劃。然而，途中沒有發生任何意外。我向人群微笑，他們也回以微笑。最終，我們抵達了英國公使館，使館周圍由英印部隊嚴密警戒。

英國公使館及其花園，幾乎與蘇聯大使館相鄰，負責我們安全的英印部隊已與在蘇聯大使館周圍巡邏的更多俄國軍隊建立了直接聯繫。不久，兩國軍隊聯合起來，使我們所在的區域成為隔離區，並採取了戰時的所有警戒措施。美國公使館由美國軍隊保護，距離我們約一英里多。因此，在會議期間，羅斯福總統、史達林或我本人每天都必須穿越德黑蘭狹窄的街道兩、三次。莫洛托夫在我們到達之前 24 小時已經抵達，並提供了這樣

德黑蘭會議開幕

的情報：蘇聯的祕密情報人員發現有人企圖暗殺我們「三大廠」（人們當時這樣稱呼我們）當中的一、兩位。因此，他對我們之中幾位頻繁穿越街道感到非常不安。他說：「若發生任何此類事件，將造成極為不幸的影響。」這一點無可否認。莫洛托夫邀請羅斯福總統立即遷入蘇聯大使館，該館比英、美兩國使館大兩、三倍，場地寬廣，並有蘇聯軍隊和警察駐守。我對莫洛托夫的邀請表示熱烈支持，並說服羅斯福先生接受這項建議。第二天下午，他帶著全體隨員，包括幾名來自遊艇的優秀菲律賓廚師，搬入俄國大使館。那裡已經為他準備了寬敞、舒適的住所。這樣，我們都住在一個圈子裡，可以毫無干擾地討論世界大戰的問題。我住在英國公使館裡，步行兩百碼即可到達富麗堂皇的蘇聯大使館，這裡暫時可稱為世界的中心。儘管我的身體仍然不適，感冒和喉嚨痛嚴重到一度無法說話，但在莫蘭勛爵的治療下，我終於能夠表達必須說出的話——這些話可不少呢。

關於我在此次會議上所採取的策略（此策略獲得了英國三軍參謀長的高度認可），存在許多誤解。在美國，有一種說法稱我曾全力阻止「霸王」作戰計畫中橫渡英吉利海峽的攻勢準備，同時也有言論指責我試圖引誘盟國對巴爾幹半島進行大規模入侵，或在地中海東部發動大規模戰役，這實際上等同於削弱「霸王」作戰計畫。這些荒謬言論在前述章節中多已揭露和駁斥。然而，闡明我實際追求的目標，以及在何種程度上實現了這些目標，仍然是有意義的。

正處於精心籌備階段的「霸王」作戰計畫，將在1944年5月或6月展開，最遲不超過7月初。參與此次戰役的部隊及其運輸船隻仍享有最高優先順序。與此同時，駐紮在義大利的英、美軍隊必須得到補充和補給，以便能夠占領羅馬，並進一步占領該城市北部的機場，從這些機場可對德國南部進行空襲。在取得這些進展之後，在義大利戰場上，將不越過比薩——里米尼線——換言之，我們不打算將戰線擴展至義大利半島更廣

闊的區域。如果敵人在這些戰役中進行抵抗,這將牽制大量德軍,給義大利軍隊提供「立功贖罪」的機會,同時確保戰火持續在敵方前線燃燒。

此時,我並不反對在法國南部的里維埃拉地區展開登陸行動,目標鎖定在馬賽和土倫,隨後英、美軍隊將沿著羅納河谷向北推進,以支援跨越英吉利海峽的主要攻勢。然而,我更傾向於另一種策略,即透過伊斯特里亞半島和盧布林雅那山峽,從義大利北部發起右翼進攻,目標直指維也納。當羅斯福總統提出這個方案時,我感到欣喜,並如同下文所述,我試圖推動他實施這個計畫。如果德軍展開抵抗,我們便可將他們的眾多師團從俄國或英吉利海峽前線引開。如果未遭抵抗,我們便能以極小代價解放大面積的重要地區。我確信我們會遭到抵抗,這將為「霸王」作戰計畫提供決定性支援。我的第三個要求是,只要不削弱橫渡海峽進攻的力量,我們不應忽視地中海東部戰場及其可能帶來的重大收穫。在所有這些問題上,我堅持兩個月前向艾森豪將軍提出的比例 —— 即將五分之四的兵力用於義大利,十分之一用於科西嘉和亞得里亞海,另十分之一用於地中海東部。我一直未曾改變這個主張 —— 一年以來,我未曾退讓過一步。

英、俄、美三方皆同意前兩場戰役,這意味著需要動用我們現有力量的九成。而我必須極力主張的,是在地中海東部有效利用我們的一成實力。有人可能會愚蠢地爭辯說:「為何不將所有兵力集中於決定性戰役,而放棄所有可能導致兵力分散的其他機會?」但這種觀點忽略了一些關鍵事實。西半球所有船隻都已經為「霸王」戰役及義大利前線的維持任務而安排,即便能找到更多船隻,也無法利用,因為登陸計畫已經將相關港口和營地塞滿。至於地中海東部戰場,它無需任何可用於其他地區的人力物資。為保衛埃及而集結的空軍,即便從更前線的哨站起飛,也能同樣有效地執行任務。所有軍隊(外地另有兩、三個師)已經抵達這個戰場,除當地船隻外,亦無其他船隻可將他們運往更大的戰場。若能妥善運用這些部

德黑蘭會議開幕

隊,將對敵人造成嚴重損害,否則他們僅是旁觀者。若攻下羅得島,我們的空軍便能控制愛琴海,並從海路與土耳其建立直接聯繫。另一種選擇是,若能說服土耳其參戰,或充分利用其中立地位,讓土耳其借用我們為其建造的機場,我們同樣能控制愛琴海;如此便無須奪取羅得島。兩種方案皆具可行性。

無疑,我們的策略目標是土耳其。若能獲得土耳其,我們無需從關鍵戰役中調動任何士兵、艦艇或飛機,便可利用潛艇和輕型海軍力量掌控黑海,有力支援俄國,並透過比北極海或波斯灣航線更經濟、航程更短且運輸頻繁的途徑,將物資送達俄國境內。

這是我一再向羅斯福總統和史達林提出的三個核心議題,我毫不猶豫地、堅定不移地陳述我的立場。我本有機會說服史達林,但羅斯福總統深受其軍事顧問的偏見影響,在這場討論中猶豫不決,最終將這些次要但充滿潛力的機會擱置一旁。我們的美國盟友對此固執的立場感到滿意,他們自豪地認為:「我們最終沒有讓邱吉爾把我們捲入巴爾幹半島的戰事。」而事實上,我從未有過這樣的意圖。我認為,我們沒有利用那些在其他地方無法使用的部隊,將土耳其拉入戰爭,並掌控愛琴海,是在軍事策略上犯下的一個錯誤。這個錯誤無法藉由沒有採取上述方案也同樣取得勝利來辯解。

羅斯福總統剛剛搬入蘇聯大使館的新住所,史達林便前來造訪,雙方進行了友好的交談。根據霍普金斯的傳記,羅斯福總統告訴史達林,他已經與蔣介石達成共識,要在緬甸全面展開軍事行動。史達林對中國軍隊的作戰能力評價不高。羅斯福總統「提到他喜歡討論的一個話題,即教育遠東殖民地的人民,讓他們學習自治的藝術」。他提醒史達林,不要對邱吉爾提起印度的問題。史達林也認為,這顯然是一個容易引發情感問題的話題。羅斯福表示,印度的改革應該從基層開始。史達林回應說,從基層開

始的改革就是革命。那天早晨，我安然地躺在床上，一邊治療感冒，一邊處理從倫敦發來的多份電報。

11月28日（星期日）下午4時，首次全體會議於蘇聯大使館召開。我們在一個寬敞而精緻的會議室當中圍坐在一張大圓桌旁。與我一同出席會議的有艾登、迪爾、三位參謀長和伊斯梅。隨著羅斯福總統前來的，則是哈里‧霍普金斯、海軍上將李海、海軍上將金以及另外兩名軍官。馬歇爾將軍和阿諾德將軍未能出席。據霍普金斯的傳記作者指出：「他們搞錯了會議時間，已經前往德黑蘭郊外遊覽。」去年為我翻譯的那位令人欽佩的翻譯員伯爾斯少校再次與我同行。帕夫洛夫仍然為蘇聯方面擔任翻譯。波倫先生作為新人，負責美方的翻譯。隨同史達林出席的，僅有莫洛托夫和伏羅希洛夫元帥。史達林幾乎與我面對面而坐。我們事先達成共識，由羅斯福總統主持首次會議，羅斯福也表示同意。會議開始時，他首先發言，言辭非常得當。依據我們的紀錄，他表示：俄國、英國和美國首次作為一個家庭的成員共聚一堂，我們唯一的目標是贏得戰爭的勝利。此次會議並無固定議程，任何人均可無拘無束地探討任何想討論的議題，同時也可以涉及他們不願意探討的問題。在友好的氛圍中，每位參加者均可暢所欲言，然而內容將不予公開。

在開場白中，我亦強調了此次會議的重要性。我提到，此次會議或許象徵著人類歷史上全球力量的空前聚合。縮短戰爭的可能性或許已經掌握在我們手中；勝利幾乎已成定局；人類的幸福與命運，毫無疑問地完全掌控在我們手中。

史達林表示，他非常看重我們所提及的三大國之間的友誼。三個大國的確迎來了一個重要的契機，他期望各方都能妥善利用這個契機。

羅斯福總統隨後引導了此次討論，首先從美國的立場，簡要地描述了戰爭局勢。他起初提及對美國特別重要的太平洋戰場，因為駐紮在那裡的

德黑蘭會議開幕

美軍，在澳洲、紐西蘭和中國的協助下，承擔著主要責任。美國將其大部分海軍力量和一百萬士兵中的絕大多數集中在太平洋戰場。該戰場極為廣闊，一艘補給船每年僅能三次往返，由此可見一斑。美國採用了一種削弱敵人力量的策略，目前為止，該策略已見成效。毫無疑問，日本的艦船，無論是軍艦還是商船，都被大量擊沉，新建的船隻無法及時補充。羅斯福先生接著闡述了收復緬甸北部的計畫。英、美軍隊將與中國軍隊合作，由海軍上將路易斯·蒙巴頓勳爵指揮。他提到我們還討論了從曼谷對日本交通線進行兩棲作戰的計畫。儘管我們已經盡了最大努力，將為實現主要目標所需的部隊保持在最低限度，但仍需要大量兵力。這些計畫目的在確保中國繼續全力參戰，打通滇緬公路，並建立陣地，以便在德國崩潰後，我們能迅速從這些陣地出發，擊敗日本。我們希望能在中國獲得基地，以便來年襲擊東京。

羅斯福總統隨後討論了歐洲局勢。英、美之間已經多次召開會議並制定了多項計畫。大約一年半前，就已決定跨越英吉利海峽進行遠征，但由於運輸及其他困難，無法確定具體的戰役日期。需要在英國集結足夠的兵力，不僅為了實際展開的登陸行動，還需要不斷地向法國內地推進。英吉利海峽是個極具挑戰的水域，在 1944 年 5 月 1 日之前發起遠征是不現實的。1944 年 5 月 1 日是魁北克會議上預定的日期。他解釋說，在所有登陸行動之中，登陸艇始終是限制因素。如果決定在地中海進行大規模遠征，就必須完全放棄跨越英吉利海峽的行動。如果在地中海僅進行小規模行動，也會導致上述戰役推遲一、兩個月，甚至三個月。因此，他與我都希望在此次軍事會議上聽取史達林元帥和伏羅希洛夫元帥的意見，以確定何種行動最有利於蘇聯。許多計畫曾被提出討論，包括增強在義大利、巴爾幹半島、愛琴海及土耳其的進攻力量。會議的關鍵任務是決定採取哪一個方案。主要的目標是使英、美軍隊盡可能減輕蘇聯軍隊的壓力。

隨後，史達林表達了他的看法，他對美國在太平洋的勝利表示歡迎，但指出蘇聯目前無法參與對日戰爭，因為蘇聯的軍隊幾乎全部投入對抗德國。蘇聯在遠東的部隊如果用於防禦還算足夠，但若要發起攻勢，至少需要現有兵力的三倍。他們需要等到德國崩潰後，才能在太平洋戰場上與盟軍會師，屆時將共同作戰。

關於歐洲的情勢，史達林提到，他將簡要闡述蘇聯在戰爭中的經驗。7月的攻勢雖然德國人已有預料，但蘇聯在集結充足的兵力和裝備後，發起進攻仍相對容易。他直言不諱地承認，對於7月、8月和9月的勝利，他們事前並未預見。德國軍隊比預期中更為脆弱。

接著，他詳細闡述了蘇聯前線的最新態勢。在某些地區，戰鬥已經趨於緩慢，而在其他地區，戰鬥則已經完全停滯。然而，在烏克蘭以及基輔以西和以南的地區，過去三週之內，主動權已經又轉至德軍手中。德軍重新奪回了日托米爾，並可能會再次占領科羅斯油田。他們的目標是重新奪取基輔。但總體而言，大致上主動權依然掌握在蘇聯軍隊手中。

他表示，他需要回答關於英、美軍隊如何最有效協助俄國的問題。蘇聯政府一直認為，義大利戰役對盟軍的事業具有重要價值，因為它打通了地中海。然而，義大利並不是進攻德國的理想出發點，因為兩國之間有阿爾卑斯山脈阻隔。因此，將大量軍隊集中在義大利以進攻德國是徒勞無功的。相比之下，土耳其比義大利更適合作為進入德國的地點，但它距離德國的核心區域過於遙遠。他堅信，法國的北部或西北部是英、美軍隊最適合發起進攻的地方，當然，德國軍隊將在那裡竭力抵抗。

儘管先前我曾受邀發言，但我始終保持沉默。此刻，我將闡明英國的立場。

我說，我們早已與美國達成協定，將通過英吉利海峽進攻法國的北部或西北部。我們的大部分準備和資源都聚焦在這個作戰計畫上。我們必須

德黑蘭會議開幕

透過基於事實和資料的詳細論述,才能解釋為何 1943 年無法進行這場戰役,但我們已經決定在 1944 年採取行動。1943 年,雖然我們沒有跨越海峽發起攻勢,但在地中海方面,我們發動了一系列戰役。進行這些戰役時,我們清楚了解到其次要性質,但考慮到我們的實力和運輸能力,我們認為這些戰役是我們在 1943 年所能作出的最大貢獻。英、美兩國政府現在的任務是,在 1944 年春末或夏季執行橫渡英吉利海峽的攻勢計畫。屆時將集結大約 16 個英國師和 19 個美國師,總共 35 個師。這些師在數量和裝備上均優於德國的師團。

史達林此時評論稱,他從未將地中海的戰役視為次要性質。它們具備首要的重要性,然而,這個重要性並非基於進攻德國本土的角度。

我回應說,羅斯福總統與我仍視這些戰役為通向決定性英吉利海峽戰役的踏腳石。鑒於地中海和印度的英軍狀況,英國能為此戰役提供的 16 個師,是一個總人口僅四千五百萬國家所能提供的最大數量。這些師的戰鬥力可以維持,但人數無法增加。美國擁有大量後備師,因此戰場的擴展和戰爭的持續必須依賴美國。然而,距離 1944 年春末或夏季還有 6 個月,羅斯福總統和我常常思考,如何在這段時間內利用地中海現有資源,既減輕俄國負擔,又不將「霸王」計畫延遲超過一、兩個月。英、美最精銳的 7 個師及一定數量的登陸艇,已經或正在從地中海調往英國,導致義大利前線力量削弱。天氣一直不佳,至今尚未攻下羅馬,但我們希望能在 1 月分攻占;艾森豪將軍的部下亞歷山大將軍正指揮第 15 集團軍群在義大利作戰,目標不僅是占領羅馬,還要殲滅或俘獲德軍 10 或 11 師。

此外,我還指出,我們並不打算進攻義大利半島較為寬廣的區域,更不會越過阿爾卑斯山脈進入德國。我們的總體策略是首先攻占羅馬,並占領其北部的機場,以此為基礎對德國南部進行轟炸。接著,我們將在比薩

至里米尼一線附近建立防線。在此之後，我們應當考慮開闢第三戰場的可能性，以配合英吉利海峽的渡海作戰，而非取而代之。一種可能性是在法國南部登陸；另一種可能性則是如羅斯福總統建議的，從亞得里亞海北端向東北推進至多瑙河。

在接下來的半年內，我們該採取哪些行動呢？關於支持鐵托，我們有諸多理由。他牽制了德國的多個師團，對盟軍的貢獻遠勝於米海洛維奇領導的「採特尼克斯」。透過物資援助和游擊戰術的支持，我們顯然能獲得巨大利益。巴爾幹戰場是我們能夠極大分散敵人力量的地區之一。這引發了一個關鍵問題，軍事人員研究後需要決定如何促使土耳其參戰，以打通經愛琴海至達達尼爾海峽直達黑海的交通線路。只要土耳其參戰，我們便可以利用其空軍基地，以較少兵力（約兩至三個師）和現有的空軍占領愛琴海島嶼。如果我們能抵達黑海港口，運輸船隊便可頻繁往返。目前北方航線只能維持4個運輸船隊，因為護航艦隻需用於「霸王」計畫；但一旦達達尼爾海峽打通，地中海的運輸船隻便可源源不斷地將物資運往蘇聯的黑海港口。

我們該如何說服土耳其參戰？若參戰，我們期待其承擔哪些角色？僅提供基地支持，還是應對保加利亞發起攻勢並向德國宣告開戰？是應推進還是駐守在色雷斯邊界？考慮到保加利亞對俄國曾解救其脫離土耳其統治的感激之情，土耳其參戰又將如何影響保加利亞？羅馬尼亞會有何反應？他們已經進行了真正的和平探索，準備接受無條件投降。此外，匈牙利將選擇何種立場？這些衛星國中的政治局勢可能驟變，或許會促使希臘人反抗，將德軍逐出希臘。蘇聯對此有獨特的見解和看法。了解蘇聯對這些問題的看法很重要。蘇聯是否對東地中海的計畫極為關注，並希望我們繼續推進，即便「霸王」行動可能因此推遲一、兩個月？在未了解蘇聯政府的

德黑蘭會議開幕

立場前,英、美兩國政府故意暫緩決策。

此時,羅斯福總統提議我詳細闡述向亞得里亞海北部推進,繼而向東北方向多瑙河區域進攻的計畫。我表示贊同,於是繼續說道,一旦我們攻占羅馬,並在亞平寧山脈南部的義大利狹窄地帶殲滅德軍之後,英、美聯軍將有能力深入推進,與敵軍展開周旋。隨後,我們可以以最小的兵力穩固防線,而其餘部隊則可以選擇進攻法國南部,或遵循羅斯福總統的建議,從亞得里亞海頂端向東北方向挺進。對於這兩個選項,我們尚未進行詳細探討,但若史達林對此表示支持,則可成立專門的小組委員會,研究相關策略和具體資料,然後向會議提交報告。

至此討論已經觸及核心問題。當時的紀錄如下:

史達林元帥向首相提出如下問題:

「據我理解,負責進攻法國的任務將由35個師來執行,對嗎?」

答:「沒錯。這些師團擁有非凡的戰鬥力。」

問:「這場戰役是否計劃由目前駐紮在義大利的部隊執行?」

答:「事實並非如此。有7個師已經或正在從義大利和北非撤出,以便參與『霸王』行動。這7個師正是用來補足你在第一個問題中提到的那35個師。在他們撤離後,地中海仍將保留大約22個師,這些部隊可以用於義大利戰場或其他目標。其中部分師團可以用於法國南部的進攻,也可以派往亞得里亞海頂端向多瑙河推進。這兩項行動將在時間上與『霸王』戰役協調一致。同時,留下兩、三個師來攻占愛琴海的島嶼,這並不困難。」

隨後,我指出,除了之前提及的7個師之外,從地中海調動額外的師團至英國是絕對不可能的。航運能力也無法滿足需求。在英國,將集結35個師的英、美聯軍,以執行初步的攻擊。之後,英國除了在法國北部維持

16個師之外，別無他能；然而，美國將繼續增派部隊，直至在法國北部的遠征軍達到5、60個師。英、美兩國的師團，若將通訊部隊、軍直屬部隊和高射炮部隊等計算在內，每個師約有四萬人。在英國境內，已駐紮眾多英、美空軍部隊，儘管如此，未來6個月內，美國將使其空軍規模翻倍甚至3倍。因此，該地區將聚集強大的空軍力量，便於從此地輕鬆打擊敵方目標。所有部隊和裝備正按計畫部署，該計畫可供蘇聯當局參考，若他們願意的話。

史達林詢問我關於進攻法國南部的計畫。我表示該計畫尚未詳細研究，但我們認為可以與「霸王」計畫協同，或同步進行。進攻部隊將由現今駐防義大利的軍隊組成。我補充道，同時需要研究羅斯福總統關於從亞得里亞海頂端向東北進軍的建議。

史達林繼續詢問，若土耳其參戰，英、美將派出多少軍隊。

鑒於我僅以個人身分發言，我認為要占領愛琴海的島嶼，至多需要兩、三個師。此外，我們可能還需為土耳其配備約20個空軍中隊和若干高射炮團，以增強其自衛能力。不過，提供這些空軍和高射炮部隊不會對其他戰役產生影響。

史達林認為，將我們的部隊一部分派往土耳其和其他地方，另一部分則派往法國南部，這是一個錯誤。最佳策略是將「霸王」作為1944年的主要作戰計畫，而在攻占羅馬後，立即將駐紮在義大利的所有軍隊調往法國南部。如此一來，這些部隊在「霸王」行動展開後，便可與進攻部隊會合。法國是德國防線中最脆弱的一環。他自己並不期望土耳其會同意參戰。

我詢問，蘇聯政府是否並不急於推動土耳其參戰。我們曾經嘗試過一次，但未能成功。如今是否期待我們再度嘗試？

「我全力支持再試一次，」史達林說道，「如果有必要，我們應該緊緊抓住它的咽喉逼迫它運轉。」

我繼續說道，史達林元帥認為分散兵力不合適，我對此完全贊同。然而，我的整個主張是，少量的幾個師，例如兩、三個，可以有效地用於實現我們與土耳其的直接連繫。至於需要參戰的空軍，則是那些用於保護埃及的部隊，它們只需稍微向前推進戰線即可。如此一來，就不必從義大利前線或「霸王」作戰計畫中抽調大量兵力。

史達林認為，若僅需三、四個師的兵力就能攻占這些島嶼，那便相當值得。

我說，我最憂慮的是，在攻入羅馬與發起「霸王」行動之間的6個月中，戰事可能會陷入停滯。我們必須持續不斷地打擊敵軍。我所提出的行動計畫，雖明確屬於次要性質，但仍需仔細評估。

史達林重申，「霸王」作戰計畫是關鍵戰役，建議從法國南部展開攻勢提供支援。他甚至主張若能抽調約10個師進攻法國南部，則在義大利採取守勢並放棄攻取羅馬。兩個月後，隨即展開「霸王」戰役，兩路部隊可以會師。

我回答道，即便我們暫停進攻羅馬，也不會增強我們的實力；然而，一旦攻克這座城市，我們便能透過消滅或重創10到11個德國師而變得更為強大。此外，羅馬北部的機場對我們轟炸德國來說極為重要。要求我們放棄攻占羅馬是不可能的，這種策略將被視為一次嚴重的失敗，英國議會絕不會對此置之不理。

羅斯福總統當下建議，必須特別仔細地審視各戰役的時機。在地中海東部的任何戰役可能會將「霸王」計畫推遲至6月或7月。若能避免，他個人反對這種延誤。因此，他提議軍事專家應基於史達林提出的時間，即

在「霸王」戰役發動前兩個月，研究是否能在法國南部發動戰役，而其核心原則是「霸王」計畫必須按預定日期執行。

史達林指出，蘇聯在過去兩年戰鬥中累積的經驗顯示，單一方向的大規模攻勢鮮有成效。最佳策略是從多個方向同時發起攻勢。這將迫使敵軍分散兵力，並為進攻部隊在不遠處匯合提供可能，進而增強整體攻勢。他建議這個原則可以有效運用於當前討論的議題。

原則上，我並不反對這些意見。我提議對南斯拉夫和土耳其提供少量援助，這與上述想法並不衝突。同時，我希望以下意見能夠記錄在案：在任何情況下，我絕不同意僅僅為了嚴格遵守 5 月 1 日發動「霸王」戰役的日期，而犧牲駐紮在地中海 22 個英國及其所控制師團的軍事行動。如果土耳其拒絕參戰，那也是無可奈何。我懇請不要讓我同意羅斯福總統提出各戰役時間上的嚴格配合問題。會議是否可以考慮已經發表的意見，明天再繼續討論？羅斯福總統表示同意，並建議參謀長們應於次日早晨開始工作。

此刻，史達林表示，他未曾預料會議中會涉及軍事議題，因此未招集他的軍事專家，儘管伏羅希洛夫元帥將盡最大的努力。

我詢問大家預計如何討論有關土耳其的議題。這個議題可能同時涉及政治和軍事層面。會議應探討的問題包括：

(1) 我們希望土耳其採取哪些行動；

(2) 如果希望它參戰，我們願意提供什麼條件；

(3) 這些條件的影響會是什麼？

史達林表示同意。土耳其是英國的盟友，同時與美國維持友好關係。應由英、美兩國勸告其選擇正確的道路。我說，如果土耳其拒絕俄羅斯邀請其加入勝利者一方，同時又失去英國的支持，那真是愚蠢至極。史達林

德黑蘭會議開幕

也說，許多人寧願如此愚蠢，所有中立國家都視那些本可以不參戰卻參與戰爭的人為愚者。

在會議結束時，我表示，儘管我們都是摯友，但若自欺欺人地聲稱在所有問題上達成了完全一致的看法，那不過是空談。時間和耐心是不可或缺的。

我們的首次對話就此落幕。

反攻開戰，邱吉爾記錄逆轉的決策戰線：
從西西里戰役到義大利停戰，盟軍打破僵局，戰局開始翻轉

作　　　者：	[英]溫斯頓・邱吉爾（Winston Churchill）
編　　　譯：	伊莉莎
發　行　人：	黃振庭
出　版　者：	複刻文化事業有限公司
發　行　者：	崧燁文化事業有限公司
E-mail：	sonbookservice@gmail.com
粉　絲　頁：	https://www.facebook.com/sonbookss/
網　　　址：	https://sonbook.net/
地　　　址：	台北市中正區重慶南路一段61號8樓 8F., No.61, Sec. 1, Chongqing S. Rd., Zhongzheng Dist., Taipei City 100, Taiwan

電　　　話：(02)2370-3310
傳　　　真：(02)2388-1990
印　　　刷：京峯數位服務有限公司
律師顧問：廣華律師事務所 張珮琦律師
定　　　價：420元
發行日期：2025年08月第一版
◎本書以POD印製

國家圖書館出版品預行編目資料

反攻開戰，邱吉爾記錄逆轉的決策戰線：從西西里戰役到義大利停戰，盟軍打破僵局，戰局開始翻轉/[英]溫斯頓・邱吉爾(Winston Churchill)著,伊莉莎 編譯. -- 第一版. -- 臺北市：複刻文化事業有限公司, 2025.08
面；　公分
POD版
ISBN 978-626-428-214-7(平裝)
1.CST: 第二次世界大戰 2.CST: 世界史
712.84　　　　　114010985

電子書購買

爽讀APP　　　臉書